黑龙江国有林区现代林业产业生态系统构建研究

张　琦◎著

中国林业出版社

图书在版编目(CIP)数据

黑龙江国有林区现代林业产业生态系统构建研究/张琦著. —北京：中国林业出版社，2023. 7

ISBN 978-7-5219-2253-0

Ⅰ. ①黑… Ⅱ. ①张… Ⅲ. ①国有林-林区-产业发展-生态系-研究-黑龙江省 Ⅳ. ①F326. 273. 5

中国版本图书馆 CIP 数据核字(2023)第 2131490 号

责任编辑：肖基浒　李丽菁

出版发行　中国林业出版社(100009，北京市西城区刘海胡同 7 号，电话 83143547)
电子邮箱　cfphzbs@ 163. com
网　　址　www. forestry. gov. cn/lycb. html
印　　刷　北京中科印刷有限公司
版　　次　2023 年 7 月第 1 版
印　　次　2023 年 7 月第 1 次印刷
开　　本　787mm×1092mm　1/16
印　　张　10. 25
字　　数　190 千字
定　　价　48. 00 元

序

2020年9月，习近平主席在第七十五届联合国大会上向世界宣布，中国将采取更加有力的政策和措施，二氧化碳排放力争于2030年前达到峰值，努力争取2060年前实现碳中和，这一目标的提出将赋予林业产业新的机遇和挑战。黑龙江国有林区长期的木材供给、单一的依托林木资源形成的产业结构使得林区陷入经济、资源和生态环境的多重危机中。天然林保护工程的实施虽在一定程度上缓解了国有林区的困境，但尚未建立起林区经济社会发展的长效机制，产业发展与生态环境保护的矛盾日益凸显。因此，如何在确保林区生态功能的基础上进行产业转型发展，实现黑龙江国有林区经济-社会-生态环境的协调统一是黑龙江国有林区目前亟须解决的问题。现代林业产业生态系统的构建是自然科学和社会科学的有机融合，通过比拟自然生态系统的结构和功能，使林业产业和自然生态系统进行结合，能够缓解国有林区产业经济发展和生态环境保护之间的矛盾，实现林区经济、社会、生态效益的协调统一。黑龙江国有林区是全国最大的国有重点林区和森林工业基地，林业产业的发展要以生态保护为前提，不能一味地追求经济效益，同时生态效益的发展也离不开林业产业的支撑。林业产业对地区经济、社会和生态发展具有不容忽视的作用，同时也发挥着不可替代的作用，因此，林业产业转型发展、现代林业产业建设、林业产业与生态耦合关系成为国内外许多学者研究的关键问题。在国家对林业发展重新定位的同时，黑龙江国有林区林业产业发展也将面临新的挑战。

林业产业是一个特殊的产业部门，现代林业产业生态系统也很难构建，但作者能够抓住关键、突出重点，能够如实反映黑龙江国有林区林业产业发展现状以及现代林业产业生态系统特性及构成，全文思路清晰、结构合理、内容完整。希望作者能够以此作为日后继续研究的基础，进一步深入剖析现代林业产业生态系统问题。本研究对黑龙江国有林区林业产业结构调整、林业产业转型、林业产业发展战略的制定、各项林业产业类型的发展以及多资源利用有着重要的现实意义。该书是在其博士论文的基础上，经过进一步深入研究形成的具有一定学术价值和实践价值的专著。希望这部专著的出版能引起更多学者对国有林区的关注，并对黑龙江国有林区乃至全国国有林区林业产业发展、现代林业产业体系构建、林业产业生态系统的构建和完善发挥一定的促进作用。

万志芳

教授 博士生导师

2022 年 3 月于哈尔滨

前言

在本人博士论文研究的基础上，结合当前黑龙江国有林区林业产业经济及生态发展现状，深入剖析国内外林业产业生态系统的实践经验和研究成果，并经过不断归纳总结形成本书。

黑龙江国有林区是一个集经济-社会-资源-生态环境为一体的复合生态系统，通过比拟自然生态系统的结构和功能，现代林业产业生态系统是把林区内的相关产业作为自然生态系统中的要素，利用彼此的副产物为原料，并不是吸收未被利用过的材料抛弃废物的产业生态系统。目前，黑龙江国有林区林业产业生态系统适用性和稳定性均较弱，同时林业产业发展也存在一定的困境。在此基础上，应用DEMATEL方法对黑龙江国有林区林业产业生态系统的影响因素进行分析，其中国家经济投资、关键种企业选择、技术创新能力、区位优势和企业间的交易成本对林业产业生态系统影响最大，进而构建黑龙江国有林区现代林业产业生态系统，应用系统动力学方法从资源子系统、经济子系统、社会子系统和生态子系统构建结构模型，阐述系统的运行模式。最后，为了实现林业产业生态系统向现代林业产业生态的正向演进、现代林业产业生态系统的健康、有序、持续、稳定运行，设计了资源引导路径、资金支撑路径和产业拉动路径促使林业产业生态系统的正向演进，并从资源培育和环境保护、政府经济支持和产业政策引导角度提出相应的保障对策。本书所涉及的数据均来自《黑龙江森工统计资料汇编》，由于黑龙江国有林区进行改革，数据仅更新到2018年。

第一章，绪论。论述研究背景、研究目的和意义，国内外关于林业产业发展、产业生态系统、产业生态化和现代林业产业建设的相关研究文献，研究内容及方法、研究路线等，为黑龙江国有林区现代林业产业生态系统研究奠定基础。

第二章，相关概念界定及研究理论基础。界定现代林业产业生态系统的内涵、主要内容及特性，林业产业生态系统的适应性和稳定性内涵及评价方法，论述现代林业产业生态系统的理论基础，为评价林业产业生态系统以及构建现代林业产业生态系统奠定研究基础。

第三章，黑龙江国有林区林业产业现状描述及其评价。分析目前国有林区的经济、社会和生态贡献，描述目前黑龙江国有林区林业产业现状，阐述国有林区的林业产业主体、产业类型及产业结构，应用多样性指数法分析国有林区林业产业多样性，应用灰色关联度分析国有林区林业产业关联度，为构建黑龙江国有林区现代林业产业生态系统提供定性和定量分析基础。

第四章，黑龙江国有林区林业产业生态系统适应性和稳定性评价。以黑龙江国有林区所辖40个林业局为评价对象，应用综合指数方法评价林业产业生态系统的适应性，应用干扰–响应模型分析林业产业生态系统的稳定性，为促进林业产业生态系统向现代林业产业生态系统演进提供数据支撑。

第五章，黑龙江国有林区林业产业生态系统影响因素分析。分别从结构性因素、技术性因素、外部性因素和主体性因素分析黑龙江国有林区林业产业生态系统影响因素，基于DEMATEL方法对四维影响因素指标进行分析，筛选出对林业产业生态系统起关键作用的因素。

第六章，黑龙江国有林区现代林业产业生态系统构建目标及构成要素。基于黑龙江国有林区林业产业生态系统适应性和稳定性评价结果及影响因素分析，阐述黑龙江国有林区现代林业产业生态系统的构建原则、目标及构成要素。

第七章，黑龙江国有林区现代林业产业生态系统结构模型及运行模式。根据黑龙江国有林区现代林业产业生态系统的构成要素，将生产者企业、消费者企业和分解者企业分别映射到黑龙江国有林区经济–社会–生态系统内，应用系统动力学方法从林业资源、产业经济、社会发展和生态环境四个方面构建现代林业产业生态系统结构模型，并阐述其运行模式。

第八章，黑龙江国有林区现代林业产业生态系统实现路径及对策。基于黑龙江国有林区林业产业生态系统适应性和稳定性评价结果及其影响因素，现代林业产业生态系统结构及运行模式，促进林业产业生态系统向现代林业产业生态系统演进，从资源引导、资金支撑和产业拉动三个方面阐述实现路径，并提出相应对策。

本书的最终完成，凝聚着自己、家人、老师以及很多人的心血。衷心感谢万志芳教授对本书内容的精心指导，感谢黑龙江八一农垦大学经济管理学院农林经济管理专业学科带头人马凤才教授给予的资金支持。也衷心地感谢中国林业出版社对本书的大力支持，使得本书能够及时和读者见面。在此对所有帮助我完成本书的人表示衷心的感谢。

发达的林业是国家富足的体现，是国家生态的缩影，是民族繁荣和社会进步的重要标志。黑龙江国有林区作为我国重点国有林区的重要组成，拥有不容忽视的经济和生态价值。现代林业产业生态系统的构建将成为国有林区未来林业转型发展的方向，也是促进现代林业产业生态系统正向演进的契机。但由于作者知识水平和实践经验有限，本书研究可能存在不足，衷心希望读者对本书提出意见和建议，以此共同推进林业产业生态系统建设的更好发展。

著 者

2023 年 5 月

目 录

1 绪论

1.1 研究背景

随着人类认识的不断提高与深化，人们开始逐渐意识到林业不应仅仅是提供木材和林产品的基地，更要成为能够为人类提供生态服务、维持生态环境系统平衡的主体。全球经济变化、气候变化、资源危机等严峻形势，使林业及其生态功能成为国际研究的热点问题。党的十八大提出把生态文明建设纳入经济建设、文化建设、社会建设各方面和全过程，应对面临的资源约束趋紧、环境污染严重、生态系统退化等严峻形势(余谋昌，2013)。同时，《林业发展“十二五”规划(2011)》中也肯定了林业的生态、经济、社会、碳汇和文化功能，确定了现代林业发展的战略地位及历史使命，塑造了现代林业产业体系的基本框架和演进格局。《国家林业局推进生态文明建设规划纲要(2013—2020年)》明确了国家生态红线，肯定了林业优势特色产业、新兴产业及其林下经济的发展活力，规制了林业产业体系、生态体系和生态文化体系的系统建设，同时也明确了林业产业生态产品、物质产品和文化产品对生态效益的诉求。因此，林业产业在国民经济发展中的战略地位得到了肯定，林业产业结构的调整和优化、现代林业产业体系的构建、林业产业的转型升级以及优势替代产业、新兴产业的发展将成为国内外学者研究的重点问题。

黑龙江国有林区是全国最大的国有重点林区和森林工业基地，龙江森工是国有重点林区主管部门，承担着森林资源管理、林区社会管理和企业管理职能，下辖4个林区、40个林业局，逐渐发展成为集木材采运、加工制造、多种经营开发利用为一体的综合性国有森工企业。2014年，黑龙江作为首批停伐试点之一，以生态环境的修复和林木资源的战略储备为转型方向。2015年，中共中央、国务院印发了《国有林场改革方案》和《国有林区改革指导意见》，提出建立有利于保护和发展森林资源、改善生态和民生、增强林业发展活力的国有林区新体制，加快林区经济转型。

因此，黑龙江国有林区也应适应国家现代林业建设的总体战略，建立现代林业产业体系、生态体系以及生态文化体系，探寻和发展优势替代产业、新兴产业、生态主导产业将成为黑龙江国有林区林业产业发展的核心，以生态效益为主导，兼顾经济效益和社会效益，进而寻求产业经济、社会发展与生态环境保护协调统一发展的现代林业产业发展战略。

产业生态学理论的基本思想是以循环经济为理念，通过生产者、消费者和分解者的物质循环，能量、资金及信息的循环流动维持系统的持续、稳定发展，形成产业链条，实现经济、社会、生态效益的协调统一、废弃物的多层次利用，缓解经济发展与环境保护之间的矛盾。因此，将产业生态学理论纳入黑龙江国有林区现代林业产业建设中是有意义的，同时也是可行的。其中，如何有效应用产业生态学理论阐述现代林业产业生态系统内涵及特性？如何确定现代林业产业生态系统在林业产业体系建设中的指引作用？如何确定现代林业产业生态系统构成要素的标准？如何有效提升现代林业产业生态系统的适应性和稳定性？如何妥善解决林区产业经济发展与生态环境保护之间的矛盾？这些问题是构建黑龙江国有林区现代林业产业生态系统亟须解决的关键问题。

1.2 研究目的和意义

1.2.1 研究目的

本研究以产业生态学理论和产业共生理论作为研究的理论基础，分析论述现代林业产业生态系统的内涵、特征及其构成，评价目前黑龙江国有林区林业产业现状以及林业产业生态系统的适应性和稳定性，进而构建黑龙江国有林区现代林业产业生态系统，本书以黑龙江国有林区为研究区域，以其所辖的 40 个林业局为研究对象，力图达到以下目的：

(1)评价黑龙江国有林区林业产业生态系统适应性和稳定性。应用综合指数方法评价黑龙江国有林区林业产业生态系统的适应性，应用干扰-响应模型评价黑龙江国有林区林业产业生态系统的稳定性。

(2)分析黑龙江国有林区林业产业生态系统的影响因素。基于黑龙江国有林区林业产业生态系统适应性和稳定性评价结果，阐述影响林业产业生态系统的结构性因素、外部性因素、主体性因素和技术性因素，应用 DEMATEL 方法筛选影响林业产业生态系统的关键因素。

(3)构建黑龙江国有林区现代林业产业生态系统结构模型。基于黑龙江国有林区现代林业产业生态系统的构成要素以及生产者企业、消费者企业和分解者企业之间的关系，并将其映射到黑龙江国有林区经济-社会-生态复合系统内，应用系统动力学构建黑龙江国有林区现代林业产业生态系统结构模型。

(4)阐述黑龙江国有林区现代林业产业生态系统的实现路径及对策。基于黑龙江国有林区林业产业生态系统适应性和稳定性评价以及影响因素分析，结合现代林业产业生态系统的结构及运行模式，从资源引导、资金支撑和产业拉动路径促进林业产业生态系统的不断演进，并提出相应的对策，保证其正向演进。

1.2.2 研究意义

1.2.2.1 理论意义

本研究基于生态系统在产业组织中的自然推广，合理借鉴自然生态系统的特性，充分考虑自然科学在社会科学中的映射原则和应用思路，科学评价和论述黑龙江国有林区林业产业现状、林业产业生态系统适应性和稳定性现状，以构建黑龙江国有林区现代林业产业生态系统并阐述其实现路径。本书对黑龙江国有林区现代林业产业生态系统的研究，不再单纯地关注于单一的林业产业发展模式、产业结构调整等，而是深入挖掘自然生态系统中各构成要素之间的关系，规范黑龙江国有林区现代林业产业发展，进而构建黑龙江国有林区现代林业产业生态系统。因此，本研究有助于推动产业生态学与林业经济学的有机契合，扩大林业经济理论的研究视野与促进分析技术的持续延伸。

1.2.2.2 实践意义

(1)有助于科学规划黑龙江国有林区林业产业体系。为了缓解林区资源危机、经济危困与生态危机，黑龙江国有林区探索发展林木精深加工、林业旅游与休闲服务、生物质能源、林下经济等林业优势特色产业，以此促进国有林区林业产业转型，加快现代林业产业的建设步伐。本研究通过构建现代林业产业生态系统，从生产者、消费者和分解者角度阐述现代林业产业生态系统的构成，对规划黑龙江国有林区林业产业体系建设具有重要意义和价值。

(2)有助于加快黑龙江国有林区林业产业转型的进程。林业产业转型是目前黑龙江国有林区亟须解决的关键问题，是促进国有林区林业产业经济发展的必然手段。但林业产业转型是一个渐进的、复杂的过程，是一个传统林业产业与现代林业产业阶段性交织发展的过渡型非稳定格局，其中必然伴随着绿色经济、循环经济、生态主导产业等理念对传统林业产业的影响，对新兴林业产业类型提出了更高的要求。本研究通过构建黑龙江国有林区现代林业产业生态系统，探寻国有林区新型的产业转型模式，加快优势特色产业的形成，进而加快黑龙江国有林区林业产业转型的进程。

(3)有助于促进黑龙江国有林区现代林业产业的发展。黑龙江国有林区若要摆脱资源、环境危机和经济危困，传统林业产业向现代林业产业转变是必然趋势。本研究通过构建黑龙江国有林区现代林业产业生态系统，科学有效地解决目前资源和环境危机，实现产业发展与生态保护的协调统一，进而合理推动传统林业产业向现代林业产业转变，促进黑龙江国有林区现代林业产业快速发展。

1.3 国内外相关研究综述

本研究梳理了国内外关于现代林业产业生态系统的学术文献，展示了关于林业产业、产业生态系统和现代林业体系建设方面的研究和实践成果。对于林业产业主要集中于林业产业发展、产业结构调整、产业转型及区域林业产业竞争力等方面的研究；对于产业生态系统主要集中于产业生态系统的理论特性、基于循环经济的产业生态化模型构建及生态产业链的研究。

1.3.1 国内相关研究综述

1.3.1.1 林业产业的研究现状

(1)关于林业产业发展的研究。

林业产业是依托森林资源而形成的基础性产业，具有一定的资源局限性，森林资源的数量和质量决定了林业产业的生产规模、产品的规格以及技术含量(王满，2013)。随着经济的发展、社会的进步，林业产业已经形成了集第一、第二和第三产业为一体的产业体系，三大产业的发展使林业逐渐成为国家经济发展的重要产业部门，为国家经济发展和社会进步发挥着重大作用。

资金是目前林业产业发展面临的关键问题，其中能够提供融资渠道的资本市场是解决资金问题的关键，应该探寻一种有效的林业融资手段，其中证券市场较为常见，方式灵活，融资面广，融资金额高(张瑜，2009)。因此，资本市场若能够参与林业产业发展，将成为促进发展的关键因素。同时林业产业投资基金也可以作为林业资源整合的有效工具，优化配置林区资源，进一步促进林业产业的发展(马凯，2014)。在优化资源的同时，也要通过多元化、规模化的林业经营方式，促进林业产业低碳良性发展(张轩，2019)。国有林场作为林业生产经营主体，林业资源的合理开发和利用将成为未来国有林场发展的思路及对策(欧阳文臣，2021)。

李冉(2013)从五个方面构建了中国林业产业发展的评价指标体系，应用多层主成分分析法对我国林业产业发展进行评价。结果显示，我国林业产业的发展在不断提升，但产业体系建设与发达国家还存在一定的差距，产业增长并不持续。同时，从中国林业产业体系的资源基础、产业的规模、布局及国际贸易等方面评价了目前我国林业产业发展的现状，为阐述我国林业产业发展奠定了基础。张宁和路雪芳(2021)利用灰色关联度分析法对山东省林业产业发展进行了分析，认为未来林业第三产业将成为山东省林业发展的重心。王震等(2015)对南方集体林区林业产业发展水平进行综合评价，结果表明浙江省林业生产效率较快，福建省林业产业工业化水平最高，广东省第三产业增长弹性系数较高。

虽然目前我国林业产业发展与发达国家还存有一定的差距，林业产业的增长并不稳定，但也能够有力地促进区域经济的增长以及地区居民收入的提高，浙江省林业产业已经发展成为浙江省的支柱产业之一。宋超智(2009)按照循环经济的发展理念，应用SWOT分析浙江省林业产业发展的战略选择，并构建其战略体系。吴玉莲(2021)则认为在经济新常态下，可通过调整和完善产业结构，加大科技投入力度促进林业产业发展。

(2)关于林业产业结构调整及产业转型的研究。

一方面，关于林业产业结构调整的研究。目前，林业产业主要包括第一产业、第二产业和第三产业，其中林业一、二、三产业之间结构的调整和优化是解决当前制约和困扰我国林业发展的有效途径(林如青，2002)，林业产业结构调整是林业产业发展的核心。林业产业结构调整主要是衰退产业的逐渐退出，新兴产业的不断进入的过程，以此达到优化产业结构、促进林业经济持续增长的目的(刘家顺，2006)。产业结构调整也是为了不断优化目前的产业结构，使其更加合理。科学合理的产业结构主要体现在资源充分合理利用的基础上，在林业产业不同的发展阶段，结合地区特点，建立一个产业类型齐全、满足地区消费需求、结构比较合理的林业产业结构，进而推动整个林业的持续发展(靳光华等，2002)。高速的林业产业发展带来更高经济效益的同时，也对生态资源造成较大破坏(刘宝磊，2020)。因此，可以通过林业产业结构调整和优化促进林业产业与生态环境、与其他产业之间的协调发展(潘浩，2018)。为了实现林业产业的健康、有序、稳定、可持续发展，科学合理的林业产业结构是基础，产业结构的不断优化和调整在促进林业区域经济发展的同时，还能起到保护生态环境、满足地区人们对林产品及林业生态功能的需求(李明圆，2014)。通过合理构建新时代下经济、生态健康发展，林业产业结构的调整与优化变得十分重要和迫切(刘效竹，2020)。

2000年国有林区正式启动了天保工程，使国有林区工作重心由木材生产转向以保护和培育森林资源为主的生态建设，天保工程的实质就是创新(国洪飞和曹玉昆，2010)，通过创新带动林业产业结构调整。由于天保工程的实施及全国主体功能区规划对生态资源的保护，导致木材供给量的下降，因此亟须进行林业产业结构调整，吕盈(2013)通过对东北、内蒙古地区林业产业结构的分析，提出调整林业产业结构的建议，进行林业产业结构调整的关键是主导产业的选择。陈建成(2009)认为林业主导产业的选择能够优化黑龙江国有林区林业产业结构，带动国有林区经济快速增长，同时也是确定黑龙江国有林区林业产业经济发展战略的依据(耿玉德和万志芳，2006)。

另一方面，关于林业产业转型的研究。林业产业的特殊性使得林业产业结构调整并未完全解决产业发展问题，因此，在林业产业结构调整的基础上通过产业转型带动林区经济发展，对于林业这种资源型产业尤为重要。目前，经济发展进入新常态，传统林业产业不可避免地要进入产业转型发展的阵痛期(焦玉海，2015)。林业产业转型的过程是资源型产业的退出与潜在主导产业的选择与培育的过程，根据产业转型中主导产业的发展态势或取向不同，可以选择产业链扩展与延伸模式、新兴产业对原有产业的替代模式和多元复合的产业转型模式(张晓陶，2010)。产业转型模式按照经济社会转型、生态功能的发挥、生态安全的需求，最终实现林业的可持续发展(王晓光，2013)。

宁哲(2007)基于森林生态和林业产业的耦合研究，形成了一个以协同进化为核心的“整体-和谐-同化-持续”的耦合理论体系，并设计出一个森林生态和林业产业耦合系统经营管理及评价指标体系。国有林区作为国家重要的木材战略储备基地及生态屏障，在林业产业转型的基础上更应该重视生态环境的保护，董沛武和张雪舟(2013)以伊春市双丰林业局林业产业为例，构建了关于林业系统耦合度的评价指标体系，经计算得出其耦合度为 0.47，结果显示耦合关系一般。杜钰玮和万志芳(2019)通过 DEA-Malmquist 模型对黑龙江国有林区林业产业转型效率进行测算，发现技术发展是制约林业产业转型的关键，科学技术的提高是推动林业产业转型的重要动力机制(万志芳和付崇强，2018)。

(3)关于林业产业区域竞争力的研究。

目前，关于林业产业区域竞争力的研究都集中于应用定量分析方法，选取相关指标对全国或是某一区域的林业产业竞争力进行评价。对于产业竞争力理论，最具有代表性的是迈克尔·波特的钻石模型。孔凡斌(2006)基于 Porter 理论从生产要素，需求状况，关联产业，企业战略、结构和竞争等四个方面定性地评价我国林业产业的竞争力。胡申(2012)以资源、技术、劳动力和市场状况等作为框架选取评价指标，为提升我国区域林业产业竞争力提出相应对策。奉钦亮等(2010)应用主成分分析法选取林业产值、森林蓄积量和面积、固定资产投资、技术人员投入强度、劳动生产率和林业从业人员等指标，评价了全国各省份的林业产业竞争力。结果显示，我国东北、西南、江浙及南方地区的评判值大于 0.1，西北及中部地区小于-0.1，原因在于受到地区资源禀赋、产业结构及发展战略、营销理念和林业政策的影响不同。田云等(2012)同样应用主成分分析法对全国 31 个省份的林业产业综合竞争力进行分析，进而构建林业产业综合竞争力评价矩阵，对 31 个省份进行聚类，分别划分成“高水平-高潜力”地区、“低水平-高潜力”地区、“高水平-低潜力”地区、“低水平-低潜力”地区四个区域。王刚(2016)则从外显竞争力、核心竞争力、基础竞争力和产业环境竞争力对林业产业的区域竞争力进行评价，结果表明林业产业竞争力的区域性差异较大。冷蕊蕊等(2021)从资本竞争力、核心竞争力和产业环境竞争力对兰坪县林业产业区域竞争力进行评价，结果表明目前兰坪县林业产业区域竞争力处于较好的水平。

产业集群的竞争力同样也是区域竞争力的一种表现形式，因此，林业产业集群状况也能够说明某一地区林业产业的区域竞争力。黄蓓和王瑜(2011)构建了林业产业集群竞争力的 GEMS 模型，按照 GEMS 最终得分的评价标准判断林业产业集群的综合竞争实力。张占贞和王兆君(2011)从行业集中度和产业集聚度两个角度，对东北国有林区林业产业的集聚水平进行测度与分析，得出木材采运业不适合作为产业集群发展，即木材采运业不具有区域竞争力。侯文捷(2014)在测算黑龙江省林业产业集聚程度的基础上，应用格兰杰因果关系检验法分析林业产业集聚程度和地区竞争力之间的因果关系。即林业产业集聚程度和地区竞争力之间正相关，黑龙江林业产业集聚程度越高，地区的竞争水平越强，反之，较强的区域竞争力将提升林业产业的集聚水平。龙叶(2011)从生产要素、市场结构、企业、产业结构和林业产业产出效果等角度分析了林业产业竞争力与外资之间的关系，二者之间的相关性指数较高，因此，林业产业的发展可以利用外资促进林业产业的区域竞争力。

1.3.1.2 产业生态系统及林业产业生态化的研究现状

(1)关于产业生态系统理论及特性研究。

产业生态系统理论的形成是在产业生态学发展的基础上逐渐发展扩大，成为诸多学科研究产业与生态关系的理论基础(娄美珍和俞国方，2009)，形成了“社会-经济-自然复合生态系统”(马世骏和王如松，1984)和系统论范畴，产生了产业共生、产业生态位、产业演化、产业柔性等诸多概念。产业生态系统主要是比拟自然生态系统的物质循环、能量、信息的流动(施晓清，2010)，通过生产者、消费者和分解者等构成要素之间相互作用关系形成的复合系统，其核心层主要包括创新生态系统以及应用生态系统(李晓华和刘峰，2013)；其目标是经济效益的最大化以及生态环境损害的最小化，达到资源的优化配置，废弃物的循环利用(袁增伟等，2004)，强调废弃物转换为新资源(厉无畏和王慧敏，2002)，包括易损性、敏感性、稳定性和弹性四个要素(仇方道等，2011)。产业生态系统以清洁生产、循环利用为理念，以产业生态学和产业共生作为理论基础，实现资源的优化配置、废弃物的再生循环利用、彻底实现产业经济发展与生态环境之间的协调共生关系，促进区域经济-社会-生态三大效益协调可持续发展(董岚，2006)。产业生态系统思想是一种创新性的产业组织管理理念与实践方法，是资源循环-产业共生的生态网络机制构建的基础(汪中华等，2011)。因此，产业生态系统将通过技术、知识以及新兴产业的深度融合进行产业生态系统的创新(许冠南等，2020)。

在社会经济运行中，产业生态系统多表现为开放的、非平衡的、非稳定的动态复合系统，其生成、发展、演化、衰亡是难以预测的动态过程。但产业生态系统的稳定性包括“流动有序”“数量适当”两个层面(高伟，2006)，其直接关系到区域经济系统的整体绩效与存续发展(向来生等，2007)。袁婕等(2008)建立了工业系统稳定性能值评价指标，以反映系统的生态效益和稳定性。其中，优势关键种企业、顺畅的信息交流、较近的空间距离、多样化的企业主体与项目功能等因素对产业生态系统稳定性的影响最为显著(段宁等，2006)。因此，稳定性分析是产业复合生态系统良性运行、快速发展的保证，是系统主体竞争合作、协同进化的分析依据(吴鹏举和郭光普，2009)。刘冰峰和胡林荣(2011)对文化创意产业的实证分析表明，生态环境复杂性对稳定性的影响较为有限，但其多样性对稳定性的影响较为关键。因此，我国学者普遍认为多样性有助于实现产业生态系统的稳定。

但部分学者认为，产业多样性与经济稳定性之间关系实证的研究结论的准确性受区域选择、数据处理、控制变量选择等因素限制（张德常，2010），“多样性-稳定性”假设难以成为产业生态系统管理与发展战略制定的可靠依据。系统主体多样性、协同进化性、稳定性是区域产业生态系统的生态特性（张睿和钱省三，2009）；其中，主体多样性是维持区域产业生态系统稳定性的基础，主体间协同进化是系统稳定性的保障。多样性与主导性的有机协调是产业生态化和系统持续稳定的前提（张晶和王丽萍，2012）。协同能够使系统主体以最小成本实现最大适合度，协同作用与竞争行为在一定条件下可相互转化，有助于提升产业系统组分的能量转化效率，有助于维持产业系统的多样性与稳定性，推动产业系统的适应性演化（王德利和高莹，2005）。集群企业的生态位分离有效地缓解了资源利用性竞争，在维持产业系统稳定性与多样性的同时，实现企业主体的协同共生（王子龙等，2005），建立了企业主体的互惠共生关系，提升了产业与环境系统的适应能力。

（2）关于林业产业生态化的研究。

产业生态化是为了缓解产业经济发展与生态环境保护之间的矛盾而提出的概念，是产业发展的高级形态（赵林飞，2003），是一种产业发展模式，同时也是一种技术范式。产业生态化是一个循序渐进的过程，是产业的反生态性特征日趋削弱、生态性特征逐渐加强的过程。产业生态化是经济发展模式转型的必然选择。产业生态化效率的高低对产业生态化的发展有最直接的影响。王晶和孙凡斌（2013）采用 BCC 模型对鄱阳湖生态经济区的产业生态化效率进行测算，发现经济区产业生态化整体效率较高，总生产要素生产率、技术效率的变化呈下降趋势。马勇和刘军（2015）对长江中游城市群产业生态化效率进行研究，发现长江中游城市群产业生态化效率先上升后下降，从技术和规模上都有改善的空间。产业生态化主要是为了缓解产业经济发展和生态环境保护之间的矛盾，实现二者的协调统一，进而促进人类与自然生态系统的和谐发展，但容易造成片面地按照自然生态系统的运行规律来规范产业经济的发展。产业生态系统虽具有自然生态系统的特征，但其运行模式和规律具有独特的产业特征，若仅依靠自然生态系统的思想，很容易导致产业生态系统发展的停滞，给产业的发展带来一定的阻碍（李慧明等，2009）。因此，产业生态化的本质是产业与生态的协调统一，促使产业系统逐渐向产业生态系统转化，实现二者的协调。产业生态化的核心是构建一个能够比拟自然系统的产业结构，一个功能优化、结构合理的产业体系将能够充分发挥各产业主体的功能，进一步提升产业发展与生态环境的适应能力（邱跃华，2013），而其产业结构的调整和升级本身也是产业生态化实现的一种方式（高全成，2006）。

陆根尧等（2012）运用主成分分析、因子分析与聚类分析相结合的方法评价我国各省的产业生态化水平，并把其分成领先区、发达区、中等区和落后区四大类型，目前四大区域的产业生态化水平均在逐年提高。尹坚（2013）从工业园区综合发展水平、可持续发展能力和协调共生程度三个方面构建产业生态化水平评价指标体系，探讨中国生态园区产业生态化的三种模式，即网络耦合式、关联共生式和混合式，三者之间既相互独立，又相互关联。童辉(2008)构建经济效益、环境效益和社会效益指标体系，应用层次分析法对我国产业生态化水平进行评价，从结果来看我国产业生态化水平整体不高。刘淑茹和韩世芳(2017)通过对经济社会发展与生态环境系统的耦合性以及产业生态化的影响因素进行分析，发现陕西省产业生态化水平逐年上升。

林业产业生态化是林业产业与生态的有机结合，把自然科学与林业产业巧妙地融合在一起，进而构建林业产业发展的新模式。张占贞(2011)构建了林业产业集群生态系统，做到了生态系统和林业产业集群有机结合，从生态系统的视角构建了东北国有林区产业集群成长模式，构建了资源禀赋挖掘、龙头企业带动、园区依托、专业市场带动、多种经营主导、林业合作组织和森林旅游引导等成长模式，并提出了相应的成长对策。而田昕加(2011)则从微观、中观和宏观三个层面构建了林业产业生态化模式，同时界定了企业循环层面和社会循环层面所包含的具体模式。傅利平(2013)从循环经济的视角研究林业产业生态化，而过分强调经济转型容易忽视产业与生态之间的协调关系，说明生态化模式更有利于区域的可持续发展。

耿玉德和张朝辉(2013)通过对林业产业生态系统及生态元、林业关键种企业等相关概念的介绍，以伊春国有林区和大兴安岭国有林区作为分析对象，对林业企业种多度、种多样性、种功能多元化、种间亲和性进行实证分析，结果表明国有森工集团是东北国有林区林业产业生态系统中的关键种企业，而城市生态示范区产业生态系统的发展策略则应从产业系统内部的物质流代谢规律及其与外部环境的相互关系入手(毛志锋等，2004)。

(3)关于生态产业链的研究。

生态产业链主要以生态学、产业生态学和系统工程学为理论基础，连接生态产业链的各种企业类型按照循环、共生原理彼此关联而形成的具有完整生命周期的产业链条，能够实现资源的循环、合理化利用，最大限度地减轻产业活动对生态环境的影响，实现二者协调发展的资源循环利用体系(杨迅周等，2010)，其中对2种以上产业链进行设计(或改造)并开创为一种新兴的产业系统创新活动(尹琦和肖正扬，2002)。同时，生态产业链也是作为解决目前生态环境问题的有效途径(杨楠，2019)。

在生态工业园内，模仿自然生态系统的运作模式，将各种在业务上有关联的企业集聚在一起，形成生态产业链，某一家企业的生产废弃物有可能成为另一家企业的生产原材料(王兆华等，2003)。生态产业链是工业园区等区域产业生态系统稳定的关键(罗柳红，2011)，高效的林业生态化产业链是推动林业经济与人口、资源、环境协调发展的重要路径(田昕加，2011)，且系统-产业-企业等层面的多样性为产业生态系统稳定发展、协同演化提供了有价值的参考(张攀和耿涌，2008)。李敏(2007)基于外部影响指标、网内企业指标和链网整体指标构建生态产业链网稳定性评价指标体系，并采用模糊综合评价方法对其进行评价。李锦楠(2020)基于博弈论视角构建工业园区生态产业链，并对其影响因素以及稳定性进行评价。

李春发等(2011)通过分析生态产业链中产品流通和废弃物处理环节的委托代理关系，构建生态产业链的均衡模型。生态产业链是生态工业园区最基本的构成单元，也是生态工业园区的最基本特征(许文来，2007)。甘树福(2006)基于主导产业链优选，引入补链企业，横向共生、纵向耦合的设计方法，产品、企业及区域三个设计层次，信息系统及废物资源化中心两个支持系统，进行生态工业园区的生态产业链设计，并从技术和效益对其进行分析评价。王军花(2007)构建经济发展指标、生态产业链的特征指标、生态环境指标和生态管理指标体系，采用综合评价指数法对区域生态产业链的规划发展水平进行评价，计算总指标值为 0.7558，说明我国生态产业链处于平衡稳定的区间。

生态产业链不仅在生态工业园区中发挥重要作用，同时在农业、纺织品业、矿区以及林业均有所应用。低碳农业生态产业链是发展低碳农业的重要载体，农业产业链与生态链的共生耦合能够有效解决农业发展与资源环境之间的矛盾(齐振宏和王培成，2010)。淦晶晶(2013)构建了废旧纺织品生态产业链的“4+3+2”模型，即包括资源、技术、经济和政策四大要素，分解者、生产者、消费者三大主体，硬、软两大环境，其中三大主体是核心，资源要素是有形纽带，技术要素是无形纽带，经济要素是连接三大主体的市场机制，政策要素是连接三大主体的政府机制。郑亚男等(2021)基于系统动力学，从经济、资源、环境、社会四个子系统构建种植业生态产业链评价体系。马吉巍(2020)构建了农业循环经济生态产业链，可从政策、资金、技术以及服务组织机构等角度促进农业生态产业链的建设。席旭东等(2009)阐述了矿区生态产业链主要有三种类型，即产品生态产业链、剩余生态产业链和能量生态产业链，矿区生态产业链的三种产业类型，即前导、传递和末端产业，并分析了矿区生态产业链产业单元之间的连接关系。白中科等(2010)基于目前矿区土地复垦的两条相互依存的生态产业链，设计了矿区复垦土地生态系统种、养、加为一体的生态产业链。邹芳芳和陈秋华(2019)构建了林业-旅游生态产业链的理想模式，整个生态产业链包括主导产业、生产环节及林业旅游与生态服务三个部分。

1.3.1.3 现代林业体系建设的研究现状

国内学者对现代林业的研究从概念界定、理论发展一直到实践应用，通过在生产实践中的不断提高和总结，逐渐形成现代林业的理论体系。但随着经济和社会水平的不断发展，林业的生态功能逐渐凸显，更加重视新时期现代林业的建设，尤其是在对生态环境做出较大贡献的国有林区。

张建国(1997)对现代林业的概念进行了界定，即在现代科学认识的基础上，用现代技术装备武装、用现代工艺方法生产以及用现代科学管理方法经营的可持续发展的林业。推动现代林业建设，已成为中国林业发展的主题(费本华和樊宝敏，2007)。张永利(2004)对现代林业发展理论及其实践进行了系统梳理，从现代林业理论的生存论、发展论、保护论到现代林业理论体系的多效益论说明现代林业理论的发展过程。但林业是我国经济社会可持续发展的基础，是一项比较复杂的系统工程，在实际应用中不能照搬死套现代林业理论，而是将现代林业理论灵活应用在实践中，并且不断提高，进而逐渐形成一套适合现代林业发展的理论体系，促进并保障现代林业能够与时俱进、和谐可持续发展(周光辉等，2008)。现代林业可持续发展的核心应该是森林资源的可持续管理以及林业系统建设，保护森林资源和发展林业建设将成为现代林业建设的关键(马益广，2020)。

随着我国经济水平和社会水平的不断发展，对环境要求也越来越高，在新时期林业经营和管理中生态系统的地位逐渐凸显出来，做好现代林业营林工作变得尤为重要(吴志勇等，2014)。杨书成(2014)就现代林业营林建设发展提出了科学有效的对策。刘宁(2010)基于现代林业理论对我国不同类型地区现代林业的建设提出了差别性政策，将全国县级单位划分为发达地区、相对发达地区、中等发展地区、相对滞后地区和滞后地区五类，并针对不同地区的差异性提出相应政策。

徐蕊和王岩(2015)认为实行森林分类经营、重视自然保护区建设、重点建设森林生态功能区将成为现代林业体系的重点发展领域。于志善(2010)应用改进的熵值法，根据黑龙江国有林区所具有的区域经济社会的特殊性，对伊春国有林区现代林业产业进行评价，并构建了评价指标体系，结果显示，黑龙江国有林区虽然具有现代林业的一些特性，但总体上尚处于起步阶段。徐期瑚(2009)以现代林业具有的经济、生态和产业为基础，以林业生态体系、产业体系和生态文化体系作为一级指标，资源和生态状况、经济效益、产业管理、生态文化意识和建设作为二级指标，构建现代林业评价的指标体系，为科学地评价和衡量区域现代林业发展水平提供了依据。

1.3.2 国外相关研究综述

1.3.2.1 林业产业的研究现状

(1)关于林业产业发展的研究。

国外对于林业产业理论方面的研究基于各种林业经营理论和模式，从 20 世纪 60 年代以来，德国、美国、澳大利亚等发达国家的林业发展开始逐步转向林业多效益方向，但无论国家的森林资源禀赋如何，一般国家的林业产业发展都是通过自给自足或进口林木资源，同时进行林木资源的生产加工制造，最终生产具有较高附加值的林产品。

林业产业能带动区域经济发展，Max Munday 和 Roberts A(2001)通过建立投入-产出模型分析了威尔士林业产业对当地经济发展的贡献以及当地林业产业的活跃程度，经过分析发现为提高林业产业对当地经济的贡献筹划一个新的政策方向是很困难的。Olli Lehtonen 和 Tykkylainen(2014)也同样运用投入-产出模型分析了卡累利阿的林业产业路径选择，通过两个林业产业和三个感兴趣的小组建立六宫格来进行产业项目的选择。Štefan Bojnec 和 Terto I(2010)通过分析欧盟成员国林业产业贸易的结果来看，建议各个成员国可以通过产业集聚来发展当地的林业产业贸易。

林业产业作为采掘业的重要组成，其最前沿的关注点是企业的社会责任，对于林业产业来说企业的社会责任主要体现在环境问题上(Helena ranngen et al.，2015)，尤其是在减少 CO_2 排放量上发挥着重要作用。Marcus Knauf(2015)采用京都议定书导向、消费者导向和价值导向三者相结合的方法，以北伐里亚为代表评价林业产业在减少 CO_2 排放上的作用，进而提供一个科学合理的 CO_2 减排策略。不止企业重视环境问题，现在越来越多的消费者更加需要有环境属性的商品，因此，目前林业产业的发展均要以可持续发展为基础(Mcmahon J P，1999)。

(2)关于林业产业结构调整及转型的研究。

国外的林业产业大致经历了森林资源的利用阶段、林业产业初具规模阶段、林业产业飞速发展阶段、停滞及恢复阶段，其每一阶段的发展均与国家的经济建设密不可分。为实现林业产业的多效益目标，世界各国都积极调整和优化产业结构。林业产业结构调整、产业转型均是为了实现当地的社会、经济及林业的发展目标(Venn T，2004)，社会-经济的发展是经济增长和产业结构调整或转型的连接纽带，产业专业化是产业结构调整的方式，是一条"U"形的发展曲线。虽然产业专业化模式能代表产业结构转型具有一定争议，但其仍然是揭示产业结构转型机制的源泉(Samaniego R M and Sun J Y，2015)。

俄罗斯林业产业也在衰退，虽然已经完成了林业产业的私有化，但并没有改善公司的管理，并从经济危机中幸存，而林业产业的复苏很可能加速俄罗斯森林资源的退化，因此，林业产业转型非常重要(Kakizawa H and An K W，1997)。从宏观经济层面，俄罗斯林业产业转型已经开始，但对于企业来说相对较少，形成金融产业团，把林业产业的企业和银行等金融机构融合在一起，促进产业转型(Sondhof H，1996)。目前，以资源为基础的传统产业类型，像渔业、林业和矿业已经开始衰退，而转型也应注重环境健康，从环境健康发展和产业转型二者的相互关系带动资源型产业转型(Dolan A H et al.，2005)。Robin R Sears 等(2007)通过技术、市场和生态学知识的结合创新林业、木材市场及经济发展模式，以此带动林业产业转型发展。

(3)关于林业产业区域竞争力的研究。

关于竞争力研究，波特提出了产业国家竞争优势的"钻石体系"，该模型主要研究对象是动态的系统，当系统内每个要素都积极参与时，才能为企业发展、促进企业投资和创新提供良好的企业环境，因此，波特的钻石体系模型为分析产业竞争力的优势提供了比较完善的研究框架(Porter M E，1990)。

在澳大利亚，通过种植园的持续增长，增强地区财富及林业产业的国际竞争力(Stewart H T L et al.，2011)。Matthias Dieter 和 Sands R D(2007)在国际木材市场的背景下分析了德国林业产业的竞争力，应用了两种以结果为指示的竞争指标分析，即揭示竞争优势指标和市场份额模型分析，通过所选取的指标对德国的林业产业竞争力进行分析。林业产业的另一竞争力体现在减缓 CO_2 的排放量上(McCarl BA et al.，

2007)，从动态的多种战略视角对生物碳固定的竞争力做了一份调查。结果表明，在较低的 CO_2 价格基础上，农业或林业为降低温室气体排放贡献了较大份额，但最近几年有所下降。Arze 和 Svensson B W(1997)分析了在发展中国家的大环境下，智利林业产业国际竞争力的提升应做到国外技术和知识来源与国内创新能力相结合。

1.3.2.2 产业生态系统的研究现状

(1)关于产业生态系统理论和特性的研究。

产业生态学以物质循环和能源利用的最优化、物质消耗和废弃物排放的最小化为基本思想，是企业间废弃物处理和多余能源交换的系统组织(Lambert A J D and Boons F A，2002)，力图实现清洁生产和收益最大化。产业生态系统同样遵循"循环传输、多样性、地域性、渐变"原理(Korhonen J，2001)；物质循环和能量流动是产业生态系统的运行基础(Jouni K et al.，2001)，其生态平衡源于市场价值规律、系统自调节机制和必要的人为调控等。Korhonen 等(2009)基于四个产业生态系统原理构建了产业生态系统平衡计分卡(IEBSC)，作为产业组织战略管理的重要工具，评估系统的生态可持续性等。Wolf A 等(2007)开发了适用于林业产业、能源服务的工业共生网络，以实现物质循环、能量流动和能源高效应用等。因此，产业生态系统研究视角有助于协调产业组织与环境的动态关系，降低产业运行对环境的影响。

Jouni K 等(2001)说明产业生态系统是基于自然生态系统的一个产业环境管理概念，在产业生态系统中，通过物质流和能量流的流动减少整个系统的废物对环境的影响程度。研究关注于产业生态系统在林业产业中的应用，通过物质流、营养流、能量流和碳流来构建林业产业生态系统。Samuel D Brody 等(2004)通过介绍林业产业生态系统管理合作组织的角色，建立产业参与者的投资动机分析模型。对 38 个拥有或者控制 5000 万 hm^2 土地的美国林业企业进行调查分析他们对林业产业生态系统管理的合作意向，调查结果表明，企业愿意更加努力、有效地管理他们的资源，渴望从产业生态系统管理组织中获得相对公平的关系，同时企业大股东的个人满意度也是影响其参与产业生态系统管理组织的重要因素。

在自然生态学中，生态系统稳定性随着能量通路的增加而提升，系统越复杂其稳定性就越高。协同演化性表现为区域系统企业种内或种间普遍存在的竞争、合作、寄生、捕食与被捕食行为对产业生态系统发展的影响，协同演化伴随着物质流动循环、能量流动与信息传递(Korhonen J et al.，2004)。在多样性、稳定性与协同进化性三大生态特性中，"多样性-稳定性假说"在实验生态学、群落生态学中广受支持，但多样性导致稳定性的驱动力不是多样性本身，而是群落、物种或功能群的能力(Hairston N G and Vndermeer J H，1968)。May R M(1973)也质疑了复杂性、多样性与生态系统稳定性之间的关系，他认为系统复杂性的增加将削弱系统的稳定性。

Geng Y 和 Cote R(2007)分析了产业多样性的原理、机制与实践价值，鼓励产业多元化，以提升产业生态系统的恢复力与可持续发展等。产业系统的多样性将有助于提升系统的可持续性和稳定性，有助于建立资源循环利用的产业生态网络。宏观政策调整和企业主体多维协作也有助于维持其系统功能(Ashton W S, 2009),实证表明:产业多样性对区域经济稳定性具有一定的作用(Trendle B, 2006)。

(2)关于产业生态化的研究。

产业生态化是一个系统工程,是一个渐进的发展过程,世界各国尤其是发达国家都在探寻生态环境与产业经济协调发展的模式,因此,把产业生态学理论应用到经济发展的实践过程,达到生态与经济的协调发展。

产业生态化是比拟自然生态系统而形成的概念(Potts Carr A J, 1998),既是一种政策工具,同时也是学术理论(Daddi T et al., 2015),强调物质及资源的循环利用。它是一种私人或公共的关系,在其发展中应用了产业生态学的研究方法。这种产业生态园模式的益处就是废弃的材料或产品可以被回收作为其他企业的原料进入生产过程(Potts Carr A J, 1998)。Vesela V 等(2015)以建于 1993 年的马萨诸塞州的产业生态园为例,基于可持续发展的需求及面临的挑战,采访 29 个当地组织,结果发现基础设施的使用是产业园区发展最具影响力的因素,可以看出产业生态园受内部和外部诸多因素的影响。Iida Mannino 等(2015)以威尼斯为例,说明其内部受其所在位置及决策力的影响,外部受地区和全球视野的影响,产业生态园的建设能够发展经济、保护环境及提供更多的就业,达到三赢状态。David Gibbs 和 Deutz P(2005)分析了目前产业生态园的核心问题,建议产业生态园的建设应该应用渐进的方法,并且每个阶段都应具有财政方面的可行性。

(3)关于生态产业链的研究。

生态产业链是产业生态系统的创新,主要依据生态学原理成为产业生态园的重要组成部分。无论是产业生态系统还是产业生态园都是在循环经济理论下不断发展壮大的,并为其发展提供新的理念和经济基础。

生态产业链是产业生态系统中某企业的废弃物是另一企业的原料,并且不断循环的过程就是生态产业链不断形成和连接过程,以此可以实现产业生态系统的工业代谢功能。Ayres R(1994)通过企业内部及各企业间的物质流、能量流、资金流、信息流和知识流,提出了工业代谢模型,这是生态产业链运行模式之一。Assefa G 等(2005)应用 ORWARE 计算机技术工具分析了生态产业链的输入及输出数据,并以此方法管理生态产业链的运行。Carbonara N 等(2002)在理论架构的基础上,描述了产业园区中生态产业链的物质性、技术性及多层次性特点,以此更加准确地了解其运行机制。产业生态园是产业生态系统的主要模式,Wasserman S E(2008)评价了丹麦卡伦堡、北美及伦敦德里郡的产业生态园,同时说明了生态产业链的稳定性对产业生态园发展的重要性,并对其稳定性的影响因素进行分析。

1.3.2.3 现代林业体系建设的研究现状

国外发达国家关于现代林业的思想主要有充分发挥森林资源的经济-社会-生态三大效益为一体的森林经营模式,以德国为代表,还有以法国和新西兰为代表的森林多效益主导经营模式和以美国、日本和瑞典为代表的森林多效益综合经营模式(张建国和吴静和，1993)。

目前，世界各国的现代林业建设思想都在发生变化，总体目标都是逐渐重视森林资源的生态效益，使林业生态和经济协调发展，在具体经营目标和重点上会根据各国实际情况采取不同的方法。无论发达国家还是发展中国家，尽管他们对多种效益的理解和侧重点不同，但单纯只强调发挥森林单一功能的经营思想已被抛弃(张攀和耿涌，2008)，现代林业理论已经成为推动国家林业建设的基础和核心思想。Emre(2009)介绍了六种后现代林业管理概念在土耳其林业中的应用，通过这些管理概念的应用总结出在土耳其现有管理体系中这些现代林业管理概念给其带来的新问题和新的发展方向。Vossbrink J 和 Horn R(2004)介绍了现代林业思想和近自然理论对于林业经营管理的重要性。

多种现代林业思想的研究都是经历了较长的历史时期所形成的。Gerhard G(1991)说明过去的森林并不只是作为木材和薪炭林资源，同时也是分解人类污染的一种资源，这就足以看出现代林业思想已经在欧洲国家初见端倪。随着思想的逐渐发展，Sonja Kivinen 等(2010)开始研究现代林业管理方法的应用，现代林业思想不仅可以应用于林业，同样也可以应用于以资源为基础的其他产业。现代林业思想虽然应用广泛，但也需要各国政策给予扶持。大多数欧洲国家都有自己的林业法律，唯有英国没有一个关于林业方面的法律。在林业管理方面，只有办理采伐许可证才可以砍伐林木，其余均是违法行为(李琦，2007)。

1.3.3 研究评述

纵观国内外相关研究和实践可以看出，国内更注重理论的研究，国外更关注所研究理论的应用研究。国外无论是林业产业理论还是现代林业理论起源都比较早，有些发达国家已经具有发达的林业产业体系，而我国对林业产业等相关理论的研究较晚，同时我国国情和林情的不同，导致我国在林业产业方面和国外较发达国家还存在一定的差距。

通过对产业生态系统和林业产业生态化方面研究成果的剖析，国内外的研究成果表明产业生态系统的培育与构建有助于实现区域社会、经济、生态的可持续发展，有助于提升区域产业的生存力、适应力与发展力。结合自然生态系统的多样性、稳定性和协同演化性的基本特性描述产业生态系统特性，探究产业生态系统的本质特征。

但国内外对于林业产业生态系统的研究比较少，大多数集中于森林或者具体树种和环境之间物质流和能量流的交换等，只是森林生态系统和自然生态系统的结合，很少能够体现区域产业生态系统的重要性，即如何把产业引入生态系统，以便其发挥效用。

因此，本研究拟构建黑龙江国有林区现代林业产业生态系统，把自然生态系统的属性、产业生态系统的特性、国有林区林业产业发展现状和现代林业发展趋势等综合研究成果融入其中，同时尝试把林业产业和生态系统建设做到有机结合，选择林业产业生态系统的优势企业和优势产业，期望最大程度地实现国有林区经济、社会、生态的协调发展，进而促进黑龙江国有林区现代林业的健康有序发展。

1.4 研究内容和研究方法

1.4.1 研究内容

本研究根据产业生态学理论、产业共生理论、循环经济理论和可持续发展理论，合理界定黑龙江国有林区现代林业产业生态系统内涵、特性及构成，科学评价黑龙江国有林区林业产业现状，以黑龙江国有林区所辖40个林业局为对象评价林业产业生态系统的适应性和稳定性，对系统的影响因素进行分析，进而构建黑龙江国有林区现代林业产业生态系统及其结构模型、运行模式，阐述现代林业产业生态系统的实现路径及对策，保证林业产业生态系统向现代林业产业生态系统演进，实现现代林业产业生态系统的持续、稳定运行。

1.4.2 研究方法

为了能够更好地阐述研究现状，能够使研究更加科学合理、解决研究的关键问题，本文采取文献研究、比较分析、系统分析和模型分析等定性和定量相结合的分析方法，以提高研究的可信度。

第一，文献研究。通过对国内外林业产业、产业生态系统及现代林业产业建设的研究文献进行梳理和分析，科学合理地界定现代林业产业生态系统内涵及特性，阐述构建黑龙江国有林区现代林业产业生态系统的重要意义以及产业生态系统理论在林业产业生态系统研究中的优势。

第二，比较分析。在文献研究的基础上，对自然生态系统、产业生态系统和现代林业产业生态系统的内涵、结构及特性进行类比分析，充分借鉴自然生态学的分析思维和研究论点，推动自然科学和社会科学的有机结合。

第三，系统分析。林业产业生态系统本身是一个集经济-社会-生态环境-资源为一体的复合生态系统，涉及资源系统、社会系统、经济系统和生态环境系统的多重结构和功能，因此，以系统论的分析视角剖析现代林业产业生态系统是本研究的核心思路及研究方法。

第四，模型分析。拟应用系统动力学方法构建黑龙江国有林区林业产业生态系统的结构模型，论述其林业资源、产业经济、社会发展及生态环境子系统之间的关系；建立综合指数评价模型，从资源和环境两个方面构建12个指标体系评价黑龙江国有林区林业产业生态系统的适应性；建立干扰-响应评价模型，从干扰和响应两个方面构建9个指标评价黑龙江国有林区林业产业生态系统的稳定性；建立DEMA-

TEL四维影响因素评价模型，从技术性、外部性、结构性和主体性方面评价黑龙江国有林区林业产业生态系统影响因素。

1.5 研究技术路线

具体研究技术路线，如图1-1所示。

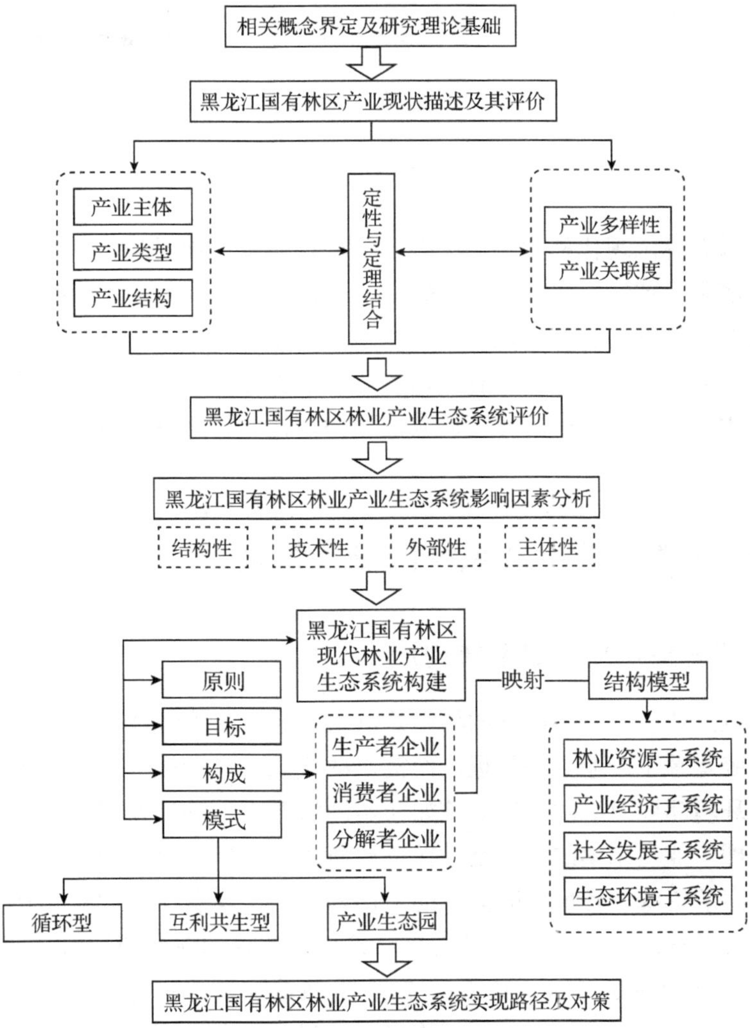

图1-1 技术路线

2 ▸▸▸

相关概念界定及研究理论基础

黑龙江国有林区现代林业产业生态系统构建研究主要是以产业生态学、产业共生、循环经济和可持续发展理论作为研究的理论基础，以产业生态系统为研究视角，同时结合林业的特殊性，对现代林业产业生态系统的概念进行界定，并阐述其基本内容及特性，同时阐述黑龙江国有林区林业产业生态系统的适应性和稳定性内涵及评价方法，为评价黑龙江国有林区适应性和稳定性、构建现代林业产业生态系统奠定理论基础。

2.1 现代林业产业生态系统内涵及特征

2.1.1 现代林业产业生态系统内涵

现代林业产业生态系统内涵的界定是依据产业生态系统的概念总结概括得出的。产业生态系统是基于产业生态学理论而提出的概念，产业生态学是当人类面对一系列的资源和环境问题时必须思考应该如何实现资源有效利用及可持续发展而逐渐产生的学科，即产业生态学的提出是站在资源瓶颈和环境约束的角度审视人类生产活动与其相依存的资源和环境之间关系的一门新兴交叉学科，主要探讨产业系统、经济系统、社会系统以及与自然系统之间形成相互关系的跨学科研究，是一门“可持续能力的科学”(Allenby B R，2010)。产业生态系统是产业生态学家针对产业活动对自然环境的影响，通过比拟生物新陈代谢过程、生态系统的结构和功能以及物质流与能量流的运动规律提出的概念。产业生态系统具有与自然生态系统相类似的运行规律、循环体系，各个产业就像自然生态系统中的构成要素一样，利用彼此的副产物作为原料，其中一个产业产生的“废弃物”被当作另一个产业发展需要的“营养物”不断进行循环流动，并不是不断吸收未被利用的材料和抛弃的废弃物等。因此，产业生态系统主要遵循耗散结构的原理，基于物质流、能量流及信息流尽可能地多层次利用以减少系统的熵值，达到良性循环、实现产业与环境协调发展的平衡开放体系。由于产业生态系统的普遍应用及产业生态学的发展，产业生态系统已经形成自身的理论体系。产业生态系统理论思想对国有林区实现产业的生态转型，促进生态资产与经济资产、生态基础设施与生产基础设施、生态服务功能与社会服务功能平衡与协调发展具有重大指导意义(俞国方和娄美珍，2008)。

林业产业是一个集第一产业、第二产业和第三产业的多重、复合产业群体，是国民经济的重要组成部分，具有产业类型丰富、产业链条长、覆盖面广以及良好的经济-社会-生态效益。从生态学的视角来看，林业产业体系的结构、功能、运行模式和机理、演化规律等都存在较为明显的自然生态系统映射，林业产业体系的构建也应按照自然生态系统的特定结构和功能，将林业产业构建成为产业组织与生态环境构成的复合系统(张朝辉，2014)。现代林业产业生态系统是林业产业与生态系统的有机结合，按照现代林业产业建设的战略要求，把林业产业视为生物圈的有机组成部分，在产业生态学、产业共生等理论的指导下，按照物质循环、能量及信息流动规律，通过对林业产业链横向和纵向系统结构优化耦合而形成的高效率、低消耗、低污染、产业经济发展与生态环境相协调，具有和谐生态功能的网络型、循环型、进化型产业，最终达到减少环境负担、获取经济效益和环境效益双赢的产业生态系统(孙顺利等，2007)。现代林业产业生态系统是由扮演生产者、消费者和分解者角色的林业企业，通过物质流、资金流、能量流及信息流相互耦合的作用，以提供多种林产品及生态服务的经济-社会-生态的复合生态系统，如图 2-1 所示。

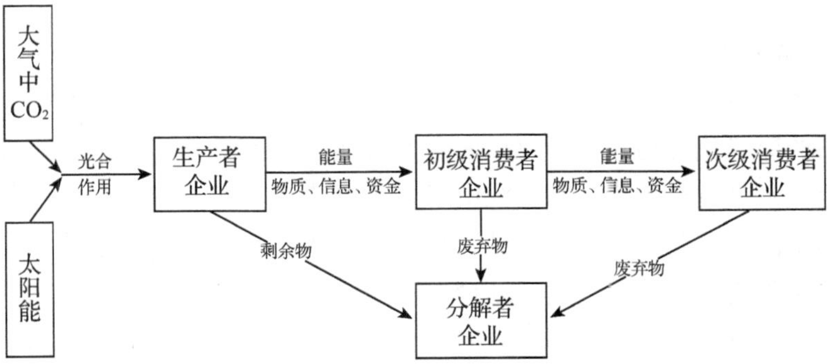

图 2-1 现代林业产业生态系统构成

2.1.2 现代林业产业生态系统基本内容

自然生态系统构成可以分为生物成分和非生物成分，其中生物成分包括生产者、消费者和分解者，非生物成分包括阳光、空气、水、土壤和温度等。现代林业产业生态系统根据生态系统构成也可以分为生物成分和非生物成分，其中非生物成分和生态系统相一致，生物成分结合林业产业特点可以分为生产者企业、消费者企业和分解者企业。

2.1.2.1 生产者企业

在自然生态系统中，生产者是能利用无机物质合成为有机物质的生物。在产业生态系统中，生产者企业界定为资源生产型企业，是指在产业生态系统中为生产提供初级材料和能源的企业，相当于自然生态系统中的生产者。即能够利用能源、气候、物质代谢，通过光合作用把无机物转化成有机物，从而为其他产业类型提供物质和能量的企业或组织(王瑾等，2010)。在现代林业产业生态系统中，生产者企业界定为能够利用林区内自然的能源、气候、物质代谢，通过光合作用把无机物转化成有机物，从而为其他有机物提供基础物质和能量的林木、灌木及其菌类的企业或组织(张朝辉，2014)，即包括森林培育及管护、非林木产品的种植与采集、林下种植养殖等企业或经济组织。

2.1.2.2 消费者企业

在自然生态系统中，分解者主要是以生产者为食的各种动植物。在产业生态系统中，消费者企业界定为加工生产企业，是指产业生态系统中对生产者所提供的初级资源进行加工，以生产满足人类生产生活所必需的工业品的企业，相当于自然生态系统中的消费者，即利用资源生产企业提供的物质进行加工、制造以及提供服务的企业。在现代林业产业生态系统中，消费者企业界定为利用生产者企业提供的物质作为原材料进行加工、制造以及提供生态服务的森工企业或私营企业，即包括木材加工企业、家具制造企业、绿色食品加工和北药企业、林纸生产企业以及森林旅游等企业。

2.1.2.3 分解者企业

在自然生态系统中，分解者是把动植物残体内固定的复杂有机物分解为生产者能重新利用的简单化合物，并释放出能量。在产业生态系统中，分解者企业界定为还原生产企业，是指在产业生态系统中对各种副产品进行资源化或无害化处理，或是进行再加工使其转化为新的工业品的企业，相当于自然生态系统中的分解者，即从事废弃物回收或资源转化、垃圾处理等企业。在现代林业产业生态系统中，分解者企业界定为林业工业加工废弃物的回收企业或个人，即包括废弃林木资源的回收企业、垃圾处理企业等。

2.1.3 现代林业产业生态系统特性

现代林业产业生态系统具有产业生态系统的稳定性、复杂性、多样性和开放性等一般性特性，同时由于林业产业发展的特殊性，现代林业产业生态系统还具有其特殊性。

2.1.3.1 现代林业产业生态系统的复杂性与多样性

现代林业产业生态系统具有产业生态系统的复杂性和多样性特征。产业生态系统是一种比较复杂的“人造”经济系统，因此，具有经济系统的复杂性特征(俞国方和娄美珍，2008)。产业生态系统的构建通常是依据整体、循环、协调的生态控制原理，以系统设计、调控和规划产业生态系统的构成要素、信息反馈等获得更高的经济效益和生态效益。因此，产业生态系统具有复杂性特征。产业生态系统的复杂性通常表现为产业生态系统以产业为主体，与一定的空间相联系，呈现网络式的多维空间结构，同时由多种变量和构成要素组成。现代林业产业生态系统是一个集第一产业、第二产业和第三产业的复合生态系统，以不同产业类型为主体，呈现出多维空间结构，同时是由多要素、多变量构成的复杂生态系统。现代林业产业生态系统也是一个复杂的"人造"自然系统，其中包括人类的生产生活及消费活动，以及这些活动对周围自然、经济、环境所产生的影响，因此，现代林业产业生态系统具有复杂性特征。

现代林业产业生态系统的复杂性又体现在其构成的多样性。在产业生态系统内有机元素构成和运行规律均存在一定的变化和差异，是由系统内外部共同影响产生的，因此，会对整个系统的运行和发展产生多维的影响(张攀和耿涌，2008)，使得产业生态系统具有多样性特征。产业生态系统的多样性表现为系统内产业结构的不断演替、系统外部环境的差异与产业间生态关系及其稳定性，是区域产业发展与生态环境共同发展的基础(王瑾等，2010)，同时这种多样性也可以表现为企业多样性、产业多样性及产业类型的多样性(徐昊，2011)。现代林业产业生态系统内部的产业结构、功能差异及其横向与纵向耦合的林业产业链，通过系统内部各成分的相互作用促进整个林业产业生态系统的良性发展。现代林业产业生态系统的多样性同时也体现在参与者的多样性上，包含生产者企业、初级消费者企业、次级消费者企业及分解者企业，参与者的不同特征也使现代林业产业生态系统呈现多样性特征。

2.1.3.2 现代林业产业生态系统的稳定性与开放性

现代林业产业生态系统具有产业生态系统的稳定性和开放性特征。产业生态系统稳定性是指一个产业生态系统内外部环境出现不同程度的变动时，系统可以保持自身原有平衡状态的一种能力，即不超过生态阈值的能力(肖忠东，2002)。表现为产业生态系统的组成、结构和功能在时间、空间上变化的稳定程度，主要包括系统本身所具有的优势程度、系统内部的物质流动程度、系统对外界影响因素变化的自我调节程度以及各个体和因子之间相互作用等方面所作出的反应(童莉，2006)，保持系统原有状态的一种能力。原有状态一定是一个系统内部资源有序流动、数量适当的平衡状态(邓华，2006)。这种能力可以从抵抗力和恢复力两个方面展开：产业生态系统的抵抗力指当系统发生变动时的承受能力，其恢复力指系统在遭受外部干扰出现不同程度的损坏后，针对这种损坏的自行恢复能力，抵抗力的高低取决于系统自身的协调性，恢复力的强弱取决于系统中产业间相互替代的能力(杜旻，2003)。现代林业产业生态系统同样具有维持自身平衡状态的能力，并且具有一定的生态承载力，即现代林业产业生态系统的发展不能超出生态阈值，这就表现在现代林业产业生态系统的组成、结构和功能，能量流、物质流及信息流的流动处于一种稳定状态，而当这种状态遭到不同程度的破坏时，其自身有能力维持系统的稳定。

现代林业产业生态系统具有稳定性的同时也具有开放性，即任何系统都不能孤立地存在于外界环境中，必须与外界环境进行物质、能量、信息的交换，促进系统的生成、存在与发展，这就促使系统是一个开放性的结构(曾广容，2005)，系统的开放性是系统生存与发展的根本。产业生态系统的开放性是指系统本身依赖于外系统，但又受外部的调控。一般来说，产业生态系统对外界有一定的依赖性，产业生态系统稳定、健康、持续地存在必须有人类的干预和管理，产业生态系统才能持续不断地与外界环境和周围生态系统进行物质、能量和信息的交换，通过持续不断的物质和能量流的输入和输出，才能保证系统维持在一种相对稳定的平衡状态下。因此，产业生态系统的开放性是保持生态系统发挥功能和生态平衡不可或缺的必要条件(谢义林，2007)。现代林业产业生态系统在维持自身稳定性的同时也不断地与周围自然、经济及社会环境进行物质、能量及信息的交换，并处于不断优化的动态发展过程中，这主要是由现代林业产业生态系统的开放性所决定的，系统的开放性是系统生存和发展的根本。现代林业产业生态系统的开放性使其能够掌握系统内部和外部的政策、信息、环境及技术的变化状况，以便通过调整林业产业结构适应可能出现的变化，使得整个系统处于稳定的状态。

2.1.3.3 现代林业产业生态系统的适应性

现代林业产业生态系统适应性是其具有的特殊特征。现代林业产业生态系统的适应性主要是指现代林业产业生态系统内各主体具有通过自身发展以适应外界的自然环境、政策环境和经济社会环境等变化，并与其保持一致、协调发展的特性。这种适应性同时也具有一定的动态性，随着林业产业生态系统内各主体的发展及外界环境因素的变化，整个系统适应性会具有相应的发展态势，现代林业产业生态系统的适应性主要体现在产业发展与生态环境之间的适应能力，实现产业经济发展与生态环境协调发展。

2.1.3.4 现代林业产业生态系统的协调统一性

现代林业产业生态系统的协调统一性主要是指林业产业生态系统的经济效益、社会效益和生态效益的协调统一。林业依托森林资源在改善生态环境中发挥着最直接、最显著的作用，满足人类的生态需求。现代林业产业生态系统中生产者企业通过森林资源的培育发挥巨大的生态效益，消费者企业在森林资源禀赋的限制下通过林产品精深加工、高附加值的林产品开发、森林旅游与休闲服务等带动经济发展的同时进一步促进社会的进步与稳定，满足人们对森林资源生态服务的需求，实现森林资源的保护性开发和利用。

林业产业发展的经济性、社会性和生态性使得现代林业产业生态系统具有经济、社会和生态效益，现代林业产业生态系统中生产者和消费者企业的合作与共生使现代林业产业生态系统具有经济效益、社会效益和生态效益协调统一的特性。

2.2 林业产业生态系统的适应性和稳定性内涵及评价方法

林业产业生态系统主要是指林业产业以及周围的生态环境相互作用而形成的复杂系统。林业产业生态系统的适应性和稳定性主要来源于自然生态系统所具有的适应性和稳定性特征，自然生态系统通过自身的调节不断与外界生态环境进行物质和能量交换，促进整个系统的良性运行。林业产业生态系统同样具有适应性和稳定性，这两个特性能够充分衡量目前林业产业发展与生态环境的现状，适应性和稳定性的提升有利于缓解林业产业发展与生态环境之间的矛盾。因此，通过阐述林业产业生态系统的适应性和稳定性的内涵及评价方法，为评价黑龙江国有林区林业产业生态系统的适应性和稳定性奠定理论基础。

2.2.1 内涵界定

2.2.1.1 林业产业生态系统的适应性内涵

适应性概念最早出自生物学家达尔文的进化论，主要是指生物体通过调节自身以适应环境变化的能力，适应性必须经过长期的自然选择，体现生物体与外界环境相适应的现象，即生物体具有适应客观条件和满足外部需求的一种能力(陈阅增，1997)。根据生物学中对适应性概念的界定，也可以从系统论的角度界定适应性。在系统论中，适应性是指系统内各组成通过自身调节以此适应系统外的各种环境，包括自然环境、经济社会环境以及政策环境等，并与这些环境保持一致所具有的协调发展能力。这使得系统的适应性具有阶段性及动态性的特点，即系统内部各主体的发展会随着外界环境的变化而处于动态变化中，同时不同阶段具有不同的适应性特征，系统在不同阶段具有相应的发展态势，表现为不同阶段会形成不同的适应性模式。系统通过与外界环境之间的协调发展，相互促进提升系统的适应性。

目前，适应性已经逐渐被应用到企业、社会以及全球环境变化等诸多学科领域，不同学科基于不同的研究视角，对适应性概念也进行了不同领域的界定(仇方道等，2011)。从企业角度来看，企业适应性主要是指为了提高企业管理效率，增进企业的管理职能，建立一种能够与不断变化的市场、经济等其他外界环境相适应的组织结构以及企业未来的发展战略。从社会角度来看，社会适应性主要是指社会中每个个体在与社会生存环境不断交互作用的过程中形成的生活方式，对社会文化、价值理念应对的一种心理适应(杨彦平和金瑜，2006)。从全球环境变化领域来看，全球环境变化适应性主要是指为了能够响应某种压力或驱动作用而采取或经历的一种与原来状态有所偏离的行为，也指与变化的环境所作出的相应的调整，是一种适应能力，即社会生态系统中的成员(人类与非人类物种)应对异常情况而不至于丧失未来机会的能力(符超峰等，2006)。基于不同领域对适应性概念的概括，适应性是一个多方面相互调整的过程，即根据外界环境状况、未来发展方向及目标的改变不断调整自身方向的一个动态过程。

林业产业生态系统是随着林业产业发展而形成的一种自然生态系统，是产业经济发展与林区生态环境相结合的复合大系统，在具有系统一般特性的基础上还具有林业产业生态系统的特殊性。基于适应性概念的提出以及在其他领域的应用，林业产业生态系统适应性主要是指林业产业生态系统内产业经济发展与生态环境之间的一种适应能力，林区目前的资源环境状况、产业发展状况以及相应政策的变化会给林业产业生态系统带来一定的影响或机会，以此提升林业产业生态系统的产业转型及产业结构调整的能力。林业产业生态系统适应性主要表现在当整个系统外界的相关环境发生变化时，系统内林业产业对其的适应能力，适应能力越强，林业产业发展越具有优势。

2.2.1.2 林业产业生态系统的稳定性内涵

稳定性被应用于工程力学、自动控制理论、物理系统、结构工程及生态系统等诸多领域，对稳定性的研究已经不再局限在某一特殊领域，而成为不同领域都会研究的基本问题之一，但对于稳定性内涵的界定，不同领域有不同的理解和研究视角。对稳定性内涵的界定最为经典的是李雅普诺夫稳定性理论，这个理解来源于自动控制领域，提出稳定性分为稳定、逐渐稳定和大范围稳定三种形式，如图 2-2 所示（黄琳，2003）。其中，如图 2-2(a)系统是稳定的，如图 2-2(b)系统是渐进稳定的，如图 2-2(c)系统是大范围渐进稳定的。总的来说，稳定性是一种状态或能力，即系统在受到干扰后其运动依旧能保持在有限边界的区域内或恢复到原有状态的一种性能，具有一定的渐进性。当一个实际的系统已经处于一个平衡状态时，如果受到外界的影响，系统需要经过一个过渡过程才能恢复到原来的平衡状态，说明这个系统是稳定的或具有稳定性，这种稳定性包括结构及功能上的稳定。

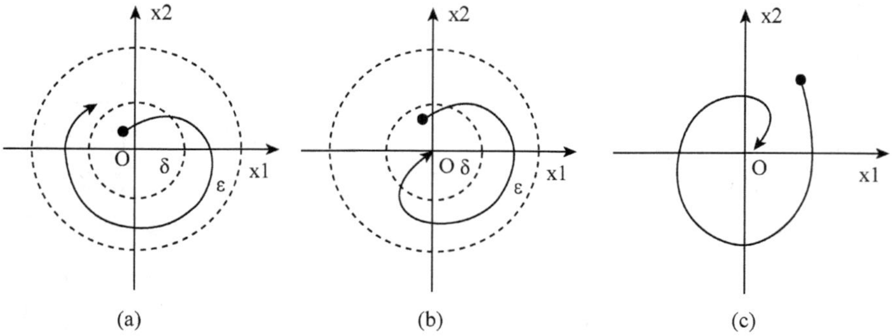

图 2-2 李雅普诺夫稳定性理论的三种形式

稳定性一直是生态学研究的热点问题，即稳定性是自然生态系统所具有的最基本的特征，是了解生态系统状况的一个重要概念。随着研究领域的不断拓宽，不同领域和学科对稳定性概念有不同的理解，稳定性的研究对于任何领域来说都是一个重要问题，同时对稳定性的研究也将为该领域提供一个可评价的指标。稳定性是一个区域或是一个系统存在和健康发展的基础，维持其稳定对于整个区域或系统的长期发展及其能否实现预定目标至关重要(孙博和王广成，2012)。生态系统的稳定性是一个比较复杂的概念，一方面生态系统稳定性与生态系统的功能、结构、运行规律等特征有关；另一方面生态系统的稳定性与所受外界干扰的特征和强度有关。生态系统的稳定性是指生态系统所具有的保持或恢复自身结构和功能相对稳定的一种能力，这种能力主要包括抵抗力稳定性和恢复力稳定性。抵抗力稳定性是生态系统具有抵抗外界变化的能力；恢复力稳定性是当生态系统受到外界干扰时具有恢复原有状态的能力。抵抗力稳定性与恢复力稳定性是相关的，抵抗力稳定性高的生态系统，其恢复力稳定性越低，一般认为抵抗力稳定性与恢复力稳定性一般呈相反的关系。

基于生态学对稳定性概念的总结，林业产业生态系统稳定性是指一个林业产业生态系统内外部环境出现不同程度的变动时，系统保持自身原有平衡状态的一种能力，即不能超过生态阈值的能力。可以理解为当系统受到外界影响时，它既有抵抗外界破坏干扰的能力又具有迅速恢复到原有状态的能力，即抵抗力和恢复力。林业产业生态系统的稳定性能够反映林业产业生态系统的构成、结构和功能在时间、空间变化上的稳定程度，包括系统本身的优势程度、系统内部的物质循环程度、系统对外界影响因素的自我调节程度以及不同个体间、各影响因子间相互作用等方面的反应。林业产业生态系统的稳定性是一种多样性、开放性的稳定，林业产业生态系统的稳定性与多样性密切相关，即系统的多样性越高，其越稳定，反之越不稳定。同时，林业产业生态系统又与外界环境进行物质流、信息流、技术流、知识流和价值流的交换，是一种开放性的稳定。

2.2.2 评价方法

2.2.2.1 林业产业生态系统的适应性评价方法

在适应性概念提出的基础上，大多数学者开始评价系统所具有的这种适应性能力。对于适应性能力的评价最初来源于生态学，目前对适应性的评价已经由关注某个物种对全球环境变化的适应性研究转向更加关注人的系统尤其是产业生态系统适应性的综合研究，这将从方法论上为探讨产业生态系统耦合的运行机理提供了一个新的研究范式。林业产业生态系统是林业产业与生态环境相互反馈、耦合形成的复合生态系统，应高度关注全球化与产业在时间和空间两个方面相互转化产生的生态环境效益，实现产业与环境的协同发展，是实现区域可持续发展的关键过程(仇方道等，2011)。

林业产业生态系统的适应性评价主要通过对不同领域的适应性评价方法的概括总结，综合选取适宜的林业产业生态系统的适应性评价方法。依据不同领域的数据获取及指标构建的不同选取不同的适应性评价方法，根据文献查询概括总结不同领域适应性评价方法，见表 2-1。

表 2-1 不同领域适应性评价方法及指标体系构建

第一作者	领域	指标体系	评价方法
董莉莉	企业信息系统适应性	时间、成本、复杂性、风险性及健壮性指标	基于改进的 Topsis 法
张仕俊	区域高速公路社会经济适应性	经济、社会和运输指标	主成分分析法、改进的城市引力模型、数据包络分析法
许乃星	公路交通与经济发展适应性	公路交通基础设施、运输服务、管理水平与信息化和发展环境与可持续指标	基于 AHP 的非线性加权综合评价法
徐佳逸	城市轨道交通枢纽设施的适应性	整体指标体系(枢纽集散能力、服务水平);局部指标体系(枢纽设施的供给水平、利用率、可靠度和服务水平)	加权灰色关联度分析法
苏凡	长江干线航运发展与流域经济适应性	航运发展和经济发展指标	主成分分析法
王利芳	道路运输对国民经济发展的适应性	供需平衡系数、综合绩效指数和资源配置效率指数指标	因子分析、DEA
仇方道	矿业城市产业生态系统适应性	产业和环境两个子系统分别构建易损性、敏感性、稳定性和弹性指标	递阶多层次综合评价
许文娟	城市公共交通与城市发展适应性	建设投入水平、运营服务水平、经济效益水平和节能环保指标	模糊综合评价
郑达	区域综合交通系统经济适应性	总体规模、运输结构、规划布局和服务水平指标	物元分析方法、可拓评价、AHP-Entropy
李玉明	返乡农民工就业适应性	经济层面、职业层面、社会层面和文化心理层面	
张军伟	公路建设与国民经济发展适应性	技术性能、经济方面和社会环境方面指标	层次分析法
陈佳飞	农业旱灾适应性	劳动力素质、劳动力比重、灌溉指数、人均粮食生产量和复种指数指标	专家打分法、综合指数法

从不同领域对适应性评价研究来看，选取的方法大多数是综合评价方法，如层次分析法、模糊评价法、综合指数法、灰色关联度分析法、因子分析方法和主成分分析法等。其中，综合评价方法是评价适应性最为常用的方法之一。综合评价方法是基于系统分析思想、运用各种数学模型对各种复杂的经济、社会、技术问题进行描述、分析和评价的一种方法(叶义成，2006)。首先根据综合评价目的建立评价指标体系，可以通过相应的方法剔除不必要的指标，然后根据各指标的重要程度赋予权重，在确定权重时既要符合客观实际又能体现评价主体的主观意识，最后根据评价对象的特点选取科学合理的综合评价模型对其进行评价。

2.2.2.2 林业产业生态系统的稳定性评价方法

林业产业生态系统的稳定性是指保持自身平衡状态的抵抗力或恢复自身平衡状态的恢复力，即一种状态或能力，是稳定性研究应用到林业产业生态系统的综合体现。对于稳定性评价应用的领域很多，选择的评价方法也因学科领域而异。通过文献筛选出与林业产业生态系统领域相关或相近的稳定性评价方法及指标体系构建，总结概括见表 2-2。

表 2-2 不同领域稳定性评价方法及指标体系构建

第一作者	领域	指标体系	评价方法
童莉	工业生态系统稳定性评价	优势度指标(经济生产、关键种企业、生态位、多样性指数)；循环度指标(物质循环度、能量梯级利用度、水循环利用度、信息链交联度、资金流金字塔)；调节度指标(政策可调控度、资金可调控度、环境污染干扰程度)	因子分析法、主成分分析法
孙博	矿区生态产业共生系统的稳定性评价		生物学中描述不同种群共生现象的 Logistic 增长模型；博弈分析模型
张艳	生态工业园工业共生系统的稳定性评价		基于 Verhulst-Pearl 逻辑斯蒂增长方程
王小君	生态产业链内企业的稳定性评价		Logistic 增长模型
高伟	产业生态网络共生模型的稳定性评价		Logistic 增长模型、博弈分析模型
迟兴运	区域循环经济的稳定性评价	经济发展指标(经济实力、经济效益)、产业链网指标(链网建设、风险抵御)、社会发展指标(人口发展、社会保障)、环境保护指标(环境质量、污染控制)、资源利用指标(能源结构、资源重复利用)	层次分析法、德尔菲法
李小鹏	对称型产业和非对称型产业共生网络稳定性评价		Logistic 增长模型

（续）

第一作者	领域	指标体系	评价方法
卢晓莉	农业产业链稳定性评价	各利益相关者(农户满意度、龙头企业满意度、政府满意度)、共生环境测度(制度环境、市场环境)	AHP-Fuzzy 综合评价法
任平	森林生态系统稳定性评价	生境质量(物种多样性指数、生境退化威胁指数)、土地退化威胁(地力条件指数)	干扰-响应(D-R)森林生态系统稳定性评价模型
李敏	生态产业链网稳定性评价	外部影响指标(国家宏观政策、市场环境)、网内企业指标(企业竞争力、企业应变性、企业效益水平)、链网整体指标(网络化及信息化水平、网络柔韧性)	模糊综合评价法
刘娟	网络社会生态系统稳定性评价	资源维度指标(技术资源、信息资源、服务资源)、结构维度指标(网民、企业、管理者)、环境维度指标(经济、文化、政策制度)	层次分析法、德尔菲法
高省	循环经济产业链生态学稳定性评价	设计指标(工艺技术、原材料、产品)、生产指标(资源消耗、污染产生、资源综合及循环利用)、消费指标(资源消耗、污染产生)、再生指标(再生利用、资源消耗、污染产生)	层次分析法、德尔菲法、综合指数评价法

从不同领域对稳定性的评价研究来看，选取的方法大多数是生物学中常用的Logistic增长模型、干扰-响应(D-R)森林生态系统稳定性评价模型，以及一些综合评价方法，如因子分析和主成分分析、层次分析、模糊综合评价等。应用综合评价方法评价系统稳定性一般通过构建评价指标系统，通过主客观结合的方法对指标权重进行赋值，进而根据评价目的选取综合评价方法。Logistic增长模型则是通过指数或逻辑斯蒂增长方程的各种形式描述产业生态系统中生物种群之间的共生关系，使产业生态系统内部资源优化合理，物质、能量和信息有序流动，形成如自然生态系统一样高效的产业生态系统。但由于林业产业生态系统稳定性是一种状态或能力，难以识别能够表征稳定性的特征参数，因此，对其的定量研究尚处于探索阶段。

2.3 研究的理论基础

2.3.1 产业生态学理论

产业生态学最早是由物理学家Robert Frosch等在20世纪80年代通过模拟生物

的新陈代谢和生态系统的循环所开展的“工业代谢”研究逐渐发展的一门学科。1991 年，美国国家科学院与贝尔实验室通过组织产业生态学论坛，对产业生态学的概念、内容和方法以及应用前景进行了较为全面系统的总结。国际电力与电子工程研究所(IEEE)在《持续发展与产业生态学白皮书》中对产业生态学进行了科学的界定，即产业生态学是一门探讨产业、经济及其与自然系统关系的跨学科研究，涉及新科技、新材料、能源利用、经济学、法律、管理科学及社会科学等诸多学科领域，是一门研究“可持续能力的科学”(杨建新和王如松，1998)。

随着工业化进程的不断推进，工业发展对环境造成的负面影响越来越大，多数学者开始关注经济发展与生态环境之间的关系，探索二者协调发展的有效途径。产业生态学的发展就是随着经济发展与资源、生态环境危机之间出现矛盾关系而不断发展壮大，经历了孕育、萌芽、诞生和蓬勃发展阶段(袁增伟和毕军，2010)。在产业生态学的孕育阶段，生态学家逐渐意识到人类活动也服从自然生态系统的规律，逐渐注意到工业化发展所付出的高昂的环境代价，因此，生态学家开始从生态学的角度重新审视现有的产业体系，将生态学的观点引入产业政策的制定，这一阶段的研究已经具有产业生态学的思想。在产业生态学的萌芽阶段，联合国欧洲经济委员会组织的“技术与无废料生产”报告会上，提出了清洁生产和产业生态学的初步设想。1980 年创建的“新能源发展组织”发起了“全面环境技术项目”，此项目推动了产业生态学思想的形成。在产业生态学的诞生阶段，1989 年，Frosch 和 Gallopoulos 在《科学美国人》杂志上发表的关于生产战略的文章中，正式提出了产业生态学的概念，标志着产业生态学的诞生。在 20 世纪 90 年代以后，产业生态学进入蓬勃发展阶段，产业生态学的研究逐渐在各学科领域发展壮大(邓伟根和陈林，2006)。

产业生态学理论的核心思想是将产业系统比拟成自然生态系统，通过生态食物链网形成一个封闭的产业生态系统，该系统按照自然生态系统的规律运行，以缓解产业经济发展与生态环境保护之间的矛盾。产业生态学理论在核心思想的基础上，从宏观、中观和微观三个层面构建理论体系：在宏观层面上，主要研究全球、地区层面上的资源代谢、环境危机处理，为资源开发和有效利用提供较为优化的途径和策略；在中观层面上，主要研究某一区域生态产业园的建设，以系统论、循环经济为依据，实现废弃物在系统中的良性循环，为区域经济发展、生态环境保护协调发展提供依据；在微观层面上，主要研究企业的生态化发展，以产业生态学为基础，指导企业进行产品的生态化设计、企业的清洁生产，减轻企业发展对生态环境的危害。

本研究构建黑龙江国有林区现代林业产业生态系统的核心目标是缓解林区产业的发展与生态环境保护之间的矛盾，这正是产业生态学理论的核心思想，产业生态系统的概念也是产业生态学理论研究的核心内容。以产业生态学理论为基础，科学界定现代林业产业生态系统内涵及构成要素，缓解黑龙江国有林区林业产业发展与生态环境保护之间的关系。

2.3.2 产业共生理论

产业共生主要源于人类对自然界生物共生概念的思考，“共生”概念最早是在1879年由德国生物学家德贝里(Anion Debary)提出来的。生态学中的“共生”指的是由于生物体生存的需要，两种或多种生物之间必须按照某种模式相互依存、相互作用生活在一起，形成一种共同生存、协调进化的共生关系。产业共生最早出现在1947年的国际杂志《经济地理》上，作者George T. Renner在描述不同产业之间的有机关系时首次使用了产业共生概念，并且明确指出这种有机关系包括一个产业的废弃物是如何作为另一个产业的原材料进入再循环利用过程的，直到1989年产业生态学的诞生，有关产业生态学和产业共生的研究才引起学者的普遍重视。

产业共生是在一定地域范围内，企业间为了提升竞争优势在资源节约利用和环境保护方面进行合作的一种经济现象，这种经济现象是由内因和外因共同驱动的共生关系形成的一个客观经济现象，其中，内因主要是指产业链的连接，外因主要是指产业链连接所带来的价值增值性质。产业共生的内涵可以从两方面理解：一方面是指在分工不断细化的前提下，不同类产业之间或同类产业的不同价值模块之间，具有彼此经济业务模块所出现的融合、协调、互动的发展模式；另一方面是指同类产业以及其相似的产业业务模块之间所出现的融合、协调、互动的发展模式，即一种合作或战略联盟关系(张仕俊等，2008)。从本质上讲，产业共生是在生态产业体系中较为优化的一种组织形式，这种优化在企业之间或者企业与环境保护之间的合作机制上表现得尤为明显。而对于产业共生概念的界定，被广泛接受的是丹麦卡伦堡公司出版的《产业共生》一书中对产业共生的定义：“产业共生是指通过不同企业间的合作，通过这种合作共同提高企业的生存能力和获利能力，同时，通过这种共识实现对资源的节约和环境的保护。”这里产业共生的核心是相互利用副产品而形成的产业合作关系(鲍丽洁，2011)。

产业共生理论的核心思想是通过对不同共生关系的概括和总结，将其应用到工业领域、企业管理、技术创新和市场营销等诸多领域中，进而促进各领域的经济发展与生态环境之间的协调、可持续、共生发展(王珍珍和鲍星华，2012)。在工业领域中，强调工业经济发展要重视资源合理、有效利用以及对生态环境的保护；在企业管理中，强调大中小企业之间的共生关系，如何达到企业间互利共生的双赢状态；在技术创新领域，强调如何通过技术创新维持企业间共生模式的稳定性；在市场营销领域，强调产品的共生营销，促进区域间经济合作发展。本研究在产业共生理论的指导下，基于共生关系，建立黑龙江国有林区现代林业产业生态系统循环型和互利共生型的运行模式，探寻国有林区产业发展和生态环境保护之间协调发展的有效途径。

2.3.3 循环经济理论

循环经济理论最初是由美国经济学家波尔丁于20世纪60年代提出的，波尔丁受到宇宙飞船的启发，分析当时的地球经济发展，认为地球资源丰富，而且寿命比较长，但只有实现资源循环利用的循环经济，地球才能得以长存。波尔丁认为循环经济主要是指在人、自然资源和科学技术的大系统内，在资源投入、企业生产、产品消费及其废弃的全过程中，把传统的依赖资源消耗的线性增长经济转变为依靠生态型资源循环来发展经济。

在20世纪70年代循环经济的思想只是一种理念，仅是思考如何对污染物进行无害化处理，20世纪80年代后，人们开始意识到可以采用资源化的方式处理废弃物，20世纪90年代，在可持续发展战略的指引下，环境保护、清洁生产和绿色消费成为以资源循环利用为核心的循环经济战略。1998年，循环经济的概念成为“3R”原理的中心地位，并逐渐将其纳入科学发展观，同时确立了物质减量化的发展战略。循环经济理论的本质是生态经济理论，即以生态学原理为基础，以经济学原理为主导，以人类活动为中心，研究生态和经济，从整体上探讨生态系统和生产力系统的相互影响、相互制约和相互作用，揭示自然和社会之间的本质联系和规律，合理有效地利用一切可用资源。生态经济理论作为循环经济的本质，决定了与其余传统经济理念不同，循环经济理论要求运用生态学规律指导人类社会的经济活动，倡导经济与环境和谐发展的模式，要求把经济活动组织成一个“资源-产品-再生资源”的反馈式流程，具有低开采、高利用、低排放等特征，在整个系统内物质和能量能够在不断进行经济循环中得到合理和持久的利用，同时把对自然环境的影响降到最低。循环经济理论的主要内容包括新的系统观、经济观、价值观和生产观，新的系统观要求人类在生产和消费时应考虑人、自然资源和科学技术所构成的大系统，应作为大系统的一部分研究复合客观规律的经济原则；新的经济观要求人类的经济活动要在生态可承载的范围内进行，超出生态承载力的循环是恶性循环，会造成生态系统的退化；新的价值观要求循环经济理论不仅要重视可利用资源，同时也要维持生态系统的良性循环，在考虑人自身发展的同时，要更加重视人与自然和谐相处的能力；新的生产观要求从循环意义上发展经济，清洁生产，尽可能地节约利用自然资源，提高其利用效率，达到废物最小化、资源化和无害化。

本研究在构建黑龙江国有林区现代林业产业生态系统的同时阐述其循环型、互利共生型、生态产业园等运行模式，这正是基于循环经济理论的核心思想，以此作为构建现代林业产业生态系统运行模式的理论基础。现代林业产业生态系统循环型运行模式以循环经济理论作为指导，实现经济发展与环境保护之间的和谐发展，以此探寻黑龙江国有林区现代林业产业生态系统产业发展与环境保护协调发展的有效途径。

2.3.4 可持续发展理论

最早提出可持续发展概念的是 1972 年在斯德哥尔摩举行的联合国人类环境研讨会上，这个会议促使各国开始界定可持续发展的含义。目前，可持续发展已经涉及众多领域，同时也成为科学发展观的基本要求之一。对可持续发展定义的具体概括主要是以不同的会议报告为主。1980 年，国际自然保护同盟的《世界自然资源保护大纲》提出："必须研究自然的、社会的、生态的、经济的以及利用自然资源过程中的基本关系，以确保全球的可持续发展。"1987 年，世界环境与发展委员会出版的《我们共同的未来》报告，将可持续发展定义为："既能满足当代人的需要，又不对后代人满足其需求能力构成危害的发展。"同时，在我国编制的《中国 21 世纪人口、资源、环境与发展白皮书》中，也首次把可持续发展战略纳入我国经济和社会发展的长远规划中。1997 年，党的十五大把可持续发展战略定位为我国"现代化建设中必须实施"的战略。

可持续发展是既满足当代人的需求，又不损害后代人需求的发展。可持续发展会对我们人类赖以生存的环境产生影响，在发展的过程中既要考虑经济目标，又要考虑生态目标，使得我国的自然资源既可以满足现代人的需求，又可以保障子孙后代的需求。因此，可持续发展与生态环境有着密不可分的关系。可持续发展要求人和自然和谐相处，其核心是发展，并且是在控制人口数量、提高人口质量、保护环境、资源永续利用的前提下进行的可持续发展。可持续发展的内涵包括共同发展、协调发展、公平发展、高效发展和多维发展，共同发展要求地球作为一个复杂的系统，需要其中每个子系统都与其他系统相互联系并发生作用的同时，促进整体的协调发展；协调发展要求一个国家或地区经济与人口、资源、环境、社会以及内部各个阶层的协调，可持续发展源于协调发展；公平发展要求在时间和空间上的发展均不能以损害后代人的发展能力为代价；高效发展要求一个国家或地区的经济、社会、资源、环境、人口等协调下的高效率发展；多维发展要求一个国家或地区按照其具有的文化、体制、地理环境、国际环境等作为其发展的背景，走符合一个国家或地区的实际的、多样性、多模式的可持续发展道路。同时，也要求做到经济可持续发展、生态可持续发展及社会可持续发展。

可持续发展一直是国家或区域发展追求的核心目标，本研究通过构建黑龙江国有林区现代林业产业生态系统，其目标之一也是为了实现黑龙江国有林区的可持续发展、实现国有林区产业经济与生态环境的可持续发展。因此，以可持续发展理论作为本研究的理论研究基础，以可持续发展理论的内涵及基本内容作为构建现代林业产业生态系统的基本思想，缓解国有林区产业经济与生态环境保护之间的关系，实现二者之间的协调、可持续发展。

2.4 小 结

本章主要是对相关内涵的界定以及研究理论基础的介绍。首先，科学合理地界定现代林业产业生态系统概念、特性及基本内容；其次，阐述林业产业生态系统适应性和稳定性的内涵和评价方法；最后，阐述研究的理论基础，即包含产业生态学理论、产业共生理论、循环经济理论和可持续发展理论。本章为评价黑龙江国有林区林业产业生态系统现状、构建黑龙江国有林区现代林业产业生态系统提供了理论基础。

3 ▸▸▸ 黑龙江国有林区林业产业现状描述及其评价

黑龙江国有林区是在特定历史时期、特定地域范围内和特殊战略政策指导下，伴随森林资源的开发逐步发展、扩大起来，并按照一定的生产和社会关系组织起来形成的特殊区域(王玉芳，2006)，发挥着不可替代的经济、社会和生态效益，并且形成了具有第一产业、第二产业和第三产业的产业体系。本章通过描述目前黑龙江国有林区现状、国有林区林业产业现状，从产业多样性、产业关联度两个方面对黑龙江国有林区林业产业进行评价。

3.1 黑龙江国有林区的贡献分析

黑龙江国有林区的贡献分析主要依据黑龙江国有林区所具有的经济、社会和生态效益，进而分析黑龙江国有林区的经济贡献、社会贡献和生态贡献。

3.1.1 黑龙江国有林区概况

黑龙江国有林区是中国面积最大、纬度最高、国有林最集中、生态地位最重要的森林地区，应对气候变化的重要支撑地区和木材资源战略储备基地(张於倩等，2012)。主要分布在小兴安岭、张广才岭、老爷岭、完达山等山系，是东北“大粮仓”的天然生态屏障，为维护国家生态安全发挥了巨大作用，是六大水系的主要发源地和涵养地，生态地位十分重要。黑龙江国有林区不仅在保障国家生态安全方面发挥着重要作用，而且也是我国最重要的木材生产基地之一(尹剑锋，2013)，木材年产量最高达 1260 万 m^3，占全国的 33.5%，累计生产木材 5.2 亿 m^3，占全国的 21%，上缴利税 120 亿元。拥有伊春、牡丹江、松花江和合江 4 个林区及下属 40 个林业局。森林经营总面积 658.56 万 hm^2，占黑龙江省面积的 14.5%，其中，有林地面积 557.61 万 hm^2，活立木总蓄积量 6.56 亿 m^3，森林覆盖率 84.67%，是东北亚陆地自然生态系统的主体之一。黑龙江森工是国家支持东北老工业基地振兴的支柱产业之一，是黑龙江省实施“五大规划”发展战略和推进“十大重点产业”建设的重要组成部分，是东北亚陆地生态系统和东北“大粮仓”的天然屏障，生态地位十分重要。

黑龙江森工林区实行政企合一体制，行政序列为黑龙江省森林工业总局受黑龙江省政府的委托行使相应的行政职能(于志善，2010)，承担着培育、保护森林资源工作责任，肩负着生态环境建设及产业建设的双重任务。2018 年 6 月，由原中国龙江森林工业集团(总公司)改组为大型国有公益性企业，黑龙江省政府赋予其生态建设、产业发展和林业投资三项功能。同时，黑龙江国有林区进行产业结构调整，目前已经形成营林业、林产工业、种植养殖业、森林食品业、林药业、森林旅游业、建筑业、绿色矿产业八大特色产业类型，根据 2018 年的统计数据显示，种植养殖业产值居于首位，占 30%。黑龙江国有林区不是一个简单的地理区划范畴，它不仅包括自然的森林生态系统，同时还具有围绕森林生态系统而建立起来的集森林资源培育、保护、采伐、加工制造复杂的社会经济制度，具有无可替代的经济、社会和生态价值。

3.1.2 黑龙江国有林区的经济贡献

黑龙江国有林区的经济贡献主要体现在两个方面。一方面是新中国成立初期，黑龙江国有林区作为全国最大的重点国有林区为国家基础建设提供木材，林业生产一直以来是国有林区的重要经济支柱。黑龙江国有林区木材产量最高时占全国的 33.5%，累计为国家生产木材 5.2 亿 m^3，占全国产量的 21%，上缴利税 120 亿元。另一方面，黑龙江国有林区依托森林资源开发和利用形成的第一产业、第二产业和第三产业产值对黑龙江省 GDP 具有巨大的贡献。2005—2018 年，黑龙江国有林区第一产业、第二产业和第三产业产值与黑龙江省 GDP 的相关数据，见表 3-1。

表 3-1 2005—2018 年黑龙江国有林区林业产业产值与黑龙江省 GDP

年份	林业产业产值				GDP(亿元)	林业总产值/GDP
	第一产业产值(万元)	第二产业产值(万元)	第三产业产值(万元)	林业总产值(万元)		
2005	701701	614052	320771	1636524	5542.8	2.95%
2006	785185	664253	371022	1820460	6246.5	2.91%
2007	968968	767707	424005	2160680	7144.3	3.02%
2008	1092801	843945	513703	2450449	8367.5	2.93%
2009	1142250	1232747	593923	2968920	8653.5	3.43%
2010	1339238	1391445	709507	3440190	10442.2	3.29%
2011	1526728	1488274	882043	3897045	12660.6	3.08%
2012	1687435	1675562	1051497	4414494	13778.8	3.20%
2013	1840136	1844846	1267653	4952635	14546.3	3.40%

（续）

年份	林业产业产值				GDP(亿元)	林业总产值/GDP
	第一产业产值(万元)	第二产业产值(万元)	第三产业产值(万元)	林业总产值(万元)		
2014	1884022	1514217	1383588	4781827	15132.2	3.16%
2015	1948797	1498675	1566422	5013894	15174.5	3.30%
2016	2009464	1472148	1855489	5337101	15386.1	3.47%
2017	2096407	1539677	2238744	5874828	15902.7	3.69%
2018	2236581	1723605	2392858	6353044	16361.6	3.88%

数据来源：2005—2018年《黑龙江森林工业综合统计资料汇编》。

从表3-1可以看出，2005—2014年黑龙江国有林区林业产业总产值与黑龙江省GDP之间的比例系数介于2.91%~3.88%，其中2006年对GDP的贡献值最低，占2.91%，2018年对GDP的贡献值最高，占3.88%，但差距并不是很大。2014年由于黑龙江国有林区林业总产值的下降导致其占黑龙江省GDP的比例有所下降，但2015—2018年林业总产值一直处于上升趋势。从总体上看，黑龙江国有林区林业产值对黑龙江省GDP的贡献是比较平均的。通过二者之间的比例关系能够看出黑龙江国有林区林业产值对黑龙江省GDP的贡献程度，利用回归分析法可以看出黑龙江国有林区林业产业的发展对黑龙江省社会总产值的影响程度，从回归分析的结果显示，黑龙江国有林区林业产值对黑龙江省GDP具有显著的影响($P<0.05$，$R^2=0.988$)。

3.1.3 黑龙江国有林区的社会贡献

黑龙江国有林区的社会贡献主要是指其所具有的社会职能，主要体现在国有林区基于区域内具有的森林资源形成以营林、木材生产、林产工业、多种经营为一体的发展模式，并兼有林政、资源管理、森林防火、技术监督等行政管理职能，并包括医疗卫生、文化教育、公安等社会职能。黑龙江国有林区作为我国重要的木材及木材制品生产基地之一，形成了森林工业体系以及国有林区社会体系（刘丽萍，2011），为林区职工提供了丰富的就业岗位，同时通过农林牧渔业、制造业、服务业及其他行业带动林区职工就业，提高林区职工生活水平。

根据2018年黑龙江省统计资料数据显示，2018年年末黑龙江国有林区林业总人口数1505493人，按年龄结构划分，0~7岁57921人，8~20岁148666人，21~30岁192875人，31~40岁215759人，41~50岁298066人，51~60岁285179人，60岁以上307027人，其中60岁以上人数最多，占总人口数的20.39%，其具体人数及劳动报酬见表3-2。

表 3-2 2018 年黑龙江国有林区林业系统从业人员及劳动报酬

项目	在岗职工(人)							在岗职工年平均工资(元)	离退休人员生活费(元)
	总人数	女性	专业技术人员		学历				
			中级	高级	中专及以下	大专	大学及以上		
农林牧渔业	176879	52792	22669	7465	111061	44017	21801	33936	910911
制造业	1290	347	187	132	777	339	174	34925	27559
服务业	8312	2422	1069	1067	1337	2963	4012	82353	39798
其他行业	4216	2191	900	777	1299	1050	1867	60655	112417

数据来源：2018 年《黑龙江森林工业综合统计资料汇编》。

从表 3-2 可以看出，林区内在岗职工主要存在于农林牧渔业，其中女性职工也最多，占在岗职工总人数的 27.68%，从事制造业的在岗职工人数最少，占在岗职工总人数的 0.18%。从学历上看，制造业的大学及以上学历人数最少，农林牧渔业具有大学及以上学历的人数最多。从平均工资来看，黑龙江国有林区在岗职工年平均工资较低，其中服务业的平均工资最高，农林牧渔业的平均工资最低，黑龙江国有林区虽然解决了多数居民的就业问题，提供了就业岗位，但无论是就业人员的工资还是离退休人员工资都普遍偏低。

3.1.4 黑龙江国有林区的生态贡献

黑龙江国有林区生态贡献主要是指森林生物系统和自然环境系统所发挥的生态效益，体现在森林资源所具有的涵养水源、保持水土、改良土壤、防风固沙、净化大气等生态功能。由于森林资源生态功能不易衡量，2008 年国家林业局发布了《森林生态系统服务功能评估规范》，其中界定了森林生态系统服务功能评价指标体系，将森林生态服务价值以货币的形式体现。

姜东涛(2000)基于森林生态系统服务功能评价指标体系对黑龙江国有林区森林资源的生态效益进行了核算，结果显示，现有森林年生态效益 622.04 亿元，相当于 1997 年全省年生产总值的 23.0%，其中森林生长量出材效益 39.7 亿元，涵养水源效益 151.4 亿元，保持水土效益 72.44 亿元，改良土壤效益 24.7 亿元，防风固沙效益 33.6 亿元，净化水质效益 30.1 亿元，制氧释氧效益 61.6 亿元，净化 CO_2 效益 57.6 亿元，净化大气效益 22.5 亿元，保护野生动植物效益 6.6 亿元，森林旅游景观效益 0.4 亿元，保障农牧业增产效益 57.5 亿元，减免自然灾害效益 63.9 亿元，如图 3-1 所示。

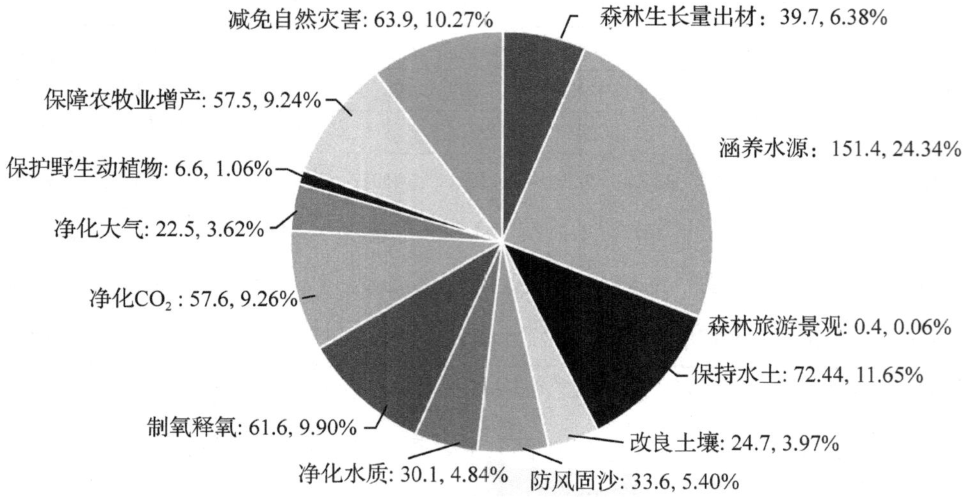

图 3-1 黑龙江国有林区森林生态系统服务功能评价值(亿元)

从图 3-1 可以看出，黑龙江国有林区森林生态服务功能中涵养水源、保持水土和减免自然灾害效益居于前 3 位，其中涵养水源效益最大，占总效益的 24. 34%。森林旅游景观、保护野生动植物和净化大气位于后 3 位，其中森林旅游景观效益最低，占总效益的 0. 06%。因此，黑龙江国有林区具有不容忽视的生态效益。

3. 2 黑龙江国有林区林业产业现状分析

黑龙江国有林区目前已经形成比较发达的三大产业体系，即以营林、培育、种植及木材采运为主的第一产业，以木材加工制造为主的第二产业，以森林旅游、森林生态服务为主的第三产业。

3. 2. 1 黑龙江国有林区林业产业主体

产业是处理人与自然、人与社会、人与人之间关系的重要体现，它能够满足人们的物质文化生活需要，由此构成了社会政治、经济和文化活动的方方面面。产业主体是产业的基本组成要素之一，按照哲学的思路把产业主体定义为作用和影响资源在产业间的合理配置及产业发展的人格化的组织或个人(万长松等，2009)。因此，离开主体的产业是不存在的，离开主体的选择，产业也是不存在的(周书俊，2006)。国有林区林业产业主体是指作用和影响资源在林业产业间的合理配置及林业产业发展的人格化的组织或个人，即国有林区林业产业主体，包括两部分内容，一是组织，包括国有森工企业、地方私营企业、招商引资企业及林业合作社等；二是个人，包括林区职工、当地居民及外来投资者等。

3. 2. 1. 1 产业主体——组织

组织是黑龙江国有林区林业产业主体的组成要素之一，包括国有森工企业、地方私营企业、招商引资企业及林业合作社。

国有森工企业是由于历史原因及国有林区所处的地理位置所形成的具有部分政府职能和社会职能的特殊企业，目前黑龙江国有森工企业还承担着林区文教卫生、公检法司、城镇建设等职能(李顺龙等，2004)，同时也是自主经营、自负盈亏、独立核算的生产经营单位。作为黑龙江国有林区林业产业的主体，国有森工企业承担着保护培育森林资源，提供林产品及林副产品，安置林区劳动力就业等职能，通过发展依托森林资源的产业带动整个林区的发展。

地方私营企业主要按照现代企业制度建立，依托国有林区丰富的自然资源而发展壮大的企业，主要以经营森林资源为主，从事资源的精深加工及旅游产业的发展，主要以国有林区第二及第三产业为主。由于黑龙江国有林区是依托丰富的森林资源不断发展起来的特殊地区，一些木质及非木质加工产业能够得到丰富的原材料资源。除了黑龙江国有林区当地的私营企业外，还存在一部分招商引资企业。招商引资企业与地方私营企业的性质相同，都是发展当地丰富的资源产业，但由于目前黑龙江国有林区全面停伐及国有林区改革方案的出台，森林旅游产业成为招商引资最主要的项目。

林业合作社是以合作为原则建立的一种组织形式，在实行家庭承包经营的基础上，由同类林产品的生产经营者或者同类林业生产经营服务的提供者、利用者自愿联合、民主管理的互助性经济组织。随着黑龙江国有林区林下经济的发展，林业产权逐渐明晰，林业向着经营主体多元化、形式多样化的态势发展，林业合作社也应运而生。林业合作社经营的项目主要包括林下养殖业、林下种植业、苗圃生产业、林产品深加工业、运输业等产业类型，通过林业合作社形成一定的产业规模，使得经营模式更加多样化，同时也能够促进产业主体的交流合作、技术服务共享，进一步推进产业的持续发展。

3.2.1.2 产业主体——个人

个人是黑龙江国有林区林业产业主体的组成要素之一，包括林区职工、当地居民及外来投资者。黑龙江国有林区在探索经营管理体制改革中，充分借鉴了农村家庭联产承包经营责任制的经验，推行森林管护经营承包责任制，将森林资源的管护责任落实到个人(贾培峰，2001)，其中包括林区职工以及当地居民。通过管护经营带动了国有林区林下种植业、养殖业产业的发展，盘活林区经济，增加职工收入。由于天保工程及停伐政策的实施，参与采伐作业及其与之相关的整个产业链产生大量的剩余职工，这部分职工也将成为林业产业的主体。

当地居民作为产业主体不仅可以参与依托当地森林资源开展的多种利用及经营模式中，同时也可以作为产业主体参与当地的私营企业，在获取经济效益的同时也能够带动地区产业发展。外来投资者也是黑龙江国有林区林业产业主体的组成要素。外来投资者主要通过资金或固定资产等形式依托黑龙江国有林区的资源以期望获取利益或利润的自然人，其行为遵循价值规律，即黑龙江国有林区丰富的自然资源及良好的生态环境使外来投资者看到了价值及可能带来的收益。因此，作为产业主体，外来投资者是一个理性的经济人，具有一定的利益趋向性，当黑龙江国有林区停止天然林商业性采伐，进入全面保护森林资源的阶段时，外来投资者会对木材加工企业的投资策略有所转移，而此时，森林旅游业、北药业、林下种植养殖业等新兴产业的发展将吸引外来投资者，给国有林区引进外来资金的同时加快了林区林业产业转型的步伐。

3.2.2 黑龙江国有林区林业产业类型

产业类型主要是对产业进行分类，黑龙江国有林区林业产业一方面可以按照三次产业分类法分为第一产业、第二产业、第三产业及其他产业，另一方面也可以按照国有林区林业产业的特殊性分为营林业、木材采运业、林产工业、种植养殖业、森林食品业、北药业、森林旅游业、清洁能源业八大特色产业。

3.2.2.1 三大产业类型及其变动状况

黑龙江国有林区林业产业按照三次产业分类法可以分为第一产业、第二产业和第三产业，按照2018年黑龙江省森林工业综合统计资料汇编显示：第一产业包括涉林产业和林业系统非林产业，其中涉林产业包括林木育种育苗、营造林、木材和竹材采运、经济林产品的种植与采集、花卉及其他观赏植物种植以及陆生野生动物繁育与利用；第二产业包括涉林产业和林业系统非林产业，其中涉林产业包括木材加工和木、竹、藤、棕、苇制品制造，木、竹、藤家具制造，木、竹、苇、浆造纸和纸制品，林产化学产品制造，木质工艺品和木质文教体育用品制造，非木质林产品加工制造业及其他；第三产业包括涉林产业和林业系统非林产业，其中涉林产业包括林业生产服务、林业旅游与休闲服务、林业生态服务、林业公共管理及其他组织服务，其三大产业具体分类见表3-3。

表3-3 黑龙江国有林区林业三大产业分类表

产业类型		名 称
第一产业	涉林产业	林木育种育苗
		营造林
		木材和竹材采运
		经济林产品的种植与采集
		花卉及其他观赏植物种植
		陆生野生动物繁育与利用
	林业系统非林产业	

（续）

产业类型		名　称
第二产业	涉林产业	木材加工和木、竹、藤、棕、苇制品制造
		木、竹、苇、浆造纸和纸制品
		林产化学产品制造
		木质工艺品和木质文教体育用品制造
		非木质林产品加工制造业
	林业系统非林产业	其他
第三产业	涉林产业	林业生产服务
		林业旅游与休闲服务
		林业生态服务
		林业公共管理及其他组织服务
	林业系统非林产业	

根据2001—2018年《黑龙江森林工业综合统计资料汇编》搜集黑龙江国有林区第一、二、三产业产值见表3-4，根据原始数据，绘制产值趋势图及产值增长率变化图(图3-2、图3-3)。

表3-4　2001—2018年黑龙江国有林区三大产业产值

年　份	第一产业产值（万元）	第二产业产值（万元）	第三产业产值（万元）	总产值（万元）
2001	261065	645927	162173	1069165
2002	306347	682707	189556	1178610
2003	553136	551294	269335	1373765
2004	634145	591405	289107	1514657
2005	701701	614052	320771	1636524
2006	785185	664253	371022	1820460
2007	968968	767707	424005	2160680
2008	1092801	843945	513703	2450449
2009	1142250	1232747	593923	2968920
2010	1339238	1391445	709507	3440190
2011	1526728	1488274	882043	3897045
2012	1687435	1675562	1051497	4414494
2013	1840136	1844846	1267653	4952635
2014	1884022	1514217	1383588	4781827
2015	1948797	1498675	1566422	5013894
2016	2009464	1472148	1855489	5337101
2017	2096407	1539677	2238744	5874828
2018	2236581	1723605	2392858	6353044

数据来源：2001—2018年《黑龙江森林工业综合统计资料汇编》。

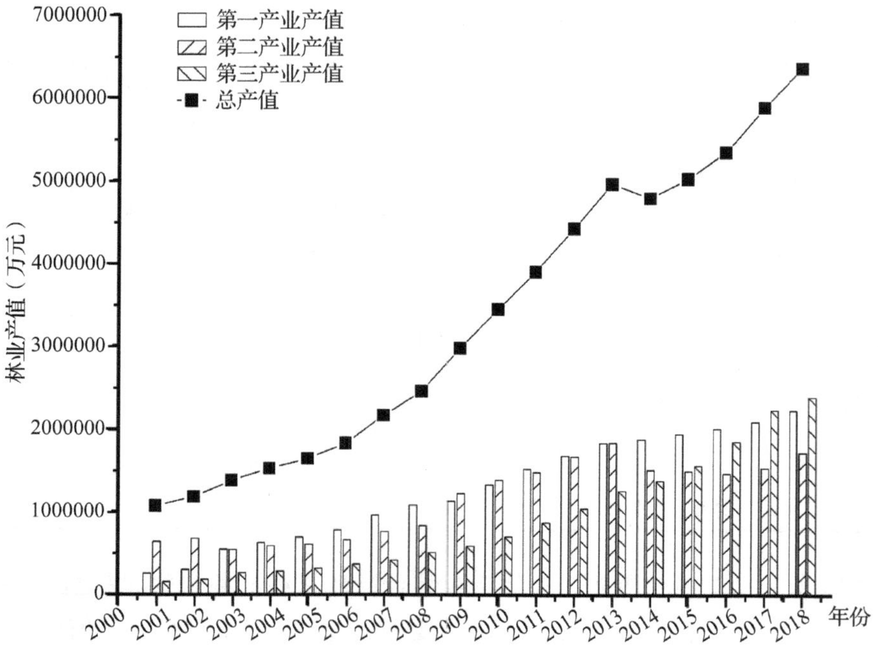

图 3-2　2001—2018 年黑龙江国有林区林业产业产值趋势

从图 3-2 可以看出，黑龙江国有林区林业总产值趋势分为了两段上升趋势，2014 年林业总产值的下降成为两段上升阶段的连接点。第一阶段是 2001—2013 年，黑龙江国有林区林业总产值一直处于上升趋势，其中 2008—2013 年上升幅度加大。第一产业和第三产业也呈现上升趋势，从数值上看第一产业高于第三产业，仅 2001 年和 2002 年第一产业与第三产业产值相差不多。第二产业在 2003 年和 2014 年出现两次下降趋势，其余年份均呈上升趋势，2003 年和 2012 年第二产业与第一产业产值趋于相等，2003—2009 年二者的产值差距逐渐加大，2009—2013 年二者又恢复到持平状态。第二阶段是 2015—2018 年，黑龙江国有林区林业总产值一直处于上升趋势，2015 年产值超过 2013 年，2018 年较 2015 年产值增长了 26. 71%。2015 年后，黑龙江国有林区第一产业和第三产业产值均呈现一定幅度的上升趋势，其中第三产业产值增加幅度较大，2016 年较 2015 年增加了 18. 45%。仅 2016 年第二产业产值有所下降，但下降幅度较小，并没有导致林业总产值的下降。仅在 2014 年黑龙江国有林区林业总产值出现了一定幅度的下降。

从图 3-3 可以看出三大产业产值历年的增长率情况，最为明显的是第二产业出现 4 次负增长，其余两个产业始终保持正增长。从整体上看，第二产业产值增长率波动较为明显，出现了较大幅度的正增长和负增长，第一产业和第三产业产值增长了均为正增长，波动幅度与第二产业产值增长率相比较小。

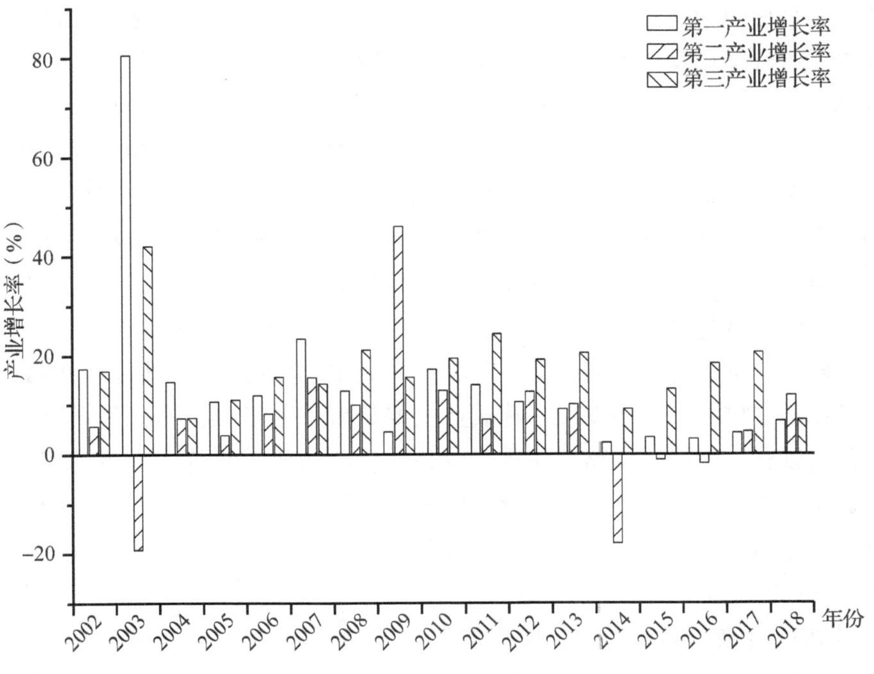

图 3-3 2001—2018 年黑龙江国有林区林业产业增长率变化

2001—2018 年，第一产业产值增长率一直处于正增长趋势，在 2003 年达到了顶峰，增长率为 80.56%，在 2014 年达到了最低值 2.38%，几乎相差 20 倍，变化幅度较大，2009 年和 2013 年增长率出现了不同程度的下降。2001—2018 年第二产业产值增长率出现了 4 次负增长，分别在 2003 年(-19.25%)、2014(-17.92%)、2015(-1.03%)、2016 年(-1.77%)。2003 年第二产业产值下降，是由于天保工程的实施，缩减木材产量，导致木材加工制造企业产值贡献下降，进而使得第二产业产值降低。2014—2016 年第二产业也出现了负增长，是由于黑龙江国有林区自 2014 年起作为停止天然林商业性采伐的试点，整个林区进入全面保护森林资源阶段，大部分加工制造企业由于缺少原材料而运营困难，进而导致第二产业产值下降。其中 2014 年负增长值较高，2015 和 2016 年较低。2009 年第二产业增长率达到了最高(46.07%)，落差超过了 60%，波动幅度较大。2001—2018 年第三产业产值增长率较第一、二产业增长率来看，波动幅度不大，2003 年出现了顶峰(42.09%)，2018 年出现了低谷(6.88%)，相差大约 6 倍。2004 年(7.34%)、2014(9.15%)年和 2018(6.88%)年第三产业产值增长率较低，均未超过 10%，其余年份整体上变化幅度并不是很大。

3.2.2.2 八大产业类型及其变动状况

目前，黑龙江国有林区在天保工程、生态功能区建设及停伐政策的指导下，木材产量在逐年递减，产业从木材采伐为主到以生态建设为主转变，黑龙江国有林区重点发展八大特色产业类型，包括营林业、林产工业、种植养殖业、森林食品业、林药业、森林旅游业、建筑业、绿色矿产业，力求在短时间内，把黑龙江国有林区建设成为生态环境优良，产业实力雄厚、城镇特色突出、人民生活富足的林区。

营林业主要是林木资源的培育和管护，按照相应规划及指标完成造林、苗木培育、森林抚育等项目。林产工业主要是以森林资源为加工对象，加工制造各种林产品，包括林纸、林板、家具制品以及林产化学制品等。种植养殖业主要调整优化种植结构，大力发展林下种植及林下养殖业，同时推动种植养殖基地的标准化建设和农产品、畜产品的深加工。森林食品业通过发挥林区天然绿色食品基地的优势，推动森林食品的系列化生产。林药业坚持开发与保护相结合，在基地建设与深加工相结合的基础上，推动林药业的发展。森林旅游业主要依托国有林区独特的景观资源优势，推动林区旅游产业的发展。建筑业主要从事土木工程，房屋建设以及设备安装等，包括铁路、桥梁、道路、住宅以及公共设施的建筑物等。绿色矿产业主要指在矿产资源开发全过程中，实施科学有序开采，对矿区及周边生态环境的扰动要控制在可控范围内，形成的环境生态化、开发方式科学化、资源利用高效化以及矿区社区和谐化的产业部门。

根据2018年统计数据显示，除其他产值，种植养殖业产值居首位，占30%；其次是森林食品业产值，占21%；森林旅游业产值在第3位，占17%。黑龙江国有林区八大特色产业产值构成如图3-4所示。

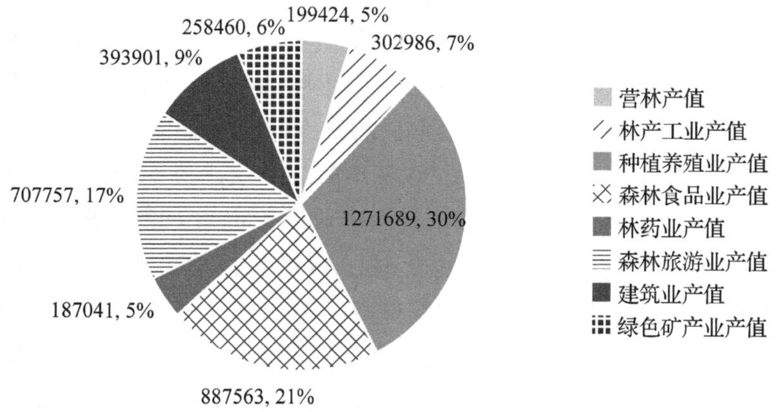

图3-4 黑龙江国有林区八大产业产值比重(万元)

3.2.3 黑龙江国有林区林业产业结构

产业结构是各产业间的构成及各产业之间的联系和比例关系，是影响国民经济和社会发展的关键因素(赵薇等，2008)，林业产业结构是林业第一产业、第二产业及第三产业及其内部之间的联系和比例关系。黑龙江国有林区曾为我国经济建设和社会发展做出过突出贡献，尽管目前已经形成比较完整的林业产业体系，但林业产业结构仍存在不足，致使林业产业效率低下(耿玉德等，2006)。虽然天保工程的实施取得了一定的成效，黑龙江国有林区林业产业结构逐渐调整升级，但后劲不足，尤其黑龙江国有林区停止天然林商业性采伐之后，其林业产业结构的调整与优化显得越来越必要和迫切。

黑龙江国有林区林业产业结构可以用产业主导性系数来表示，即第一、第二、第三产业产值占黑龙江林业总产值的比例，产业主导性系数越大说明该产业所占的比重越大，占据主导地位。基于原始数据分别计算一、二、三产业所占黑龙江林业总产值的比重，即黑龙江国有林区林业产业结构的动态变化，如图 3-5 所示。

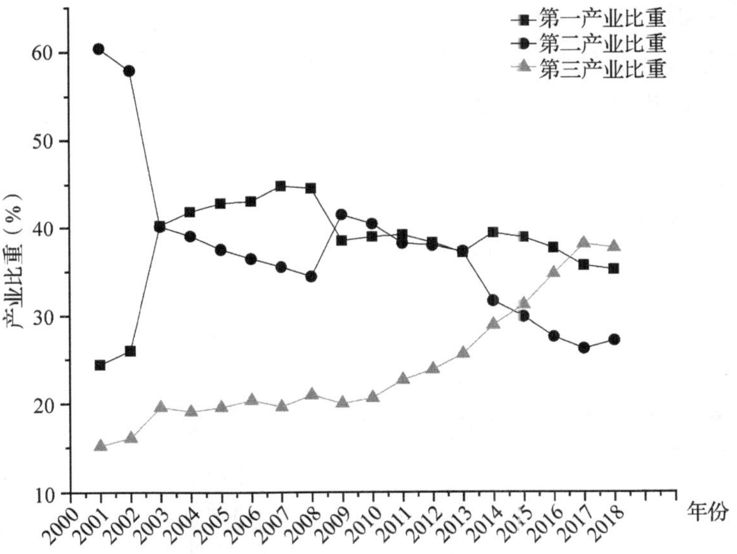

图 3-5　2001—2018 年黑龙江国有林区林业产业结构动态

从图 3-5 可以看出，第一、二产业比重变化幅度较大，第三产业所占比重持续稳步上升，仅在 2018 年出现了下降趋势，但幅度并不是很大。在 2015 年之前，第三产业均处于第一、第二产业比重之下，即第三产业并不是国有林区的主导产业。2017—2018 年，第三产业占比最高，逐渐成为国有林区主导产业。从产业结构的动态变化图上可以看到有 4 个节点，即 2003 年、2009 年、2013 年、2017 年，把整个林业产业结构动态分为了 5 个阶段。第一阶段(2003 年之前)，第二产业主导优势明显，与第一、三产业比重差距较大，2003 年第一、二产业交叉，三产比值达到 40 : 40 : 20，第二产业主导优势虽明显，但比重却在下降，第一、三产业比重逐渐上升。第二阶段(2003—2009 年)，第一产业占主导优势。第一产业和第二产业之间的比例关系较上一阶段有所缩小，自 2003 年之后第一、二产业产值比开始拉大。第三阶段(2009—2013 年)，第一、二产业处于胶着状态，二者的比重趋于相同，第三产业依旧平稳上升。第二产业略微占据主导地位，但并不明显。第四阶段（2013—2017 年），第一产业占据主导地位，第二产业比重急剧下滑，由上一阶段的与第一产业持平状态迅速拉开差距。2014 年第二产业比重快速下降，将与第三产业持平，二者之间的产值比重逐渐接近于 1。2015 年之后第三产业上升趋势较为明显，逐渐赶超第一产业，2017 年已经超过第一产业所占比重。第五阶段（2017—2018 年），这一阶段，第二产业比重依然保持下降趋势，仅在 2018 年比重有所上升；第三产业成为国有林区目前的主导产业，超越第一产业占比，成为所占比重最高的产业；第一产业所占比重也在不断下降，但幅度并不大。

通过图 3-5 可以看出黑龙江国有林区三大产业结构图，在不同的阶段主导产业不同，进而根据 2001—2018 年统计数据绘制出每个产业的亚产业结构图。由于 2001—2018 年对每个产业的亚产业细分的指标设定不同，为了指标值的统一选取了 2006—2018 年的相关数据，其结构如图 3-6 至图 3-8 所示。

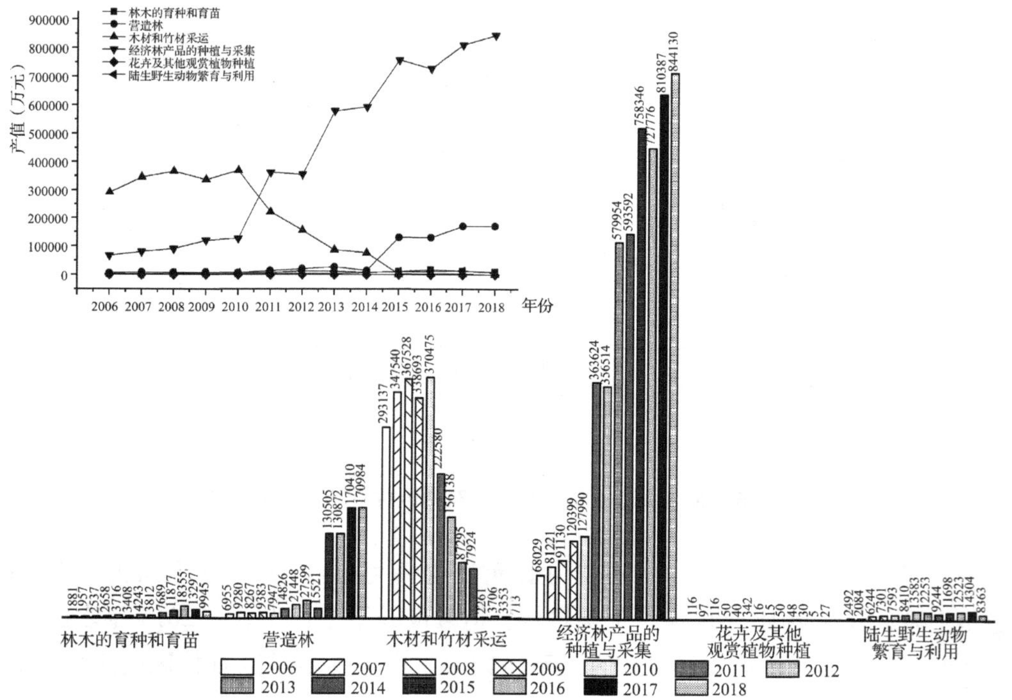

图 3-6 2006—2018 年第一产业相关亚产业结构

第一产业包含的亚产业主要有林木育种和育苗、营造林、木材和竹材的采运、经济林产品的种植与采集、花卉及其他观赏植物种植和陆生野生动物繁育利用，图 3-6 中折线图说明各亚产业占第一产业的比例，即亚产业的产业结构，图 3-6 中柱状图说明亚产业的产值变化趋势。从柱状图可以看出对第一产业产值贡献最大的是经济林产品的种植与采集和木材和竹材采运，其余产业贡献较小，2015—2018 年营造林贡献率较高，但其他年份较低。经济林产品的种植与采集在 2012 年和 2016 年出现了两次下降以外，其余年份都呈增长趋势，其中 2013 年和 2015 年增长幅度较大；木材和竹材采运虽然对第一产业贡献较大，但从 2011 年开始出现大幅度下降，从 2014 年之后出现断崖式下跌，产值贡献极低；营造林在 2006—2014 年对第一产业贡献程度很低，2015 年之后开始出现大幅度的上升，且一直处于上升趋势。从图 3-6 中折线图可以看出，对第一产业贡献较大的两个亚产业交替占主导地位，其中有两个节点：2011 年和 2015 年。2011 年之前木材和竹材采运主导优势明显，但 2011 年之后开始大幅度下降，甚至在营造林之下；2011 年之后，经济林产品的种植与采集一直处于优势地位，且趋势不断上升，尤其在 2015 年之后，优势地位更加明显，其次是营造林，已经超过其他产业位于第 2 位。

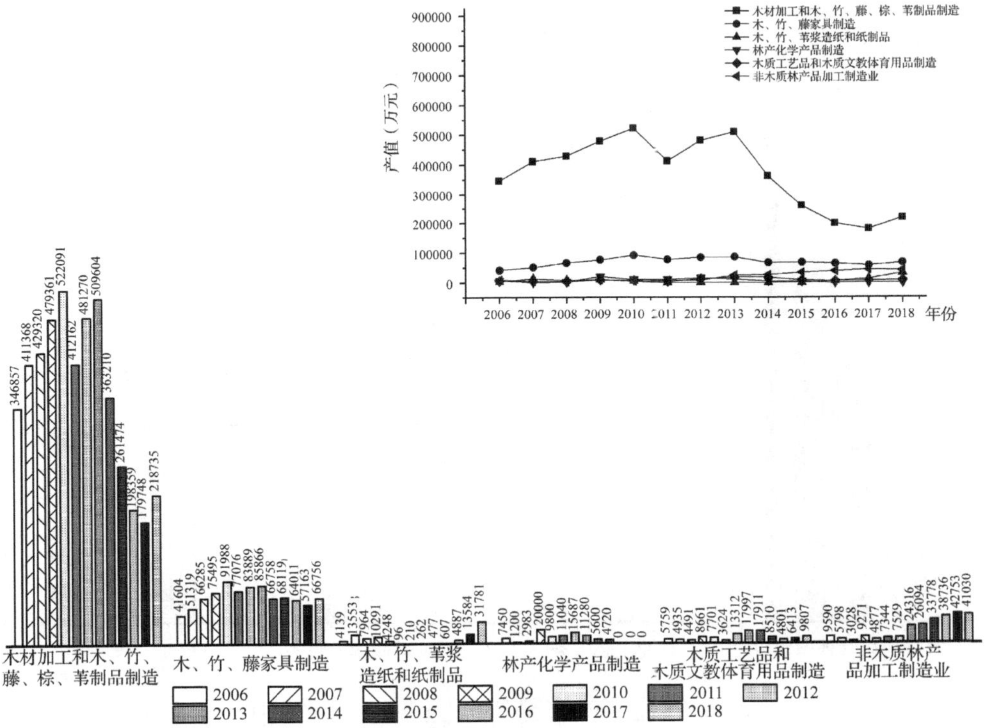

图 3-7 2006—2018 年第二产业相关亚产业结构

第二产业的亚产业主要包括木材加工和木、竹、藤、棕、苇制品制造，木、竹、藤家具制造，木、竹、苇浆造纸和纸制品，林产化学产品制造、木质工艺品和木质文教体育用品制造以及非木质林产品加工制造业，图 3-7 中折线图说明各亚产业占第二产业的比例，即亚产业的产业结构，柱状图说明亚产业的产值变化趋势。从图 3-7 中柱状图可以看出，对第二产业的贡献最大的是木材加工和木、竹、藤、棕、苇制品制造以及木、竹、藤家具制造，其余产业的贡献很小。木材加工和木、竹、藤、棕、苇制品制造在 2011 年出现了较大幅度的下降，2012—2013 年又稳步上升，2014 年又出现了较大幅度的下降，直到 2017 年一直处于下降趋势，2018 年有所上升，但幅度并不是很大。从整体上看，木材加工和木、竹、藤、棕、苇制品制造的产值占比较大。木、竹、藤家具制造虽然对第二产业的贡献较大，但相较木材加工和木、竹、藤、棕、苇制品制造微不足道，其总体趋势和木材加工和木、竹、藤、棕、苇制品制造较为相似，2006—2010 年稳步上升，2011 年下降，2012—2013 平稳上升，2014 年之后开始下降，直到 2018 年有所上升，但幅度不大。从折线图可以看出，2006—2018 年，木材加工和木、竹、藤、棕、苇制品制造一直处于主导地位，而且主导优势非常明显，虽然 2011 年和 2014 年出现了两次较大幅度的下降，尤其是 2014 年之后下降趋势很明显，幅度很大，但并不影响其在第二产业的主导地位。

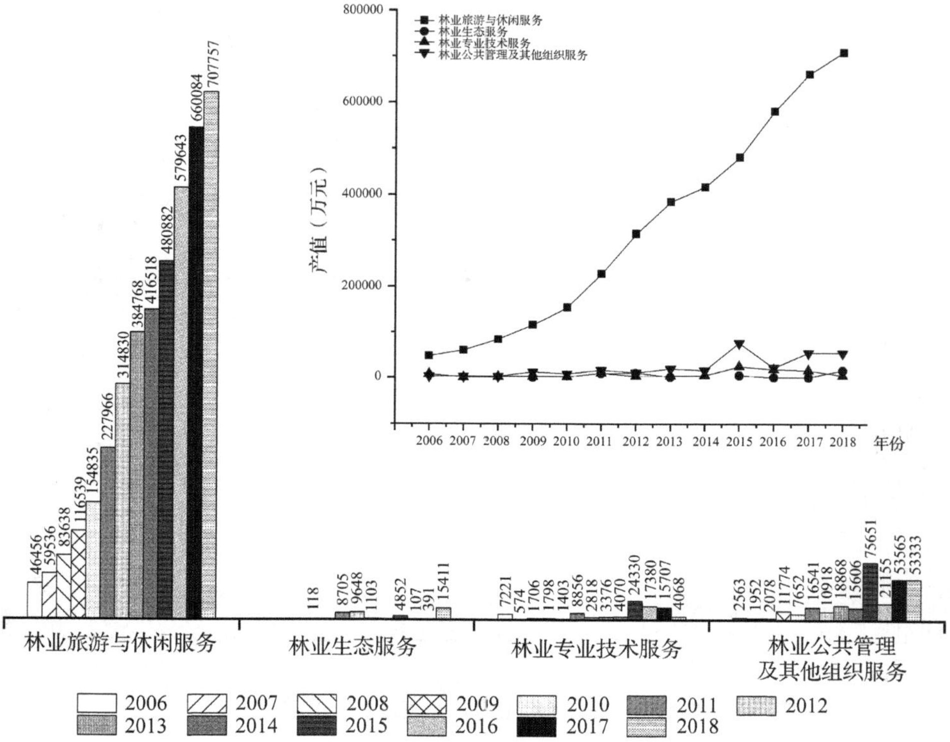

图 3-8 2006—2018 年第三产业相关亚产业结构

第三产业的亚产业主要包括林业旅游与休闲服务，林业生态服务，林业专业技术服务和林业公共管理及其他组织服务，图 3-8 中折线图说明各亚产业占第三产业的比例，即亚产业的产业结构，图 3-8 中柱状图说明各亚产业的产值变化趋势。从柱状图可以看出，对第三产业贡献最大的是林业旅游与休闲服务，其余产业对第三产业贡献程度较小。2006—2018 年，林业旅游和休闲服务一直处于持续稳定的上升趋势，而且幅度越来越大，其中 2012 年、2013 年和 2016 年产值增幅较大，2018 年产值是 2006 年的 15 倍。在 2015 年之后，林业公共管理及其他组织服务对第三产业的贡献稍微有所增强，尤其是 2015 年产值增加的较为明显。从折线图可以看出，2006—2018 年，林业旅游与休闲服务主导优势非常明显，而且一直处于上升趋势，与其余亚产业之间的差距也在逐渐扩大。2015 年林业公共管理及其他组织服务队第三产业的影响有所凸显，但随之出现下降趋势。

3.3 黑龙江国有林区林业产业发展的评价分析

黑龙江国有林区林业产业发展的评价分析主要从国有林区林业产业的多样性和关联度两个角度出发，目的是在掌握目前黑龙江国有林区林业产业发展状况、产业分布以及产业之间关联程度，同时为后续建设黑龙江国有林区现代林业产业生态系统模式奠定现实基础。

3.3.1 黑龙江国有林区林业产业多样性评价

区域经济被看作是众多产业的组合，而产业多样性是产业组合的重要特征，并以产业为基本单元。产业多样性概念的提出最初是关注产业种类的多少，即在一定区域范围内存在多少不同类型的产业，当产业种类在不断增加时，产业的多样性也在提高。但这仅考虑了区域内产业的数量却忽视了产业的分布，产业分布的均衡能够提高资源利用效率。因此，随着产业多样性概念的演化，认为产业多样性不仅与区域的经济规模和分布有关，更是反映了不同产业间的相互联系。基于产业多样性概念的不断发展，Wagner 和 Deller 认为产业多样性是指在一个区域空间内，多种关联性较强的产业共同存在，而且形成能够实现区域经济系统安全、稳定、可持续发展的产业结构状态。它是以新产业不断涌现、产业结构不断优化升级为目标的区域产业结构多样化的实现过程(郑京淑等，2010)。这种产业多样性是区域产业结构的一种常态，必然有其存在的现实基础(孙根紧等，2014)。产业多样性主旨是说明各产业的分布是否均匀，通常用产业多样性指数来衡量，产业多样性指数计算公式为(张德常，2010)：

$$H = -\sum_{i=1}^{S} Q_i \log_2 Q_i \tag{3-1}$$

式中，H 为产业多样性指数；S 为产业种类；Q_i 为第 i 种产业占总产值的比例。H 值越大说明产业分布越均匀，越小说明分布不均匀。

为了反映产业多样性与区域经济发展之间的关系就必须对该区域的产业多样性进行度量与评价，黑龙江国有林区的林业产业多样性主要是在国有林区区域范畴内，具有关联性的产业共同存在形成的一种稳定、可持续的产业结构状态。对于黑龙江国有林区林业产业多样性的衡量，可以从两个角度展开：一方面，黑龙江国有林区内关联性较强的第一产业、第二产业和第三产业之间的多样性分布；另一方面，黑龙江国有林区分别按照第一、第二、第三产业的分类标准进行产业细分，每个产业包含不同的亚产业，即第一产业包括林木育种和育苗、营造林、木材和竹材的采运、经济林产品的种植与采集、花卉及其他观赏植物种植和陆生野生动物繁育利用；第二产业包括木材加工和木、竹、藤、棕、苇制品制造，木、竹、藤家具制造，木、竹、苇浆造纸和纸制品，林产化学产品制造，木质工艺品和木质文教体育用品制造以及非木质林产品加工制造业；第三产业包括林业旅游与休闲服务、林业生态服务、林业专业技术服务和林业公共管理及其他组织服务。这些亚产业之间同样也具有较强的关联性。

3.3.1.1 三大产业多样性评价

根据2001—2018年《黑龙江森林工业综合统计资料汇编》林业三大产业的产值，计算黑龙江国有林区三大产业的多样性指数，其变化趋势如图3-9所示。

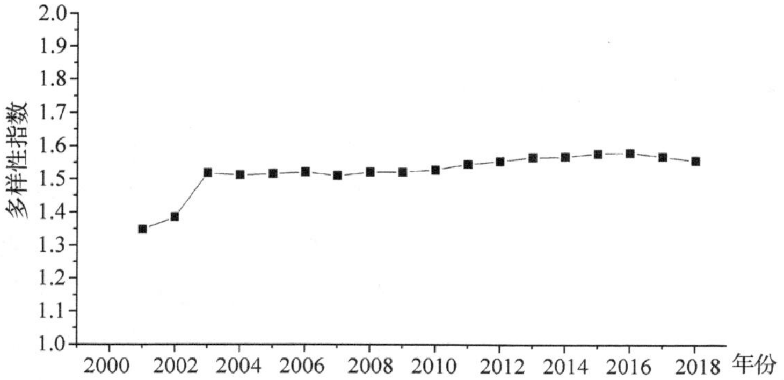

图3-9 2001—2018年黑龙江国有林区三大产业多样性趋势

从图3-9可以看出，黑龙江国有林区三大产业的多样性指数大体呈现上升趋势，多样性指数集中在1.35~1.58，相差仅0.23，整体变化幅度不大，说明目前黑龙江国有林区三大产业分布较均匀。其中，仅2003年上升幅度最大，上升了9.6%。仅2004年、2007年、2017年和2018年出现了下降趋势，下降幅度并不是很明显。黑龙江国有林区三大产业多样性指数最低点是2001年，仅有1.3486，2016年达到最高值1.5789。2003年迅速上升，达到了1.5179，较2001年增长了12.55%，是增长幅度最大的一年。自2003年之后三大产业多样性指数处于平稳上升趋势，虽有年份出现了下降趋势，但下降幅度并不是很大。

3.3.1.2 亚产业多样性评价

根据《黑龙江森林工业综合统计资料汇编》三大产业产值的亚产业产值数据查询，发现历年的统计口径不同，若直接计算可能会导致产业多样性指数的不准确。因此，为了统一口径，仅选取2006—2018年各亚产业的产值计算其与总产值的比例和黑龙江国有林区林业产业的多样性指数，并与2006—2018年黑龙江国有林区三大产业多样性指数作对比图，其变化趋势如图3-10所示。

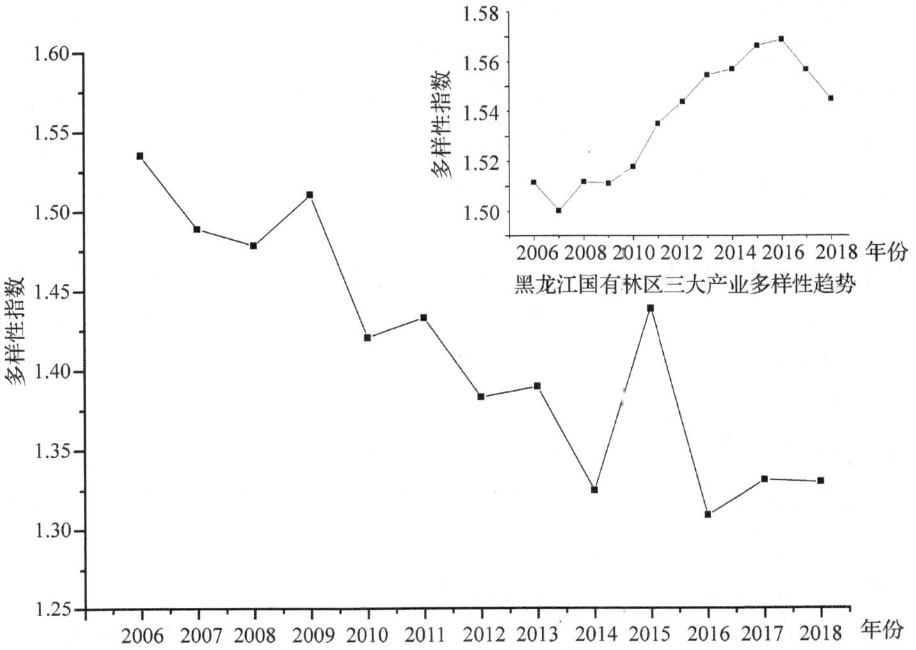

图 3-10 2006—2018 黑龙江国有林区林业亚产业多样性趋势

从图 3-10 可以看出，黑龙江国有林区林业亚产业多样性指数整体变化不大，整体趋势呈现波浪形，虽然上下有所波动，但幅度不大，波峰与波谷之间的距离比较小，多样性指数集中在 1. 31~1. 54，相差 0. 23，说明目前黑龙江国有林区林业亚产业分布均匀。从右上角的小图来看，2006—2018 年黑龙江国有林区林业三大产业的多样性呈稳步上升趋势，多样性指数集中在 1. 51~1. 58，仅相差 0. 07，说明三大产业的产业分布也很均匀。黑龙江国有林区林业亚产业多样性指数最高值为 2006 年 1. 54，最低值为 2016 年 1. 31，相差 0. 23，变化幅度比较小，2012 年、2016 年分别出现了两次下降趋势。

黑龙江国有林区林业三大产业多样性自 2003 年之后分布就比较均匀，说明国有林区实施天保工程之后，产业结构不断优化，各亚产业之间的多样性变化也不大，但 2014 年亚产业多样性指数有下降趋势。黑龙江国有林区 2014 年开始停止天然林商业性采伐，产业结构势必发生变化，亚产业类型也会发生一定的变化。因此，在建设黑龙江国有林区林业产业生态系统时，应注意各产业的数量分布。

3. 3. 2 黑龙江国有林区林业产业关联度分析

关联度是表征两个事物的关联程度，具体地说，关联度是因素之间关联性大小的量度，定量地描述因素之间相对变化的情况(许玉粉，2011)。产业关联度是指产业与产业之间通过产品供需形成的互相关联、长期共存为前提的内在联系。主要表现在两个方面：一是产品的供需方面，某一产业生产的任何一种产品，都会为作为其他行业或产业的投入要素，同时也会以其他产业生产的产品作为自身生产的投入要素；二是产品技术供给方面，一个产业的生产过程需要其他产业为其提供技术水平层次相当的生产手段，同时，它的发展也推动了其他相互关联产业的技术进步，从而使整个产业的技术水平不断向更高层次推进。一般情况下，通过产业关联度计算产业之间的关联程度，产业关联度系数越大说明该产业对总产业发展的影响程度越大。

黑龙江国有林区林业产业关联度主要是指在黑龙江国有林区范围内各产业之间的相互关联程度，对于黑龙江国有林区林业产业关联度分析主要包括两个方面：一是黑龙江国有林区第一产业、第二产业和第三产业与黑龙江国有林区林业总产值之间的关联度分析；二是三大林业产业与其所包含的亚产业之间的关联度分析。这两方面的林业产业关联度分析均可采用灰色关联度分析方法，该方法也是目前分析关联程度应用最广泛的方法。灰色关联度分析是灰色系统分析、评价和决策的基础，是一种多因素的统计分析方法，属于几何处理范畴。它是一种相对性的排列分析，基本思想是根据序列曲线几何形状的相似程度判断其联系是否紧密，曲线越接近，相应序列之间的关联度就越大，反之越少。黑龙江国有林区林业产业作为一个不断发展变化的系统，应用灰色关联度分析是动态过程发展态势的量化分析，即发展态势的量化比较分析。发展态势的比较，也就是历年来有关统计数据列几何关系的比较，实质上是几种曲线间几何形状的分析比较，即认为几何形状越接近，则发展变化态势越接近，关联程度越大。

应用灰色关联度分析首先要指定参考的数据列，参考数据列常记为 x_0，一般表示为：

$$x_0 = \{x_0(1),\ x_0(2),\ \cdots,\ x_0(n)\} \tag{3-2}$$

关联分析中被比较数列常记为 x_i，一般表示为：

$$x_i = \{x_i(1),\ x_i(2),\ \cdots,\ x_i(n)\},\ n = 1,\ 2,\ \cdots,\ m \tag{3-3}$$

对于一个参考数据列 x_0，比较数据列为 x_i，可用式(3-4)表示各比较曲线与参考曲线在各点的差：

$$\xi_i(k) = \frac{\frac{\min}{i}\frac{\min}{k}|x_0(k) - x_i(k)| + \zeta\frac{\max}{i}\frac{\max}{k}|x_0(k) - x_i(k)|}{|x_0(k) - x_i(k)| + \zeta\frac{\max}{i}\frac{\max}{k}|x_0(k) - x_i(k)|} \tag{3-4}$$

式中，$\xi_i(k)$ 是第 k 时刻比较曲线 x_i 与参考曲线 x_0 的相对差值，这种形式的相对差值成为 x_i 对 x_0 在 k 时刻的关联系数。ξ 为分辨系数，$\xi \in [0,\ 1]$，引入它是为了减少极值对计算的影响。一般情况下，根据序列间的关联程度选择分辨系数，一般取 $\zeta \leqslant 0.5$，本研究所计算的产业关联度，ξ 的取值均为 0.5。关联系数只表示各时刻数据间的关联程度，由于关联系数很多，一般通过求平均值的方法把各个时刻的关联系数集中为一个值。因此，绝对关联度的一般表达式为：

$$r_i = \frac{1}{n}\sum_{k=1}^{n}\xi_i(k) \tag{3-5}$$

式中，r_i 为曲线 x_i 对参考曲线 x_0 的绝对关联度。

3.3.2.1 三大产业关联度评价

根据2001—2018年《黑龙江森林工业综合统计资料汇编》中林业总产值、第一产业产值、第二产业产值、第三产业产值，计算不同时间范围的黑龙江国有林区林业产业关联度(表3-5)，并根据关联度绘制动态关联变化图(图3-11)。

表3-5 黑龙江国有林区林业总产值与三次产业的灰色关联度系数

年份	第一产业	第二产业	第三产业
2001—2018	0.5923	0.6151	0.4842
2002—2018	0.6075	0.6271	0.4937
2003—2018	0.6227	0.6425	0.5038
2004—2018	0.6393	0.6596	0.5153
2005—2018	0.6576	0.6739	0.5282
2006—2018	0.6778	0.7006	0.5428
2007—2018	0.6986	0.7242	0.5595
2008—2018	0.7211	0.7507	0.5785
2009—2018	0.7474	0.7696	0.6006
2010—2018	0.7740	0.7843	0.6263
2011—2018	0.8000	0.7957	0.6555
2012—2018	0.8247	0.7893	0.6896
2013—2018	0.8452	0.7472	0.7285
2014—2018	0.7346	0.7176	0.6139
2015—2018	0.8998	0.7686	0.8498
2016—2018	0.9401	0.8054	0.9386
2017—2018	1	0.8751	1
平均值	0.7519	0.7324	0.6417

数据来源：根据2001—2018年《黑龙江森林工业综合统计资料汇编》计算而得。

从表3-5可以得出，2001—2018年黑龙江国有林区林业总产值与三大产业之间的灰色关联程度，其中第一产业与国有林区林业总产值的关联度最大，平均关联度为0.7519，说明第一产业对黑龙江国有林区林业产业的影响最大。第二产业次之，平均关联度为0.7324。第三产业与林业总产值的关联度最小，平均关联度为0.6417，说明第三产业对黑龙江国有林区林业产业的影响最小。虽然对黑龙江国有林区的林业产业的影响程度不同，但三大产业关联度的差距并不是很大。

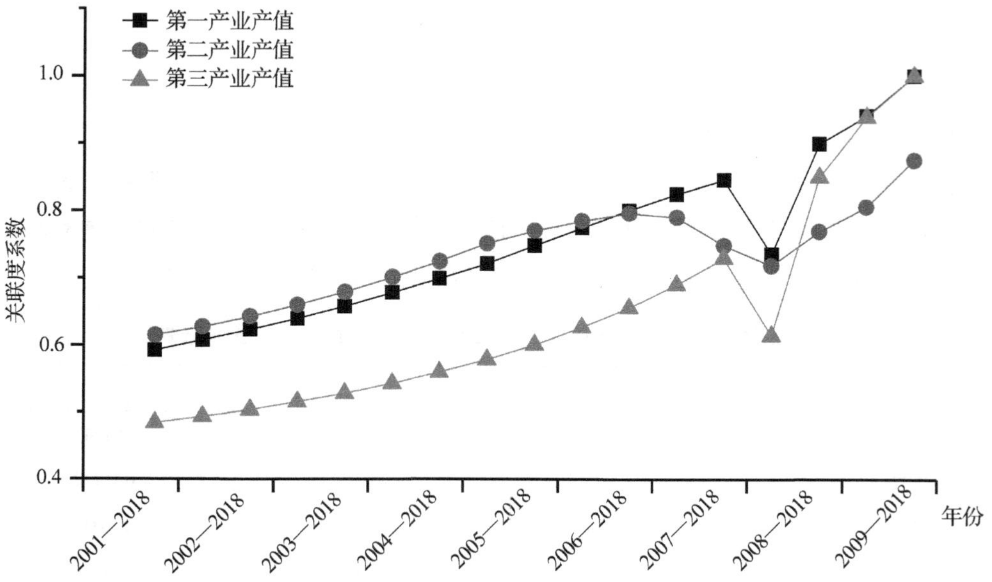

图 3-11　黑龙江国有林区林业总产值与三次产业之间的关联变化

从图 3-11 可以看出，黑龙江国有林区林业总产值与三大产业之间的动态关联变化，三大产业整体趋势较为相似，均是先上升后下降再上升，均在 2014 年出现了不同程度的下降，尤其是第一产业和第三产业，下降幅度较为明显。

第一产业在 2011 年以后一直处于所有曲线的最上方，2013 年之前处于稳步增长的趋势，2014 年出现了下降，幅度为 15.06%，是第一产业在 2001—2018 年出现的唯一一次大幅度的下降，其余年份均呈上升趋势。2017 年，第一产业关联度出现最高值，即此时与黑龙江国有林区林业总产值之间的关联度最高，关联度为 1，对国有林区产业发展的影响最大。2001 年，第一产业的关联度最小，为 0.5923，相差 0.4077，有一定程度的差距。第二产业在 2010 年之前一直处于所有曲线的最上方，与第一产业关联度相差很小，两条曲线几乎重叠，但与第三产业之间的差距很大。2001—2011 年第二产业一直处于稳步上升趋势，之后出现不同程度的下降，在 2014 年下降到最低点，关联度为 0.7176，2015 年之后出现大幅度上升，直到 2017 年关联度达到最高，为 0.8751。2001 年第二产业关联度最低，关联度为 0.6151，2017 年关联度最高，为 0.8751，相差 0.26，幅度较小。第二产业在 2010 年前处于所有曲线最上方，2012—2014 年处于第一产业和第三产业之间，2015 年之后处于所有曲线的最下方，说明第二产业对于黑龙江国有林区林业总产值的关联度由最具优势转向了关联度最低。第三产业虽然在 2014 年出现了一次大幅度的下降 之外，其余年份均呈现不同程度的上升趋势，但并没有超过其他曲线成为对国有林区林业产值影响最大的产业。仅在 2016 年和 2017 年与第一产业几乎持平处于所有曲线最上方，2017 年和第一产业关联度相同，均为 1。说明目前第三产业和黑龙江国有林区林业总产值之间的关联程度越来越大，对其产业的发展影响程度也在不断增强。2001 年第三产业关联度最小，为 0.4843，2017 年关联度最大，关联度达到 1，相差 0.5157，差距较大，均大于第一产业和第二产业关联度最高与最低之间的差值，比第一、第二产业更明显。

从三大产业总体的关联程度来看，总体趋势较为相似，但关联程度不一致。2010 年之前，第二产业关联程度最大，其次是第一产业，最后是第三产业，尤其是第一和第二产业关联度之间非常相近，三大产业的关联度都以相似的幅度不断上升。2011 年之后，第一产业关联程度最大，第二产业和第三产业均不及第一产业，2010—2015 年第一产业关联程度最大，第二产业次之，最后是第三产业，2015—2018 年，第一产业关联程度最大，第三产业次之，最后是第二产业，说明此时第三产业对黑龙江国有林区林业产业发展的影响不断增强。从三大产业的关联度平均值来看，第一产业对黑龙江国有林区林业总产值的关联度最大，第二产业居中，第三产业关联度最小。

3.3.2.2 各产业与其亚产业关联度评价

三大产业对国有林区林业产业发展产生影响的同时，其包含的亚产业同样也对林业产业发展产生一定的影响。因此，为了统计口径相一致，选取 2006—2018 年《黑龙江森林工业综合统计资料汇编》中相关亚产业数据，分别计算亚产业与相关产业产值之间的关联度系数，见表 3-6 至表 3-8，关联度变化如图 3-12 至图 3-14 所示。

表 3-6 黑龙江国有林区第一产业与亚产业的灰色关联度系数

年份	林木的育种和育苗	营造林	木材和竹材采运	经济林产品的种植与采集	花卉及其他观赏植物种植	野生陆生动物繁育与利用
2006—2018	0.1467	0.2115	0.2594	0.2199	0.1289	0.2291
2007—2018	0.15457	0.2250	0.2649	0.2340	0.1337	0.2434
2008—2018	0.16377	0.2409	0.2484	0.2505	0.1400	0.2605
2009—2018	0.17467	0.2600	0.1870	0.2703	0.1470	0.2784
2010—2018	0.18797	0.2834	0.1670	0.2942	0.1572	0.2991
2011—2018	0.2041	0.3126	0.0628	0.3240	0.1701	0.3245
2012—2018	0.2250	0.3498	0.0559	0.3588	0.0516	0.3554
2013—2018	0.2523	0.3991	0.0520	0.4053	0.0519	0.3317
2014—2018	0.2909	0.4677	0.0502	0.4589	0.0523	0.3464
2015—2018	0.3439	0.5716	0.0478	0.5376	0.0516	0.4021
2016—2018	0.4172	0.7041	0.0479	0.6070	0.0505	0.4645
2017—2018	0.1258	0.9685	0.0478	0.7776	0.0498	0.5536
平均值	0.2239	0.4162	0.1243	0.3948	0.0987	0.3407

数据来源：根据 2006—2018 年《黑龙江森林工业综合统计资料汇编》计算而得。

从表 3-6 可以得出，2006—2018 年黑龙江国有林区第一产业与亚产业之间的灰色关联程度，其中营造林与黑龙江国有林区第一产业产值的关联度最大，平均关联度为 0.4162。经济林产品的种植与采集次之，平均关联度为 0.3948。第三是野生陆生动物繁育与利用，平均关联度为 0.3407。最后是花卉及其他观赏植物种植，与第一产业产值的关联度最小，平均关联度仅为 0.0987。

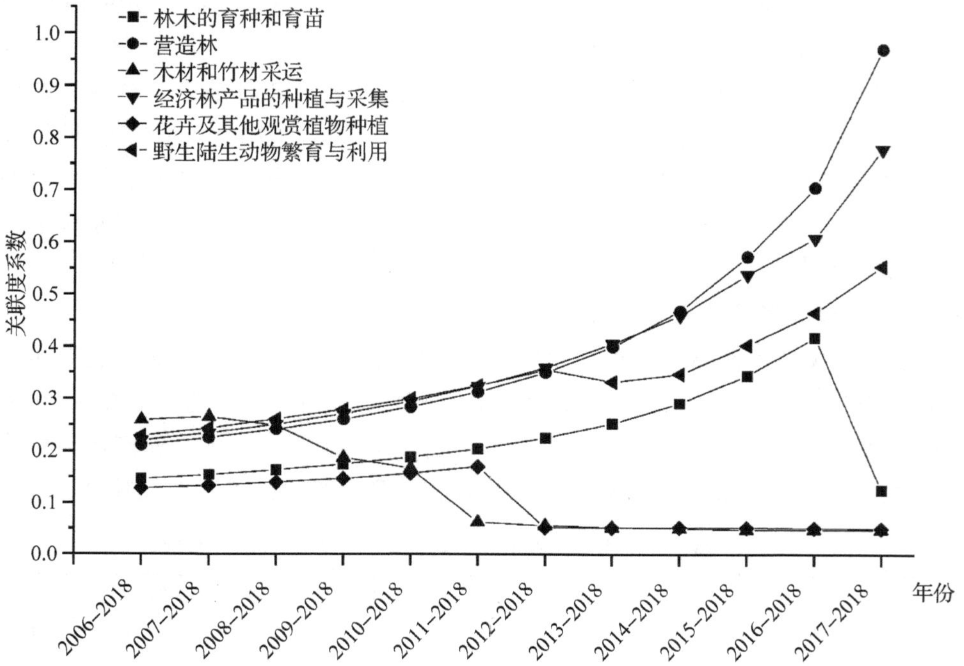

图 3-12 黑龙江国有林区第一产业与亚产业之间的关联变化

从图 3-12 可以看出，黑龙江国有林区第一产业与其亚产业之间的动态关联变化，其中营造林、经济林产品的种植与采集整体趋势大致相同，即一直处于增长状态；林木的育种和育苗、花卉及其他观赏植物种植、木材和竹材采运整体趋势大致相同，即先增长后下降；野生陆生动物繁育与利用关联趋势是先上升再下降，之后继续上升。

营造林和经济林产品的种植与采集一直处于上升趋势，2014 年后，营造林一直处于所有曲线的最上方，同时还处于不断增长的趋势，说明它的关联程度是最高的，并且在 2017 年的增长幅度最大，达到 37.55%。经济林产品的种植与采集也一直处于上升趋势，但只有 2010 年、2012 年和 2013 年处于所有曲线的上方，其余年份并未处于主导地位。林木的育种和育苗先上升后下降，仅在 2017 年关联度出现下降，并且下降幅度比较大，下降了 69.85%，虽然数值有所下降，但并未处于所有曲线的最下方。木材和竹材采运先上升后下降，之后再上升，2008 年开始下降，2016 年又上升，但上升的趋势非常小，几乎和 2015 年没变化，从关联度来看，仅提高了 0.001，之后又与 2015 年保持一致。花卉及其他观赏植物种植先上升后下降，再上升再下降，其中 2012 年下降幅度最为明显，从 2011 年的 0.1701 下降到 2012 年的 0.0516，2013 年之后花卉及其他观赏植物种植关联度不论上升还是下降幅度均不大。野生陆生动物繁育与利用先上升后下降再上升，2013 年出现下降，但幅度不大，2014 年之后一直处于上升趋势。

总的来看，第一产业与其亚产业之间的关联度最大的是营造林和经济林产品的种植与采集，并长期处于上升趋势，说明二者对第一产业的影响最大。

表 3-7 黑龙江国有林区第二产业与亚产业的灰色关联度系数

年份	木材加工和木、竹、藤、棕、苇制品制造	木、竹、藤家具制造	木、竹、苇浆造纸和纸制品	林产化学产品制造	木制工艺品和木质文教体育用品制造	非木质林产品加工制造业
2006—2018	0.2796	0.2546	0.1305	0.1484	0.2162	0.2081
2007—2018	0.2921	0.2688	0.1369	0.1547	0.2285	0.2204
2008—2018	0.3013	0.2841	0.1420	0.1641	0.2434	0.2354
2009—2018	0.3094	0.2973	0.1500	0.1750	0.2615	0.2539
2010—2018	0.3017	0.3061	0.1590	0.0833	0.2808	0.2754
2011—2018	0.2144	0.2193	0.1721	0.0826	0.3059	0.3031
2012—2018	0.2176	0.2170	0.1898	0.0800	0.3412	0.3383
2013—2018	0.4088	0.2916	0.0482	0.0839	0.3712	0.1088
2014—2018	0.0914	0.1456	0.2466	0.0538	0.2454	0.4414
2015—2018	0.0789	0.1434	0.2962	0.0511	0.0786	0.5233
2016—2018	0.0749	0.1373	0.3787	0.0476	0.0759	0.6337
2017—2018	0.0750	0.1354	0.5402	0.0476	0.0819	0.7769
平均值	0.2204	0.2250	0.2158	0.0977	0.2275	0.3599

数据来源：根据 2006—2018 年《黑龙江森林工业综合统计资料汇编》计算而得。

从表 3-7 可以得出，2006—2018 年黑龙江国有林区第二产业与亚产业之间的灰色关联程度，其中非木质林产品加工制造业对黑龙江国有林区第二产业产值的关联度最大，平均关联度为 0.3599。其次是木质工业品和木质文教体育用品制造，平均关联度为 0.2275。第三是木、竹、藤家具制造，平均关联度是 0.2250。最后是林产化学产品制造，平均关联度为 0.0977。

从图 3-13 可以看出，2006—2017 年黑龙江国有林区第二产业与亚产业之间的关联度均呈现不同程度的波浪形，即总体呈现先上升后下降再上升再下降的趋势。2006—2009 年，木材加工和木、竹、藤、棕、苇制品制造对黑龙江省国有林区第二产业的关联度最大，木、竹、苇浆造纸和纸制品对其关联度最小。2010—2011 年，林产化学产品制造的关联度最小。2012 年，木制工艺品和木质文教体育用品制造的关联度最高，林产化学产品制造关联度最小。2013 年，木材加工和木、竹、

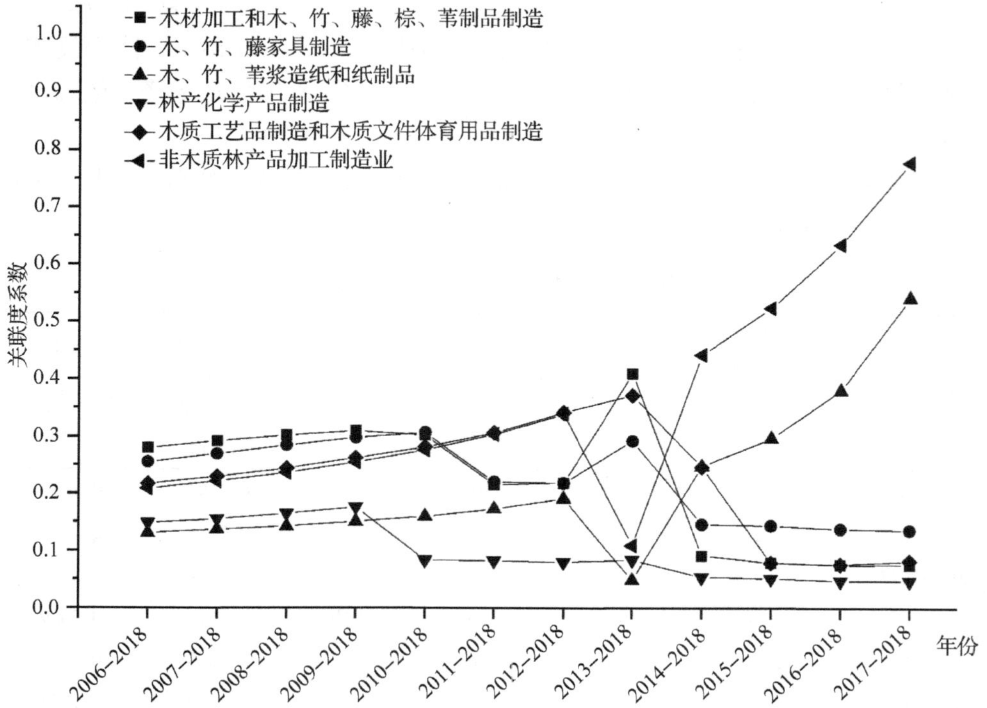

图 3-13 黑龙江国有林区第二产业与亚产业之间的关联变化

藤、棕、苇制品制造关联度最大，木、竹、苇浆造纸和纸制品关联度最小。2014—2017 年，非木质林产品加工制造业对第二产业的关联度最大，林产化学产品制造的关联度最小。

木材加工和木、竹、藤、棕、苇制品制造 2006—2009 年呈上升趋势，2010—2012 年呈下降趋势，2013 年又出现了较大幅度的增加，增长将近 2012 年的 2 倍，2014—2016 年出现较大幅度下降，其中 2014 年较 2013 年下降了 77.64%，2017 年虽有所增加，但幅度非常小，与 2016 年关联几乎持平。木、竹、苇浆造纸和纸制品 2006—2012 年呈上升趋势，2013 年下降，下降幅度较大，达到 74.60%。2014—2017 年一直处于上升趋势。林产化学产品制造 2006—2009 年呈上升趋势，2010—2012 年下降，其中 2010 年下降幅度较大，2013 年上升，2014—2017 呈下降趋势。木质工艺品和木质文教体育用品制造 2006—2013 年呈上升趋势，2014—2016 年下降，2017 年有所上升，但幅度较小。非木质林产品加工制造业 2006—2012 年呈上升趋势，2013 年下降，下降幅度较大，2014—2017 年呈上升趋势，其中 2014 年上升幅度较大，关联度系数是 2013 年的 4.1 倍。

总的来说，非木质林产品加工制造业的平均关联度最大，对黑龙江国有林区第二产业的影响最大，尤其在 2014—2017 年影响更加明显。林产化学产品制造对第二产业影响最小。

表 3-8 黑龙江国有林区第三产业与亚产业的灰色关联度系数

年　份	林业旅游与休闲服务	林业生态服务	林业专业技术服务	林业公共管理及其他组织服务
2006—2018	0. 1853	0. 1325	0. 1411	0. 1422
2007—2018	0. 1965	0. 1396	0. 1474	0. 1500
2008—2018	0. 2096	0. 1480	0. 1563	0. 1591
2009—2018	0. 2252	0. 1580	0. 1669	0. 1702
2010—2018	0. 2440	0. 1702	0. 1797	0. 1829
2011—2018	0. 2670	0. 1856	0. 1959	0. 1991
2012—2018	0. 2953	0. 1973	0. 2135	0. 2190
2013—2018	0. 3308	0. 2106	0. 2401	0. 2463
2014—2018	0. 3772	0. 2425	0. 2772	0. 2831
2015—2018	0. 4444	0. 2912	0. 3323	0. 3390
2016—2018	0. 5475	0. 3656	0. 1097	0. 1187
2017—2018	0. 7130	0. 5244	0. 0901	0. 1456
平均值	0. 3363	0. 2305	0. 1875	0. 1963

数据来源：根据 2006—2018 年《黑龙江森林工业综合统计资料汇编》计算而得。

从表 3-8 可以得出，2006—2018 年黑龙江国有林区第三产业与亚产业之间的灰色关联程度，其中林业旅游与休闲服务对黑龙江国有林区第三产业产值的关联度最大，平均关联度为 0. 3363，说明对第三产业的影响最大。林业生态服务次之，平均关联度为 0. 2305。第三是林业公共管理及其他组织服务，平均关联度为 0. 1963。最后是林业专业技术服务，与第三产业产值的关联度最小，平均关联度为 0. 1875，说明对第三产业的发展影响最小。

从图 3-14 可以看出，林业旅游和休闲服务和林业生态服务关联趋势大体相同，均处于逐年上升趋势。林业专业技术服务先上升后下降；林业公共管理及其他组织服务先上升后下降再上升。2016 年林业专业技术服务和林业公共管理及其他组织服务关联度几乎一致，2017 年林业专业技术服务继续下降，林业公关管理及其他组织服务有所上升。

2006—2018 年，林业旅游与休闲服务一直处于上升趋势，同时也处于所有曲线的最上方，说明林业旅游与休闲服务对黑龙江国有林区林业第三产业的关联度最大，对第三产业的影响也最大。2017 年林业旅游与休闲服务关联度为 0. 7130，2006 年关联度为 0. 1853，2017 年是 2006 年关联度的 3. 8 倍，增长幅度较大。林业生态服务关联度也一直处于上升趋势，2017 年关联度为 0. 5244，2006 年关联度为 0. 1325，关联度值均低于林业旅游与休闲服务，增长幅度与林业旅游与休闲服务几乎一致。2006—2015 年林业专业技术服务逐年上升，2016 年开始出现下降，下降幅度为 66. 99%，直到 2017 年一直处于下降趋势。2006—2015 年林业公共管理服务及其他

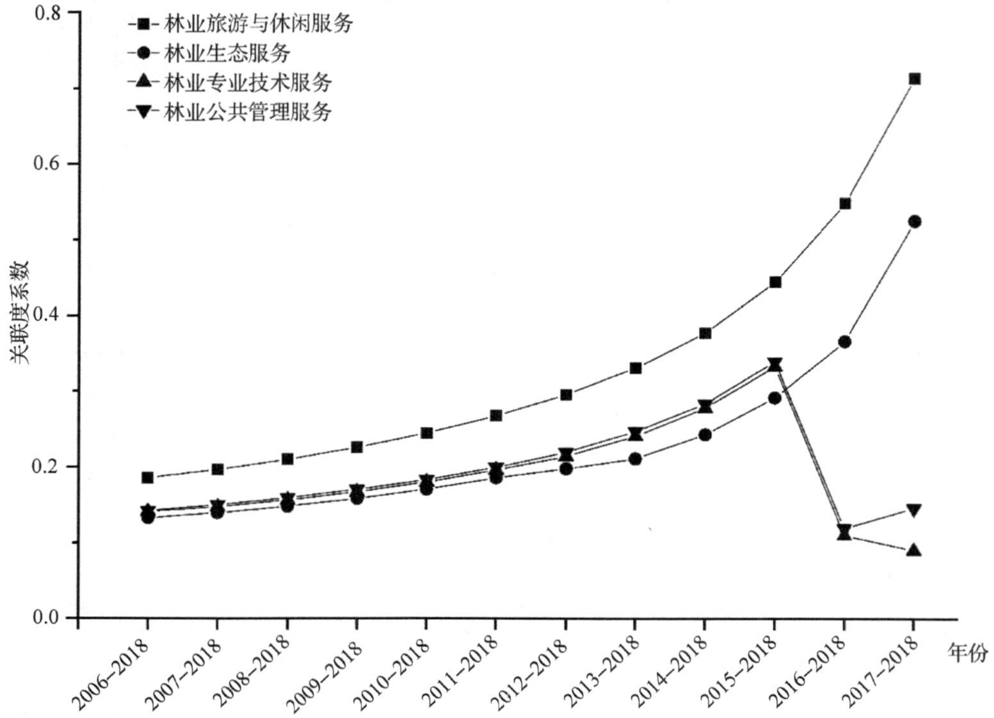

图 3-14 黑龙江国有林区第三产业与亚产业之间的关联变化

组织服务逐年上升，2016 年出现下降，下降幅度为 64.99%，但 2017 年又有所上升。

总的来看，2006—2015 年，各亚产业与黑龙江国有林区第三产业之间的关联趋势几乎相同，都处于不断增长的趋势，2016—2017 年，有的亚产业开始出现不同程度的下降，对第三产业的影响逐渐降低，其中林业专业技术服务对第三产业的影响最小。

从黑龙江国有林区林业产业关联度的分析结果可以看出，三大产业对国有林区林业产业发展的影响程度，同时也能够看出各产业的亚产业对其影响情况。在建设黑龙江国有林区现代林业产业生态系统时，基于产业关联度的分析，可把对各产业产值影响程度大的产业纳入现代林业产业生态系统，使该系统更加持续稳定运行。

3.4 黑龙江国有林区林业产业存在的问题分析

根据对黑龙江国有林区及林业产业现状的描述，以及对黑龙江国有林区林业产业多样性和产业关联度的评价，目前黑龙江国有林区林业产业主要存在以下问题。

3.4.1 第二产业发展逐渐衰落

2001—2018 年黑龙江国有林区林业总产值趋势图(图 3-2)可以看出，2014 年林业总产值有所下滑，其原因是第二产业出现负增长。2014 年，黑龙江国有林区停止天然林商业性采伐，依托木材为原材料的加工企业陷入困境，导致产值有所下降。从第二产业与总产值的关联程度(表 3-5)来看，2017 年与黑龙江国有林区林业总产值的关联度最高，为 0.8751，此时对国有林区产业发展的影响最大。2012—2014 年第二产业的关联度出现不同程度的下降(图 3-11)，2013 年和 2014 年下降幅度较大，2014 年较 2012 年下降了 9.08%，但综合来看，第二产业对国有林区林业产业发展的影响处于中间水平，说明第二产业的发展在逐渐衰落。第二产业中非木质林产品加工制造业、木质工艺品和木质文教体育用品制造与第二产业的关联程度高，说明二者对第二产业发展影响最大，但由于停伐政策的实施，木质工艺品和木质文教体育用品制造缺少原材料来源，发展将逐渐停滞，加工企业需要从外地选购原材料，致使企业生产成本骤增，有些企业将面临停产的危险，这对第二产业的发展影响很大，容易导致第二产业的发展衰落。因此，在 2014 年以后以木本粮食、木本油料、食用菌、药材、香料、饲料、竹藤等为主的非木质林产品加工制造业关联系数虽一直处于上升趋势，逐渐成为对第二产业发展影响最大的产业类型。根据目前黑龙江国有林区林业产业现状、资源现状以及天保工程和停伐政策的实施，非木质林产品加工制造业将成为黑龙江国有林区的重点发展产业，以缓解停伐给黑龙江国有林区带来的原材料短缺问题。

3.4.2 林业产业亚产业多样性指数下降

2006—2018 年黑龙江国有林区林业产业亚产业多样性趋势图(图 3-10)可以看出，各亚产业多样性指数虽然变化不大，处于 1.31~1.54，在 2014 年和 2016 年出现了两次较为明显的下降。从历年黑龙江国有林区林业产业产值趋势(图 3-2)可以看出，第二产业在 2003 年、2014—2016 年出现了两次下降。说明随着天保工程和停止天然林商业性采伐政策的实施，第二产业内依托林木资源作为原料的企业在政策的影响下发展面临一定的困境，导致部分亚产业产值下降，甚至有可能导致亚产业个数的减少，进而使得其多样性指数下降，出现分布不均匀的现象。2014 年后，黑龙江国有林区将进入保护森林资源、优化生态环境的新阶段，势必对黑龙江国有林区林业产业发展有一定的影响，但从目前的评价结果来看，第二产业受其影响最大，面临的压力最大，如何妥善处理各产业及其亚产业之间的关系是黑龙江国有林区林业产业可持续发展目前面临的关键问题。

3.4.3 林业公共管理服务关联程度偏低

林业公共管理及其他组织服务属于第三产业的范畴，2006—2018 年与第三产业之间的平均关联度系数为 0. 1963，排在倒数第 2 位(表 3-8)，说明对第三产业发展的影响较低。黑龙江国有林区自实施天保工程和全面停伐政策后，林业产业结构进行不断地优化和调整，目的是充分发挥国有林区森林资源的生态服务功能，优化林区生态环境，因此，第三产业将成为充分发挥森林生态功能的主导产业。从目前黑龙江国有林区林业产业产值的变化趋势(图 3-2)来看，第三产业产值呈稳步增长的趋势，逐渐缩小与第一、第二产业间的差距。在 2001—2016 年一直处于第一、二产业之下，并未在三大产业中占据主导地位，对黑龙江国有林区林业产业发展的影响程度一般；2017—2018 年第三产业产值虽占据主导地位，但优势并不明显，而且第三产业中的林业公共管理服务以及林业专业技术服务对第三产业的影响偏低，尚不能充分发挥第三产业的优势。目前，黑龙江国有林区应积极发展第三产业，尤其是林业生态服务业和森林旅游业，既能充分发挥林区森林资源的生态效益，同时也能带来一定的经济效益。因此，如何有效增强第三产业对黑龙江林区林业产业发展的贡献、达到生态效益与经济效益的协调统一是目前面临的关键问题。

3.5 小 结

本章主要是从定性和定量角度对黑龙江国有林区林业产业的现状进行描述。首先，从经济、社会和生态三个方面分析了黑龙江国有林区的贡献；其次，从产业主体、产业类型和产业结构三个层面阐述目前黑龙江国有林区林业产业现状；第三，对黑龙江国有林区林业产业多样性和产业关联度进行评价，通过数据分析方法进一步说明目前黑龙江国有林区林业产业现状，进而揭示黑龙江国有林区林业产业存在的问题。本章基于现状的定性和定量分析，确定了黑龙江国有林区林业产业对林区发展中的重要性，为构建黑龙江国有林区现代林业产业生态系统奠定了现实基础。

4 黑龙江国有林区林业产业生态系统适应性和稳定性评价

林业产业生态系统适应性能够体现目前黑龙江国有林区林业产业发展与生态环境之间的一种适应能力，林业产业生态系统稳定性能够体现林业产业生态系统抵抗外界压力的能力，当外界环境有所变化时，系统本身具有恢复原状态的一种能力。对黑龙江国有林区林业产业生态系统适应性和稳定性进行评价的首要目的是更有效地衡量和把握目前黑龙江国有林区林业产业发展与生态环境之间的关系。

4.1 黑龙江国有林区林业产业生态系统适应性评价

对黑龙江国有林区林业产业生态系统适应性进行评价的目的是分析目前黑龙江国有林区产业经济的发展与其所处的生态环境之间的适应能力。根据黑龙江国有林区的实际情况，以黑龙江国有林区所辖 40 个林业局为评价对象，从产业和环境两方面构建适应性评价指标体系，选择灰色关联度分析法确定指标权重，应用综合指数方法评价黑龙江国有林区林业产业生态系统适应性。

4.1.1 适应性评价指标体系构建

根据黑龙江国有林区的实际情况、林业产业生态系统的结构和功能、相关指标的可获得性以及不同领域对适应性评价指标选择的概括和总结，构建黑龙江国有林区林业产业生态系统适应性的评价指标体系。基于 2018 年黑龙江国有林区 40 个林业局的相关指标结果，通过灰色关联度分析法确定各指标权重，进而通过综合指数法构建黑龙江国有林区林业产业生态系统适应性评价模型。

从产业和环境两个方面构建黑龙江国有林区林业产业生态系统适应性评价指标体系。产业包括产业结构和产业发展两大类，产业结构指标包括第一产业比例、第二产业比例和第三产业比例，以此说明产业结构；产业发展指标包括企业总产值、林业产业发展投资额和在岗职工年平均工资，主要体现产业经济的投入、产出以及林区职工的生活状况。环境包括资源环境和政策技术环境两大类，资源环境指标包括木质加工产品产量(锯材、木片及木粒加工产品、人造板、其他加工材和木竹地板)、造林面积和在岗职工人数，说明所处的资源环境及在职人口状况；政策技术指标包括专业技术人员人数、林业支撑与保障投资额和生态建设与保护投资额，说明技术人员以及与技术和政策相关投资额对环境的影响。共3个层次12个指标，指标体系见表4-1。

表4-1 黑龙江国有林区林业产业生态系统适应性评价指标体系

一 层	二 层	三 层	具体指标
现代林业产业生态系统适应性评价指标体系(A)	产业(B_1)	产业结构(C_1)	C_{11}：第一产业比重(%)
			C_{12}：第二产业比重(%)
			C_{13}：第三产业比重(%)
		产业发展(C_2)	C_{21}：企业总产值(万元)
			C_{22}：林业产业发展投资额(万元)
			C_{23}：在岗职工年平均工资(元)
	环境(B_2)	资源环境(C_3)	C_{31}：木质加工产品产量(m^3)
			C_{32}：造林面积(hm^2)
			C_{33}：在岗职工人数(人)
		政策技术环境(C_4)	C_{41}：专业技术人员人数(人)
			C_{42}：林业支撑与保障投资额(万元)
			C_{43}：生态建设与保护投资额(万元)

4.1.2 适应性评价步骤

4.1.2.1 指标值及权重设定

根据2018年《黑龙江省森林工业综合统计资料汇编》整理出黑龙江国有林区下属40个林业局相关的指标值，见表4-2。

构建黑龙江国有林区林业产业生态系统适应性评价体系之后，最重要的环节是确定各指标的权重。关于权重的确定方法有很多，如德尔菲法和专家打分法，这些权重的确定方法很容易受到专家主观判断及研究领域的影响，使得权重的设定缺少客观性。因此，本研究利用灰色关联度分析法确定黑龙江国有林区林业产业生态系统适应性各指标的权重。

表 4-2 2018 年黑龙江国有林区各林业局林业产业生态系统适应性指标值

林区	林业局	产业指标 B_1						环境指标 B_2					
		产业结构 C_1			产业发展 C_2			资源 C_3			政策技术 C_4		
		C_{11}	C_{12}	C_{13}	C_{21}	C_{22}	C_{23}	C_{31}	C_{32}	C_{33}	C_{41}	C_{42}	C_{43}
伊春	双丰	47.99	39.60	12.41	113377	0	18710	13220	0	6584	953	0	17653
	铁力	16.92	66.12	16.96	354364	0	33161	630	0	5018	1228	0	24359
	桃山	69.58	17.12	13.30	104090	0	0	8030	0	0	0	0	21201
	朗乡	31.65	19.94	48.40	143713	0	27000	1928	0	6963	6386	50	27343
	南岔	45.65	19.24	35.11	95687	0	25200	0	0	8465	0	0	31260
	金山屯	21.49	49.30	29.21	90500	0	27004	0	0	4546	2645	0	23925
	美溪	21.39	37.14	41.47	94642	0	33228	8044	0	5386	0	405	24329
	翠峦	25.29	48.05	26.66	135114	0	35223	0	0	5118	998	0	24413
	乌马河	26.90	33.78	39.32	148472	0	35315	9047	0	4656	2343	0	20371
	友好	52.78	34.14	13.08	228074	0	40462	550	0	5874	1677	615	26966
	上甘岭	62.63	13.42	23.95	70134	0	40845	2204	0	3855	369	0	17211
	五营	18.50	32.83	48.67	165772	0	0	0	0	0	0	873	20874
	红星	45.00	20.00	35.00	92484	0	25730	890	0	5044	1159	0	21835
	新青	47.30	14.31	38.38	93443	0	38027	3260	0	5200	1594	0	26874
	汤旺河	41.72	3.81	54.47	276457	0	0	3080	0	0	0	1029	21585
	乌伊岭	52.28	21.27	26.45	36697	0	0	0	0	0	0	812	21500
牡丹江	柴河	15.88	45.83	38.28	249877	0	0	7044	333	0	0	0	24001
	东京城	33.04	12.45	54.52	278874	0	44605	6360	563	5680	866	0	29505
	大海林	19.10	16.82	64.08	216540	440	0	1394	667	0	0	0	24051
	海林	34.72	33.82	31.46	139107	0	0	0	0	0	0	0	18958
	林口	62.94	6.96	30.10	83462	20	0	15330	600	0	0	600	20237
	穆棱	46.86	28.46	24.68	215290	0	0	32600	0	0	0	1159	20851
	八面通	67.38	8.12	24.50	76287	0		0	667	0	0	663	16707
	绥阳	63.74	25.85	10.42	204162	330	0	11127	467	0	0	0	26200
松花江	山河屯	29.96	9.46	60.58	134717	1200	37417	8130	467	3214	643	496	21745
	苇河	54.42	16.00	29.59	129177	1100	0	18248	0	0	0	0	23377
	亚布力	51.84	9.84	38.32	171100	440	43076	6586	500	3202	993	50	23944
	方正	41.86	25.51	32.63	160062	330	0	1634	566	0	0	0	22926
	兴隆	45.10	22.03	32.87	157680	0	0	0	467	0	0	50	24862
	绥棱	27.52	14.07	58.42	167850	307	28894	18564	0	5180	1408	756	20717
	通北	40.98	20.59	38.43	135127	0	39901	0	667	3730	738	50	22412
	沾河	33.39	13.17	53.44	143648	0	0	7500	0	0	0	418	27378

（续）

林区	林业局	产业指标 B_1						环境指标 B_2					
		产业结构 C_1			产业发展 C_2			资源 C_3			政策技术 C_4		
		C_{11}	C_{12}	C_{13}	C_{21}	C_{22}	C_{23}	C_{31}	C_{32}	C_{33}	C_{41}	C_{42}	C_{43}
合江	桦南	35.70	28.26	36.04	129097	440	0	0	0		0	798	25069
	双鸭山	30.01	3.40	66.58	123388	300	0	2200	0		0	0	16398
	鹤立	58.79	20.37	20.84	60690	440	0	710	0		0	459	14823
	鹤北	19.94	18.70	61.35	145917	249	0	0	0		0	0	24151
	东方红	39.85	19.28	40.88	167245	0	0	1730	0		0	0	26245
	迎春	42.25	14.19	43.56	82839	0	0	0	0		0	622	15479
	清河	41.72	46.73	11.55	238850	440	0	8060	0		0	0	14643
带岭实验局		17.78	52.24	29.98	218894	0	0	16700	0	0	0	696	17954

数据来源：2018年《黑龙江省森林工业综合统计资料汇编》。

（1）选取目标数列 x_0。由于所选择的各项指标均为正向，即指标值越大越好，因此，选取的目标数列 x_0 是各项指标的最大值。

$x_0=\{69.58, 66.12, 66.58, 354364, 1200, 44605, 32600, 667, 8465, 6386, 1159, 31260\}$

（2）计算初始化矩阵。方案集和目标数列之间形成属性矩阵，对属性矩阵进行初始化处理，可以得到初始化矩阵 $\boldsymbol{Y}$。

（3）根据初始化矩阵，计算得出灰色关联度判断系数：

$$\xi_i(k)=\frac{\min\limits_{i}\min\limits_{k}|x_0(k)-x_i(k)|+\zeta\max\limits_{i}\max\limits_{k}|x_0(k)-x_i(k)|}{|x_0(k)-x_i(k)|+\zeta\max\limits_{i}\max\limits_{k}|x_0(k)-x_i(k)|} \tag{4-1}$$

式中，$\zeta=0.5$。

在初始化矩阵 $\boldsymbol{Y}$ 的基础上，根据灰色关联度分析法计算灰色关联度判断系数。

（4）根据灰色关联度判断系数确定权重。根据灰色关联度判断系数可确定每个指标值的均值，形成矩阵 $\boldsymbol{w}$，这个矩阵能够反映每个指标在整个指标集中所占的比重，将矩阵 $\boldsymbol{w}$ 进行归一化处理，形成 W，即黑龙江国有林区现代林业产业生态系统适应性评价指标的权重。

$W=\{0.10021, 0.081778, 0.097579, 0.085308, 0.067584, 0.086129, 0.068661, 0.081014, 0.077115, 0.064654, 0.075116, 0.114852\}$

4.1.2.2 构建评价模型

选取综合指数法对黑龙江国有林区林业产业生态系统适应性进行评价，首先采取均值法对各指标值进行无量纲化处理，使得不同单位或者量级的指标数据能够在更平等的条件下进行分析，结果更具科学性。通过无量纲化处理的指标值介于0~1。然后将无量纲化的指标值乘以每项指标的权重值，即黑龙江国有林区40个林业局的林业产业生态系统适应性综合评价得分，采用综合指数法建立的评价模型为：

$$Y_j = \sum_{i=1}^{n} X_{ij} \times W_i \tag{4-2}$$

式中，Y_j 为第 j 个林业局林业产业生态系统适应性程度值；X_{ij} 为第 j 个林业局第 i 个指标的统计值；W_i 为第 i 个指标的权重；n 为评价指标的个数。

根据2018年黑龙江国有林区林业产业生态系统适应性程度值的计算过程，基于2016和2017年的相关指标值分别计算黑龙江国有林区林业产业生态系统适应性各评价指标的权重及适应性综合评价值。由于数据较多且为了保证数据来源的可获得性以及所选择指标的统计口径一致，仅列出2016—2018年黑龙江国有林区林业产业生态系统适应性评价值的最终结果，见表4-3。

表 4-3 2016—2018 黑龙江国有林区林业产业生态系统适应性综合评价值

林区	林业局	综合指数值及排序					
		2016 年	2017 年	2018 年	趋势图	平均值	排序
伊春	双丰	0. 8476	0. 8243	1. 0139		0. 8953	29
	铁力	1. 0599	1. 0036	1. 1135		1. 0590	16
	桃山	0. 9698	0. 7722	0. 5395		0. 7605	38
	朗乡	1. 0193	0. 9084	1. 5864		1. 1714	7
	南岔	1. 0952	1. 0055	0. 8826		0. 9944	20
	金山屯	0. 9808	0. 9307	1. 0468		0. 9861	22
	美溪	1. 0662	1. 0024	1. 037		1. 0353	18
	乌马河	1. 0098	1. 0290	1. 1856		1. 0748	13
	翠峦	0. 9506	0. 8761	0. 9601		0. 9289	27
	友好	1. 1332	1. 0347	1. 3190		1. 1623	9
	上甘岭	0. 8550	0. 7876	0. 8152		0. 8193	34
	五营	0. 8873	0. 8342	0. 7363		0. 8193	33
	红星	1. 3878	0. 8779	0. 8731		1. 0463	17
	新青	1. 1222	0. 9187	1. 0493		1. 0301	19
	汤旺河	1. 0389	0. 9451	0. 8637		0. 9492	25
	乌伊岭	0. 8312	0. 7390	0. 6364		0. 7356	39
	平均值	0. 0159	0. 9056	0. 9787		0. 9667	

（续）

林区	林业局	综合指数值及排序					
		2016 年	2017 年	2018 年	趋势图	平均值	排序
牡丹江	大海林	1. 2079	1. 0541	1. 0894		1. 1171	11
	柴河	1. 3026	1. 3675	0. 8258		1. 1653	8
	东京城	1. 1430	1. 558	1. 4781		1. 3931	4
	穆棱	1. 7217	1. 2204	1. 2540		1. 3987	3
	绥阳	1. 1917	2. 2216	1. 0608		1. 4913	1
	海林	0. 8895	0. 9506	0. 4617		0. 7673	37
	林口	1. 1482	1. 1769	1. 1058		1. 1436	10
	八面通	0. 7392	0. 9917	0. 9317		0. 8875	30
	平均值	1. 1680	1. 3176	1. 0259		1. 1705	
松花江	山河屯	1. 0703	0. 9138	1. 8686		1. 2842	5
	苇河	1. 1699	0. 8949	1. 1902		1. 0850	12
	亚布力	1. 8558	0. 9321	1. 5504		1. 4461	2
	方正	1. 161	1. 0332	1. 0063		1. 0669	14
	兴隆	1. 0462	0. 9713	0. 7530		0. 9235	28
	绥棱	1. 3114	0. 9095	1. 5364		1. 2524	6
	通北	0. 7699	0. 8171	1. 2541		0. 9470	26
	沾河	1. 1740	1. 0640	0. 7095		0. 9825	23
	平均值	1. 1948	0. 9420	1. 2335		1. 1235	
合江	桦南	1. 3450	0. 9400	0. 9071		1. 0640	15
	双鸭山	0. 9986	0. 7477	0. 5844		0. 7769	36
	鹤立	0. 8582	0. 7541	0. 7199		0. 7774	35
	鹤北	1. 4414	0. 9361	0. 5972		0. 9915	21
	东方红	1. 0469	1. 0558	0. 5272		0. 8766	32
	迎春	0. 7868	0. 7461	0. 5751		0. 7027	40
	清河	0. 9307	0. 9095	0. 8023		0. 8808	31
	平均值	1. 0582	0. 8699	0. 6733		0. 8671	
	带岭实验局	1. 0401	0. 9521	0. 9265		0. 9729	24
	总平均值	1. 0901	0. 9902	0. 9844			

从表 4-3 中可以看出，2016—2018 年黑龙江国有林区 40 个林业局的林业产业生态系统适应性评价值、各林业局每年趋势图及各林区均值排名。根据其适应性评价值的平均值特征，可以将其分为 4 个等级，即适应能力强、适应能力一般、适应能力较弱、适应能力弱。一级指标值在 1. 2 以上，二级指标值在 1～1. 2，三级指标值在 0. 8～1，四级指标值在 0. 7～0. 8，其分布情况见表 4-4。

表 4-4 黑龙江国有林区林业产业生态系统适应性评价值等级

等级标准	林业局
一级(评价值大于 1.2)	东京城、穆棱、绥阳、山河屯、亚布力、绥棱
二级(评价值 1~1.2)	苇河、方正、桦南、柴河、大海林、林口、铁力、朗乡、美溪、乌马河、友好、红星、新青
三级(评价值 0.8~1)	鹤北、东方红、清河、兴隆、通北、沾河、八面通、双丰、南岔、金山屯、翠峦、上甘岭、五营、汤旺河、带岭
四级(评价值 0.7~0.8)	桃山、乌伊岭、海林、双鸭山、鹤立、迎春

通过表 4-4 可以看出，处于第一等级的林业局有 6 个，占总数的 15%，大多数处于第三等级，占总数的 37. 5%。综合来看，2016—2018 年黑龙江国有林区绝大多数的林业局林业产业生态系统的适应性能力较弱。

4. 1. 3 适应性评价结果

4. 1. 3. 1 林业产业生态系统适应性综合评价

从国有林区林业产业生态系统的适应性评价值来看，仅 15%的林业局适应性能力强，37. 5%的林业局适应性能力较弱，15%的林业局适应性弱，32. 5%的林业局适应性能力一般。

根据 2016—2018 年适应性评价总平均值来看，虽然一直处于上升趋势，这 3 年黑龙江国有林区林业产业生态系统的适应能力在逐渐增强，但数值并不高，处于第三等级水平，适应能力较弱。黑龙江国有林区下属四个林区之间的排序是牡丹江林区位于首位，其次是松花江林区和伊春林区，最后是合江林区，伊春林区和合江林区处于第三等级，其余处于第二等级。基于 2016—2018 年黑龙江国有林区林业产业生态系统适应性评价平均值，各林业局的数值分布如图 4-1 所示。

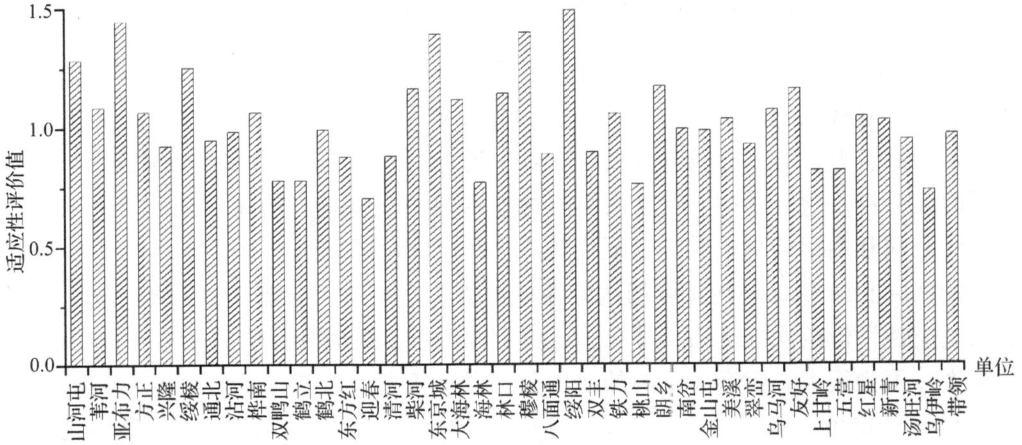

图 4-1 2016—2018 年黑龙江国有林区林业产业生态系统适应性评价平均值

从图 4-1 可以看出，2016—2018 年黑龙江国有林区林业产业生态系统适应性评价值介于 0. 7~1. 5，最高值是绥阳林业局 1. 4913，最低值是迎春林业局 0. 7027，最高值约为最低值的 2. 12 倍，相差幅度很大，各林业局趋势比较集中，6 个林业局处于第一等级，13 个林业局处于第二等级，15 个林业局处于第三等级，6 个林业局处于第四等级，处于第三等级的林业局较多，即大多数林业局适应性能力较弱。排名前 3 的分别是牡丹江林区的绥阳林业局、松花江林区的亚布力林业局和牡丹江林区的穆棱林业局，排名后 3 的分别是合江林区的迎春林业局、伊春林区的乌伊岭林业局和的桃山林业局。

4. 1. 3. 2 伊春林区适应性评价

根据 2016—2018 年黑龙江国有林区 4 个林区林业产业生态系统适应性评价值，伊春林区的适应性评价平均值为 0. 9667，处于第 3 位，说明其综合适应能力一般。基于 2016—2018 年的数据，伊春林区内各林业局的适应性评价值如图 4-2 所示。

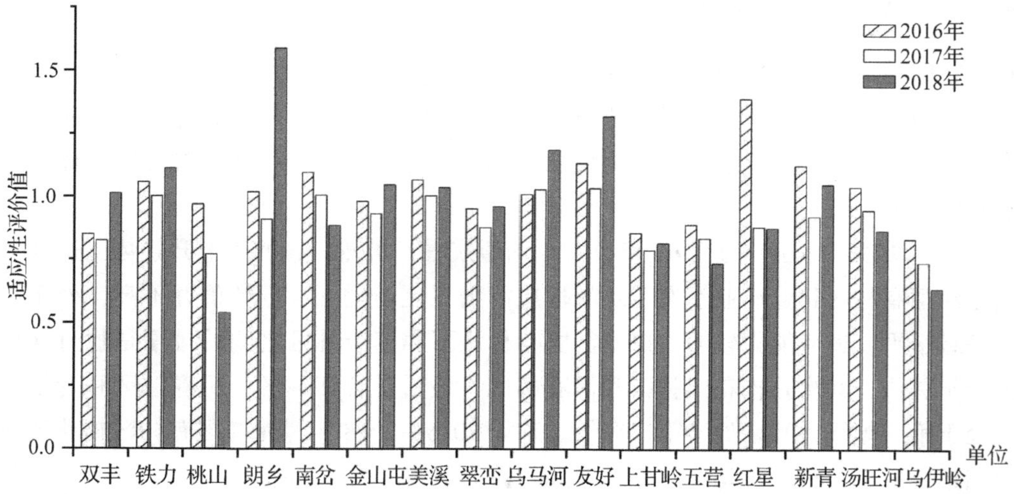

图 4-2 2016—2018 伊春林区辖内林业局适应性评价值

从图 4-2 中可以看出，2016—2018 年伊春林区内各林业局的适应性评价值的变化趋势。伊春林区包括双丰、铁力、桃山、朗乡、南岔、金山屯、美溪、翠峦、乌马河、友好、上甘岭、五营、红星、新青、汤旺河和乌伊岭，共 16 个林业局，不包括带岭实验局。这 3 年内，仅有乌马河林业局呈上升趋势，桃山、南岔、五营、红星、汤旺河和乌伊岭林业局均呈下降趋势，其余林业局呈凹字形趋势。

2016—2018 年乌马河林业局适应性评价值一直处于增长趋势，3 年内乌马河林业局适应性评价值均处于第二等级，适应能力一般。适应性评价值虽然一直在增长，但幅度并不是很大。伊春林区内的桃山、南岔、五营、红星、汤旺河和乌伊岭林业局均呈下降趋势，其中桃山林业局 2018 年下降幅度较为明显，2018 年适应性评价值仅为 0. 5396，评价值较低，较 2016 年下降了 44. 35%，同时 2017 年桃山林业局适应性评价值也较低，属于第四等级，适应能力弱。2016—2018 年乌伊岭林业局适应性评价值均较低，仅 2016 年处于第三等级，其余年份均处于第四等级。尤其是 2018 年乌伊岭林业局适应性评价值仅为 0. 6364，适应能力弱。2016—2018 年五营林业局适应性评价值也较低，且一直在下降，说明其本身适应性就弱，且持续减弱，2018 年适应性评价值仅为 0. 7363。南岔林业局 2016—2017 年适应性评价值均处于第二等级，但 2018 年下降了 19. 41%。红星林业局 2016 年适应性评价值较高，处于第一等级，但 2018 年下降了 37. 09%，下降幅度较大，由第一等级下降到第三等级，适应能力大幅度减弱。伊春林区内双丰、铁力、朗乡、金山屯、美溪、翠峦、友好、上甘岭和新青林业局适应性评价呈凹字形，即先下降后上升，说明其适应能力在不断加强。其中铁力林业局 2016—2018 年适应性评价值均处于第二等级，虽然 2017 年有所下降，2018 年有所上升，但下降和上升的幅度均不大。朗乡林业局 2018 年适应性评价值较高，达到 1. 5864，在黑龙江国有林区 40 个林业局中排在第 7 位，也是在伊春林区内各林业局总排名最靠前的林业局，2018 年适应性评价值较 2017 增长了 74. 64%，增长幅度较大。金山屯、美溪、翠峦和新青林业局 2016—2018 年适应性评价值变化幅度不大。友好林业局适应性评价值均在第二等级，尤其是 2018 年达到了 1. 3190，适应能力较强。上甘岭林业局 2016—2018 年适应性评价值较低，均处于第三等级，适应能力较弱。

总体来看，伊春林区内各林业局的林业产业生态系统适应性评价值均处于第二和第三等级，适应能力整体来看较弱。伊春林区内共 16 个林业局，7 个处于第二等级、7 个处于第三等级、2 个处于第四等级，适应性评价值均未处于第一等级内，因此，导致伊春林区整体的适应性较弱。

4. 1. 3. 3 牡丹江林区适应性评价

根据 2016—2018 年黑龙江国有林区 4 个林区林业产业生态系统适应性评价值，牡丹江林区的适应性评价平均值为 1. 1705，居于首位，说明其综合适应能力最强。基于 2016—2018 年的数据，牡丹江林区内各林业局的适应性评价值如图 4-3 所示。

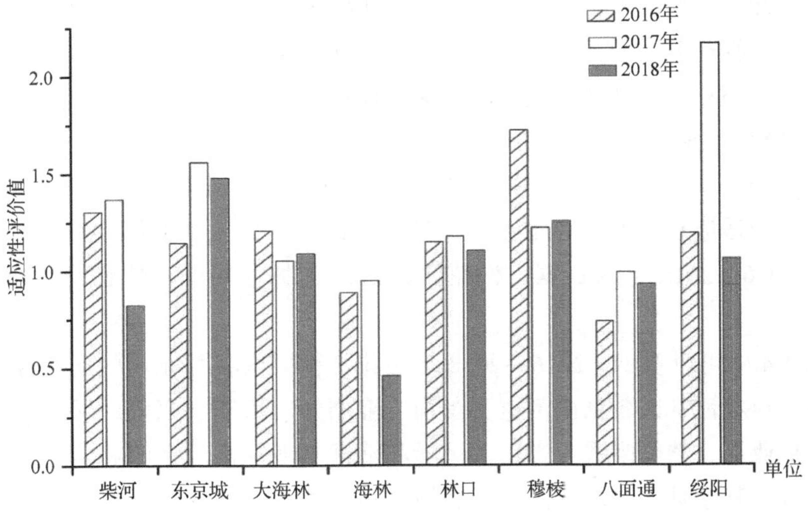

图 4-3 2016—2018 牡丹江林区辖内林业局适应性评价值

从图 4-3 可以看出，2016—2018 年牡丹江林区内各林业局的适应性评价值的变化趋势。牡丹江林区包括柴河、东京城、大海林、海林、林口、穆棱、八面通和绥阳 8 个林业局。2016—2018 年所有林业局均呈凹字形或凸字形趋势，牡丹江林区适应性评价值均未出现下降趋势。

牡丹江林区内有 3 个林业局适应性评价值处于第一等级，占所有林业局的 37.5%。其中绥阳林业局在黑龙江国有林区 40 个林业局内排名第 1，3 年内其适应性评价值均很高，虽然 2018 年出现了下降，下降 352.25%，但 2017 年适应性评价值达到了 2.2216，较 2016 年增长了 86.42%，是黑龙江国有林区 40 个林区局 2016—2018 年适应性评价值的最高值，说明其适应性能力强。牡丹江林区内仅大海林和穆棱林业局适应性评价呈凹字形，即评价值呈先下降后上升的趋势，说明其适应性能力在逐渐增强。两个林业局的适应性评价值相差不多，且适应性评价值均较高。尤其是穆棱林业局，2016—2018 年适应性评价值均处于第一等级，虽然 2017 年有所下降，但评价值较高，在黑龙江国有林区 40 个林业局中排名第 3 位。大海林林业局只有 2016 年适应性评价值处于第一等级，2017 年和 2018 年适应性值处于第二等级，适应能力一般，2017 年出现下降趋势，2018 年又上升，但和 2017 年几乎持平，差距不大。牡丹江林区柴河、东京城、海林、林口、八面通和绥阳林业局适应性评价值呈凸字形趋势，即先上升后下降，说明适应能力自 2017 年开始减弱。其中柴河林业局 2018 年下降趋势较为明显，并且适应性评价等级由第一等级降到第三等级，下降了 36.61%。东京城林业局 2016—2018 年适应性评价值都很高，仅有 2016 年评价值处于第二等级，适应能力较强，在黑龙江国有林区 40 个林业局中排名第 4 位。绥阳林业局在国有林区 40 个林业局中排名第 1 位，评价值达到了 1.4913，适应能力强。海林和八面通林业局适应性评价值比较相似，但八面通林业 2016 年适应性评价值较低，处于第四等级，适应性能力弱。

总体来看，牡丹江林区的林业产业生态系统适应性评价总体呈先上升后下降的趋势，但按照 4 个林区综合排名来看，牡丹江林区排在第 1 位，平均评价值 1.1705。其中东京城、穆棱和绥阳林业局均处于第一等级，但海林处于第四等级，八面通处于第三等级，使得牡丹江林区整体的适应性评价值处于第二等级，适应能力一般。

4.1.3.4 松花江林区适应性评价

根据 2016—2018 年黑龙江国有林区 4 个林区林业产业生态系统适应性评价值，松花江林区的适应性评价平均值为 1.1235，排在第 2 位，说明其综合适应能力较强。基于 2016—2018 年的数据，松花江林区内各林业局的适应性评价值如图 4-4 所示。

从图 4-4 中可以看出，2016—2018 年松花江林区内各林业局的适应性评价值的变化趋势。松花江林区包括山河屯、苇河、亚布力、方正、兴隆、绥棱、通北和沾河共 8 个林业局，整体来看，方正、兴隆和沾河林业局出现下降趋势，通北林业局呈上升趋势，其余林业局均呈凹字形趋势。

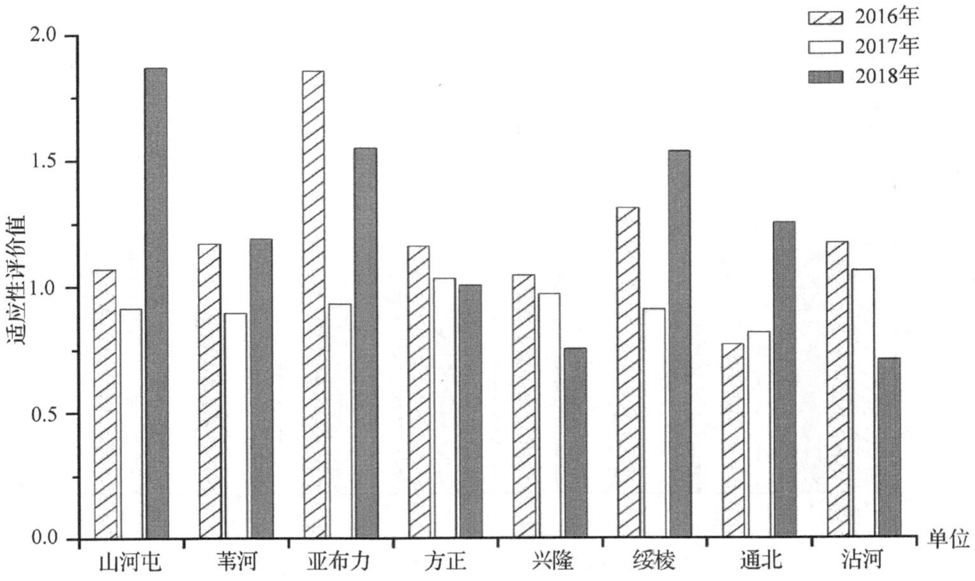

图 4-4 2016—2018 松花江林区辖内林业局适应性评价值

松花江林区内仅有通北林业局 2016—2018 年呈上升趋势，说明其适应能力在不断增强，2018 年适应性评价值达到 1. 2541，处于第一等级，但 2016 年适应性评价值为 0. 7699，处于第四等级，导致通北林业局整体适应性评价能力处于第三等级，适应能力较弱。方正、兴隆和沾河林业局呈下降趋势，其中兴隆和沾河林业局 2017 年适应性评价值均处于第四等级，2016 年和 2017 年适应性评价值处于第二等级，综合等级排在第三级。方正林业局 2016—2018 年适应性评价值均处于第二等级，在黑龙江国有林区 40 个林业局 中排在第 14 位，2018 年适应性评价值较 2016 年下降了 13. 35%。山河屯、苇河、亚布力、绥棱适应性评价值呈凹字形趋势，即先下降后上升，虽然在 2017 年出现了不同程度的下降，2016—2018 年综合适应性评价值排名均比较靠前。其中亚布力林业局在黑龙江国有林区 40 个林业局中排在第 2 位，适应性评价值为 1. 4461，虽然 2017 年大幅度下降，但 2016 年适应性评价值最高，达到了 1. 8558。山河屯林业局在黑龙江国有林区 40 个林业局中排在第 5 位，适应性评价值为 1. 2842，其中 2018 年适应性评价值最高，是 2017 年的 2 倍。绥棱林业局在黑龙江国有林区 40 个林业局中排在第 6 位，适应性评价值为 1. 2524，其中 2018 年评价值最高。

总体来看，松花江林区内各林业局林业产业生态系统的适应性评价值均较高，尤其是山河屯、亚布力和绥棱林业局，但由于兴隆和通北林业局适应性评价值处于第三级，致使松花江林区在 4 个林区中处于第 2 位。

4. 1. 3. 5 合江林区评价

根据 2016—2018 年黑龙江国有林区 4 个林区林业产业生态系统适应性评价值，合江林区的适应性评价平均值为 0. 8671，处于最后一位，说明其综合适应能力较

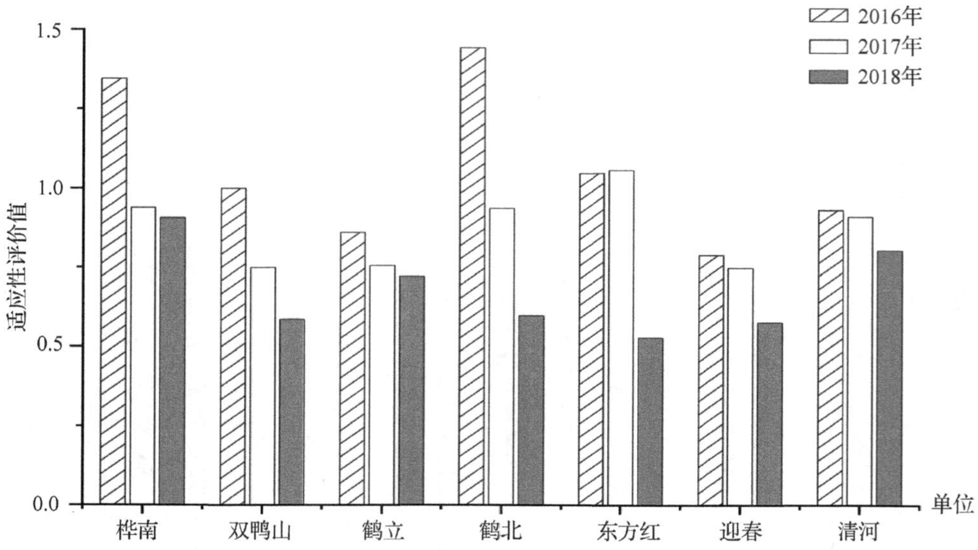

图 4-5　2016—2018 合江林区辖内林业局适应性评价值

弱。基于 2016—2018 年的数据，合江林区内各林业局的适应性评价值如图 4-5 所示。

从图 4-5 可以看出，2016—2018 年合江林区内各林业局的适应性评价值的变化趋势。合江林区包括桦南、双鸭山、鹤立、鹤北、东方红、迎春和清河共 7 个林业局。2016—2018 年合江林区内没有一个林业局的评价值是持续上升的，仅东方红林业局适应性评价值呈凸字形趋势，其余林业局适应性评价值均呈下降趋势。

合江林区内仅东方红林业局适应性评价值呈凸字形趋势，即评价值先上升后下降，说明适应能力在减弱，2018 年适应性评价值仅为 0.5272，较 2017 年下降了 50.06%，下降幅度非常明显，导致整体适应能力弱，但由于 2017 年东方红林业局适应性评价值处于第二等级，导致其整体处于第三等级上。合江林区剩余 6 个林业局适应性评价值均出现不同程度的下降，这也是导致合江林区适应性排在最后一位的原因。其中双鸭山、鹤立和迎春林业局均处于第四等级，2016—2018 年适应性评价值均低于 0.8。其中双鸭山林业局 2018 年适应性评价值仅为 0.5844，非常低，在黑龙江国有林区 40 个林业局中排在第 36 位。鹤立林业局 2016—2018 年适应性评价均值为 0.7774，在 40 个林业局中排在第 35 位。迎春林业局 2016—2018 年适应性评价均值为 0.7072，在黑龙江省国有林区 40 个林业局中排在最后一位，适应能力非常弱。鹤北林业局 2016 年适应性评价值非常高，为 1.4414，但 2018 年仅为 0.5972，下降了 58.67%，下降幅度非常大，适应能力大幅度减弱。

总体来看，合江林区内林业产业生态系统适应性评价值没有处于持续上升趋势的林业局，7 个林业局中有 6 个适应性评价值处于下降趋势，同时双鸭山、鹤立和迎春林业局在黑龙江国有林区 40 个林业局中排在倒数，尤其是迎春林业局排在最后一位，导致合江林区总体适应性评价值很低，适应能力弱。

4.2 黑龙江国有林区林业产业生态系统稳定性评价

稳定性是自动控制理论研究的基本问题之一，即系统受到扰动后其运动能保持在有限边界区域内或恢复到原状态的能力。对黑龙江国有林区林业产业生态系统来讲稳定性是当外界因素变化时系统能自动恢复原始状态的能力，这种稳定性体现在受到外界环境的干扰时自身系统对干扰的响应状态，以此来调节林业产业生态系统。根据黑龙江国有林区的实际情况、林业产业生态系统稳定性评价目的、相关指标的可获得性以及不同领域对稳定性评价指标选择的概括和总结，应用干扰-响应(D-R)模型设定黑龙江国有林区林业产业生态系统稳定性的评价指标体系，通过熵权法为各指标进行赋值，使用响应项与干扰项的综合得分的比值(即稳定性比值)对黑龙江国有林区林业产业生态系统稳定性进行评价。

4.2.1 稳定性评价指标体系构建

基于干扰-响应模型，构建黑龙江国有林区林业产业生态系统稳定性评价指标体系，黑龙江国有林区林业产业生态系统稳定性指标体系主要从干扰和响应两个方面展开。其中干扰指标主要包括第一产业比重、第二产业比重、第三产业比重、产业多样性指数和年末职工总人数，主要体现产业经济发展对整个系统的影响，其中产值比重能更好地体现产业经济发展的影响程度；响应指标主要包括造林面积、封山育林面积、抚育改造面积和生态建设与保护投资额占总投资的比例，说明资源环境以及在生态保护方面的投资对整个系统生态环境的改善情况。共 2 个层次 9 个指标，除了产业多样性指数根据公式进行计算外，其余指标均来源《黑龙江省森林工业综合统计资料汇编》，构建的指标体系见表 4-4。

表 4-4 黑龙江国有林区林业产业生态系统稳定性评价指标体系

目标层	指标层	具体指标层
现代林业产业生态系统稳定性评价指标体系(A)	干扰指标(B1)	C_{11}：第一产业比重(%)
		C_{12}：第二产业比重(%)
		C_{13}：第三产业比重(%)
		C_{14}：产业多样性指数
		C_{15}：年末职工总人数(人)
	响应指标(B2)	C_{21}：造林面积(hm^2)
		C_{22}：封山育林面积(hm^2)
		C_{23}：森林抚育面积(hm^2)
		C_{24}：生态建设与保护投资额占总投资比重(%)

4.2.2 稳定性评价步骤

根据2018年《黑龙江省森林工业综合统计资料汇编》整理出黑龙江国有林区下属40个林业局的相关指标数据，见表4-5。

表4-5 2018年黑龙江国有林区下属林业局林业产业生态系统稳定性指标值

林区	林业局	干扰指标(B1)					响应指标(B2)			
		C_{11}	C_{12}	C_{13}	C_{14}	C_{15}	C_{21}	C_{22}	C_{23}	C_{24}
伊春	双丰	47.99	39.60	12.41	1.9497	12172	0	0	0	99.5489
	铁力	16.92	66.12	16.96	1.3857	9281	0	0	0	97.0014
	桃山	69.58	17.12	13.30	1.1908	0	0	0	0	88.1026
	朗乡	31.65	19.94	48.40	1.6882	7604	0	0	0	99.5268
	南岔	45.65	19.24	35.11	1.4012	9055	0	0	0	96.0015
	金山屯	21.49	49.30	29.21	1.3001	7788	0	0	0	94.8501
	美溪	21.39	37.14	41.47	1.7543	9765	0	0	0	94.0833
	翠峦	25.29	48.05	26.66	1.7107	9796	0	0	0	99.6734
	乌马河	26.90	33.78	39.32	2.0705	10888	0	0	0	97.7871
	友好	52.78	34.14	13.08	0.6095	8855	0	0	0	96.4967
	上甘岭	62.63	13.42	23.95	1.3446	5446	0	0	0	95.6273
	五营	18.50	32.83	48.67	1.7531	0	0	0	0	95.6338
	红星	45.00	20.00	35.00	1.2960	6093	0	0	0	99.6350
	新青	47.30	14.31	38.38	2.0012	9412	0	0	0	98.3783
	汤旺河	41.72	3.81	54.47	0.6405	0	0	0	0	92.0077
	乌伊岭	52.28	21.27	26.45	1.0554	0	0	0	0	92.3262
牡丹江	东京城	33.04	12.45	54.52	1.4828	6046	563	36173	20753	96.8870
	大海林	19.10	16.82	64.08	1.1003	0	667	18451	18380	93.1235
	海林	34.72	33.82	31.46	1.9616	0	0	0	0	99.5275
	林口	62.94	6.96	30.10	1.9223	0	600	26608	20173	92.4359
	穆棱	46.86	28.46	24.68	1.5137	0	0	0	0	90.5856
	八面通	67.38	8.12	24.50	1.9410	0	667	18166	10934	92.6263
	绥阳	63.74	25.85	10.42	1.3500	0	467	64197	19760	98.3041
	东京城	33.04	12.45	54.52	1.4828	6046	563	36173	20753	96.8870

（续）

林区	林业局	干扰指标(B1)					响应指标(B2)			
		C_{11}	C_{12}	C_{13}	C_{14}	C_{15}	C_{21}	C_{22}	C_{23}	C_{24}
松花江	山河屯	29.96	9.46	60.58	1.6718	3797	467	0	13413	83.8960
	苇河	54.42	16.00	29.59	1.8931	0	0	0	0	73.6562
	亚布力	51.84	9.84	38.32	1.2374	4520	600	0	14315	97.4760
	方正	41.86	25.51	32.63	1.6232	0	666	0	16747	98.0917
	兴隆	45.10	22.03	32.87	1.7587	0	467	0	17580	95.6635
	绥棱	27.52	14.07	58.42	1.2830	5256	0	0	0	91.6641
	通北	40.98	20.59	38.43	1.3298	4399	667	0	13903	99.4233
	沾河	33.39	13.17	53.44	1.7801	0	0	0	0	93.4052
合江	桦南	35.70	28.26	36.04	1.2970	0	0	0	0	89.7212
	双鸭山	30.01	3.40	66.58	1.5742	0	0	0	0	97.5897
	鹤立	58.79	20.37	20.84	1.2910	0	0	0	0	81.4451
	鹤北	19.94	18.70	61.35	2.0191	0	0	0	0	96.4767
	东方红	39.85	19.28	40.88	2.4179	0	0	0	0	94.5357
	迎春	42.25	14.19	43.56	1.7409	0	0	0	0	85.1243
	清河	41.72	46.73	11.55	1.7878	0	0	0	0	83.8036
	带岭实验局	17.78	52.24	29.98	2.2387	0	0	0	0	92.9296

构建黑龙江国有林区林业产业生态系统稳定性评价体系后，最重要的环节是确定各指标的权重。利用熵权法确定黑龙江国有林区林业产业生态系统稳定性评价中各指标的权重。熵权法的基本原理是通过信息熵确定指标在综合评价中所起的作用，即指标的信息熵越小，说明该指标所提供的信息量越大，所起的作用就越大，权重就越高。

4.2.2.1 指标标准化处理

假设有 k 个指标 X_1，X_2，…，X_3，X_k，其中 $X_i=\{X_1, X_2, \cdots, X_n\}$，各指标标准化数据为 Y_1，Y_2，…，Y_k，那么：

$$Y_{ij}=\frac{X_{ij}-\min(X_i)}{\max(X_i)-\min(X_i)} \tag{4-3}$$

4.2.2.2 计算各指标的信息熵

根据信息熵的定义，一组数据的信息熵用 E_j 表示：

$$E_j=-\ln(n)^{-1}\sum_{i=1}^{n}p_{ij}\ln p_{ij} \tag{4-4}$$

$$p_{ij}=\frac{Y_{ij}}{\sum_{i=1}^{n}Y_{ij}} \tag{4-5}$$

式中，n 为样本个数，如果 $p_{ij}=0$，则定义 $\lim\limits_{p_{ij}\to 0}p_{ij}\ln p_{ij}=0$

4.2.2.3 确定各指标权重

根据信息熵的计算公式，计算各指标的信息熵为 E_1，E_2，…，E_k，其权重为W_i：

$$W_i = \frac{1 - E_i}{k - \sum E_i} (i = 1, 2, \cdots, k) \tag{4-6}$$

根据 2018 年黑龙江国有林区所辖 40 个林业局的林业产业生态系统稳定性的 9 个评价指标的初始数据，按照熵权法确定权重的基本步骤，其中 $n=40$，$k=9$，分别计算各指标的信息熵及权重值，各指标的权重值见表 4-6。

表 4-6 林业产业生态系统稳定性指标权重值

	W_1	W_2	W_3	W_4	W_5	W_6	W_7	W_8	W_9
权重	0.012562	0.028314	0.015607	0.005358	0.153254	0.221317	0.342172	0.2211	0.000314158

按照所选取的黑龙江国有林区林业产业生态系统稳定性的干扰和响应的标准化指标数据 Y_{ij}，将无量纲化的指标值乘以每项指标的权重值，即黑龙江国有林区 40 个林业局的林业产业生态系统稳定性的综合评价得分 T_j，其中：

$$T_j = \sum_{i=1}^{n} Y_{ij} \times W_i \tag{4-7}$$

式中，T_j 为第 j 个林业局林业产业生态系统稳定性程度值；Y_{ij} 为第 j 个林业局第 i 个指标的统计值；W_i 为第 i 个指标的权重；n 为评价指标的个数。

根据 2018 年黑龙江国有林区林业产业生态系统稳定性评价值的计算过程，基于 2016 年和 2017 年的相关指标值分别计算黑龙江国有林区林业产业生态系统稳定性各评价指标的权重及适应性综合评价值。由于数据较多，且为保证数据来源的可获得性以及所选择指标的统计口径一致，选取 2016—2018 年的数据评价黑龙江国有林区林业产业生态系统的稳定性，见表 4-7。

表 4-7 黑龙江国有林区林业产业生态系统稳定性综合评价值

林区	林业局	干扰指标综合值			响应指标综合值			稳定性比值			趋势	平均值
		2016	2017	2018	2016	2017	2018	2016	2017	2018		
伊春	双丰	0.3566	0.2881	0.6461	1.7709	1.8605	0.0003	4.9653	6.4584	0.0005		3.8081
	铁力	0.3482	0.3182	0.5308	0.0592	0.0719	0.0003	0.1699	0.2258	0.0006		0.1321
	桃山	0.3835	0.1973	0.0517	0.0409	0.0512	0.0003	0.1066	0.2597	0.0057		0.1240
	朗乡	0.2970	0.2212	0.4179	0.0594	0.0718	0.0003	0.2001	0.3248	0.0008		0.1752
	南岔	0.2989	0.2298	0.4831	0.0622	0.0712	0.0003	0.2081	0.3100	0.0007		0.1729
	金山屯	0.2992	0.2763	0.4475	0.0499	0.0611	0.0003	0.1668	0.2213	0.0007		0.1296
	美溪	0.3384	0.2774	0.5335	0.0510	0.0632	0.0003	0.1508	0.2280	0.0006		0.1265
	翠峦	0.3542	0.3058	0.5422	0.0436	0.0487	0.0003	0.1231	0.1592	0.0006		0.0943
	乌马河	0.3583	0.2721	0.5844	0.0410	0.0487	0.0003	0.1143	0.1791	0.0006		0.0980
	友好	0.3107	0.2495	0.4809	0.0541	0.0717	0.0003	0.1741	0.2872	0.0007		0.1540

（续）

林区	林业局	干扰指标综合值			响应指标综合值			稳定性比值			趋势	平均值
		2016	2017	2018	2016	2017	2018	2016	2017	2018		
伊春	上甘岭	0.2573	0.1810	0.3068	0.0347	0.0454	0.0003	0.1349	0.2510	0.0010		0.1290
	五营	0.3004	0.2546	0.0708	1.6255	1.7050	0.0003	5.4107	6.6967	0.0045		4.0373
	红星	0.2572	0.2053	0.3439	0.0535	0.0771	0.0003	0.2080	0.3755	0.0010		0.1948
	新青	0.2736	0.2140	0.4983	0.2525	0.2760	0.0003	0.9228	1.2895	0.0007		0.7377
	汤旺河	0.2333	0.1742	0.0435	1.5692	1.6439	0.0003	6.7266	9.4367	0.0071		5.3901
	乌伊岭	0.2498	0.2037	0.0562	0.0690	0.0622	0.0003	0.2761	0.3052	0.0055		0.1956
	平均值							2.8612	3.6799	6.4082		4.3164
牡丹江	柴河	0.2937	0.2692	0.0804	1.8839	1.9886	2.8021	6.4152	7.3871	34.8524		16.2182
	东京城	0.2609	0.1996	0.3383	3.6722	3.8622	4.5189	14.0746	19.3454	13.3574		15.5925
	大海林	0.2451	0.1989	0.0571	1.9005	2.0105	3.2213	7.7547	10.1082	56.4567		24.7732
	海林	0.2474	0.2285	0.0704	1.4849	1.5701	0.0003	6.0019	6.8722	0.0047		4.2930
	林口	0.1956	0.1600	0.0476	2.7139	2.8696	3.8244	13.8726	17.9340	80.2857		37.3641
	穆棱	0.2363	0.2192	0.0636	2.5423	2.7160	0.0003	10.7574	12.3931	0.0048		7.7184
	八面通	0.2014	0.1600	0.0480	1.8513	2.0093	2.8457	9.1905	12.5600	59.2696		27.0067
	绥阳	0.2263	0.1913	0.0592	6.4669	6.7993	6.4435	28.5814	35.5511	108.9081		57.6802
	平均值							9.7238	12.3714	34.8902		18.9952
松花江	山河屯	0.2631	0.1887	0.2313	0.0484	0.0763	1.3088	0.1841	0.4045	5.6597		2.0827
	苇河	0.2404	0.2003	0.0550	0.0616	0.0742	0.0002	0.2561	0.3703	0.0045		0.2103
	亚布力	0.2191	0.1824	0.2615	0.0609	0.0787	1.5428	0.2779	0.4315	5.8990		2.2028
	方正	0.2562	0.2138	0.0624	0.0632	0.0777	1.7532	0.2466	0.3636	28.0899		9.5667
	兴隆	0.2261	0.2145	0.0600	0.0643	0.0859	1.5070	0.2843	0.4005	25.1186		8.6012
	绥棱	0.2887	0.2125	0.3022	0.0483	0.0645	0.0003	0.1674	0.3036	0.0010		0.1573
	通北	0.2155	0.1713	0.2651	0.0501	0.0674	1.6194	0.2323	0.3933	6.1077		2.2444
	沾河	0.2328	0.1959	0.0551	0.0773	0.0783	0.0003	0.3321	0.3996	0.0057		0.2458
	平均值							224.2201	224.4519	232.0985		3.1639
合江	桦南	0.2699	0.2249	0.0640	0.0668	0.1226	0.0003	0.2476	0.5450	0.0047		0.2658
	双鸭山	0.2037	0.1562	0.0478	0.0404	0.0529	0.0003	0.1981	0.3390	0.0068		0.1813
	鹤立	0.2027	0.1730	0.0556	0.0279	0.0489	0.0003	0.1377	0.2825	0.0049		0.1417
	鹤北	0.3549	0.2603	0.0614	0.0717	0.0884	0.0003	0.2019	0.3397	0.0053		0.1823
	东方红	0.2621	0.2117	0.0609	0.0681	0.0832	0.0003	0.2597	0.3933	0.0052		0.2194
	迎春	0.2020	0.1693	0.0546	0.0445	0.0569	0.0003	0.2204	0.3363	0.0052		0.1873
	清河	0.2314	0.2342	0.0782	0.0313	0.0515	0.0003	0.1352	0.2200	0.0036		0.1196
	平均值							0.2001	0.3508	0.0051		0.1853
	带岭	0.296505	0.279778	0.086525	0.034466	0.053146	0.000311	0.116242	0.189959	0.003598		0.103266
	平均值							3.0051	3.8718	10.6024		5.8264

通过计算2016—2018年黑龙江国有林区所辖40个林业局的干扰项和响应项综合评价值及其比值评价林业产业生态系统的稳定性。根据表4-7黑龙江国有林区林业产业生态系统的稳定性比值，对黑龙江国有林区林业产业生态系统的稳定性等级进行划分，稳定性比值大于5，说明其稳定性较强，1~5说明稳定性一般，0.15~1说明稳定性较弱，比值在0.15以下，说明稳定性弱，见表4-8。

表4-8 黑龙江国有林区林业产业生态系统稳定性等级

平均稳定性比值等级	林业局
>5	方正、兴隆、柴河、东京城、大海林、林口、穆棱、八面通、绥阳、汤旺河
1~5	山河屯、亚布力、通北、海林、双丰、五营
0.15~1	苇河、绥棱、沾河、桦南、双鸭山、鹤北、东方红、迎春、朗乡、南岔、友好、五营、红星、新青、乌伊岭
<0.15	鹤立、清河、铁力、桃山、金山屯、美溪、翠峦、乌马河、上甘岭、带岭

通过表4-8可以看出，黑龙江国有林区所辖10个林业局的林业产业生态系统稳定性比值大于5，占总林业局总数的25%，其中稳定性比值介于0.15~1的林业局个数最多，占32.5%，说明黑龙江国有林区林业产业生态系统稳定性整体情况较弱。

4.2.3 稳定性评价结果

4.2.3.1 林业产业生态系统稳定性综合评价

根据2016—2018年黑龙江国有林区林业产业生态系统的稳定性比值，2016年稳定性比值最小，2018年稳定性比值最大，是2016年的3.5倍，说明2016—2018年黑龙江国有林区林业产业生态系统的稳定性开始增强。从2016—2018年黑龙江国有林区林业产业生态系统的稳定性比值的均值来看，黑龙江国有林区下属的4个林区中牡丹江林区居于首位，稳定性比值高达18.9952，其次是伊春林区和松花江林区，稳定性比值分别为4.3164和3.1639，最后是合江林区，稳定性比值为0.1853。牡丹江林区稳定性较强，伊春林区和松花江林区稳定性较弱，合江林区稳定性弱。基于2016—2018年黑龙江国有林区林业产业生态系统的稳定性比值，各林业局的稳定性比值及均值分布如图4-6、图4-7所示。

从图4-6中可以看出，2016—2018年黑龙江国有林区所辖40个林业局林业产业生态系统的稳定性比值的变动情况。其中绥阳、林口、八面通和大海林的稳定性比值较为突出，说明这几个林业局的林业产业生态系统稳定性较强。而绥棱、桦南、双鸭山、合理、鹤北、东方红、迎春、清河、铁力、桃山等林业局的稳定性比值比较小，稳定性较弱。从图4-7中可以看出，从牡丹江林区的柴河林业局到伊春林区的双丰林业局所形成的这片区域中，2016—2018年林业产业生态系统的稳定性均值均较高，并主要集中于牡丹江林区辖区内。

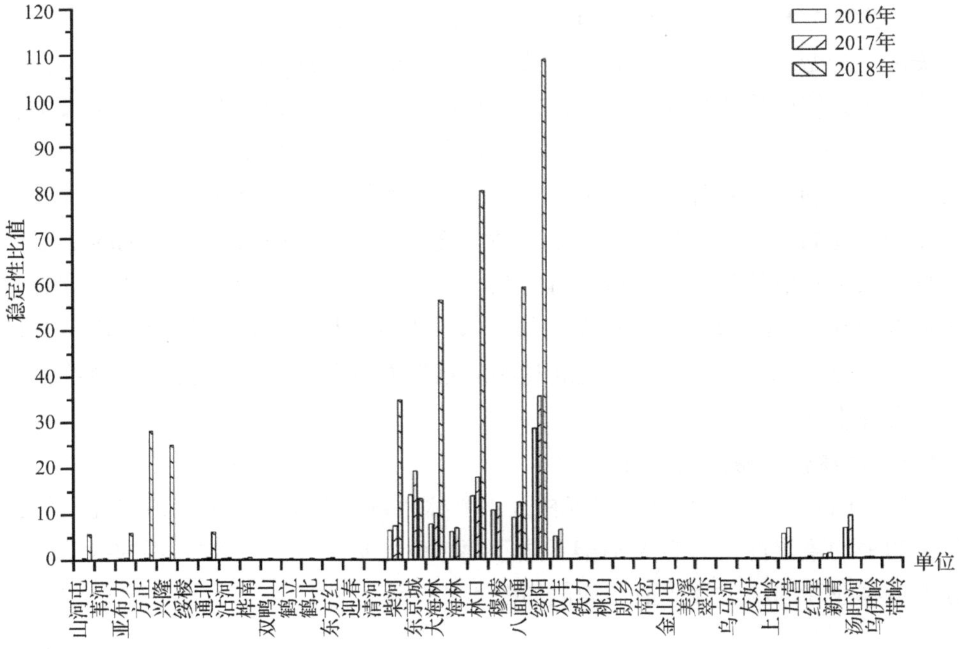

图 4-6 2016—2018 年黑龙江国有林区林业产业生态系统稳定性比值分布

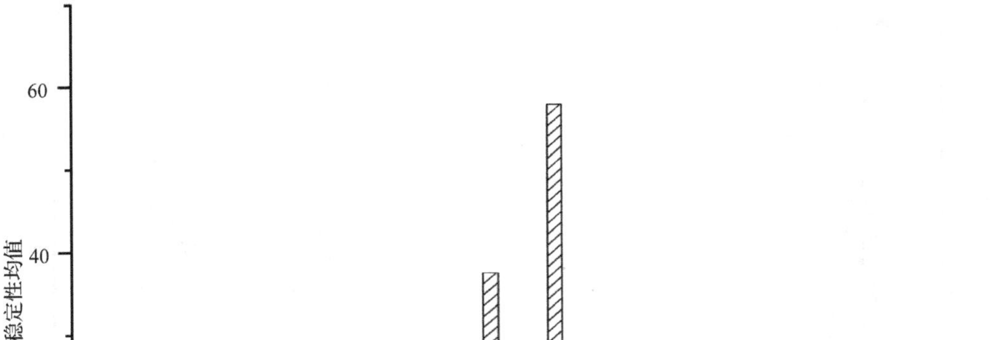

图 4-7 黑龙江国有林区林业产业生态系统稳定性均值

从图 4-7 中可以看出，2016—2018 年黑龙江国有林区所辖 40 个林业局林业产业生态系统稳定性均值介于 0.09～57.68，跨度很大，其中最高值是绥阳林业局为 57.6802，最低值是翠峦林业局为 0.0943，最高值约为最低值的 610 倍，幅度相差特别大。绝大多数林业局稳定性比值在 0. 15~1，只有鹤立、清河、铁力、桃山、金山屯、美溪、翠峦、乌马河、上甘岭、带岭 10 个林业局稳定性比值小于 0. 15，即林业产业生态系统的稳定性弱。黑龙江国有林区林业产业生态系统稳定性比值排名前 3 的是牡丹江林区的绥阳林业局、林口林业局和八面通林业局，均属于牡丹江林区；排名后 3 的分别是伊春林区的翠峦林业局、乌马河林业局、带岭实验局。

绥阳林业局林业产业生态系统稳定性均值最高为 57. 6802，即系统的稳定性最强，响应项指标值约是干扰项指标值的 57 倍。翠峦林业局林业产业生态系统稳定性均值最低为 0. 0943，即系统的稳定性弱，即当干扰指标的变动对林业产业生态系统有一定影响时，翠峦林业局并不能通过响应迅速对这些干扰做出反应，导致整个系统的稳定性很弱。

4. 2. 3. 2 伊春林区稳定性评价

根据 2016—2018 年黑龙江国有林区 4 个林区林业产业生态系统稳定性比值，伊春林区的平均稳定性比值为 4. 3164，居于第 2 位。基于 2016—2018 年的数据，伊春林区内各林业局的稳定性比值及均值如图 4-8 所示。

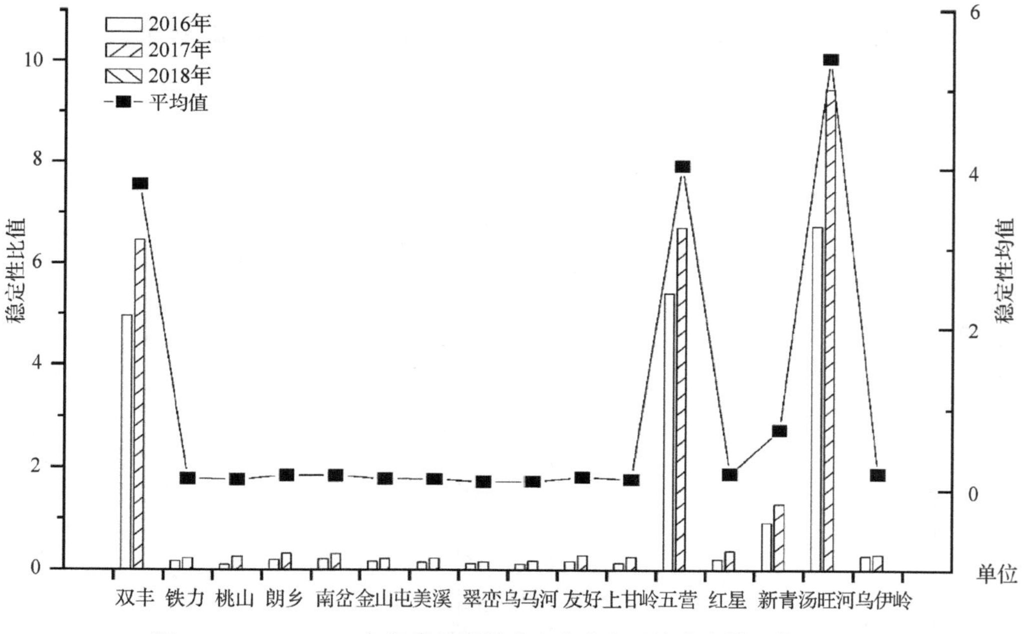

图 4-8 2016—2018 年伊春林区林业产业生态系统稳定性比值及均值

从图 4-8 中可以看出，2016—2018 年伊春林区内各林业局的稳定性比值的变化趋势。伊春林区包括双丰、铁力、桃山、朗乡、南岔、金山屯、美溪、乌马河、翠峦、友好、上甘岭、五营、红星、新青、汤旺河和乌伊岭共 16 个林业局，这里面不包括带岭实验局。2016—2018 年，伊春林区内除双丰、五营、汤旺河和新青林业局外，其余林业局的稳定性比值均较低，除了红星和乌伊岭相对较高一些之外，其余林业局稳定性比值并无明显变化。

伊春林区内所有林业局2016—2018年稳定性比值均呈凸字形趋势，即先上升后下降。伊春林区内所有林业局稳定性比值在2018年都非常低，几乎就接近于0.0001，整体趋势较为明显，各林业局之间差距并不是很大。其中双丰、五营、汤旺河和新青林业局2016年和2017年稳定性比值较高，其余林业局稳定性比值均在0.1~0.4，相差较为悬殊。汤旺河林业局2016—2018年稳定性均值最高，达到5.3901，稳定性较强。虽然在2018年稳定性比值仅为0.0071，但2017年稳定性比值为9.4367，是2018年的1300倍，相差非常大，同时汤旺河林业局2016年稳定性比值也比较高，为6.7366，因此导致汤旺河林业局稳定性均值比较高，稳定性很强。双丰林业局2016—2018年稳定性均值为3.8081，稳定性一般，在伊春林区内排在第2位，2017年稳定性比值较高，达到了6.4584。伊春林区内的铁力、桃山、金山屯、美溪、翠峦、乌马河和上甘岭林业局稳定性比值较低，都处于0.15以下，稳定性弱。伊春林区内的朗乡、南岔、友好、五营、红星、新青和乌伊岭林业局稳定性比值在0.15~1，稳定性较弱。

总体来看，伊春林区内各林业局的林业产业生态系统稳定性比值处于较弱区间的较多，但也有一个林业局处于稳定性较强的区间，最终导致伊春林业局整体稳定性一般，在黑龙江国有林区4个林区中排在第2位。

4.2.3.3 牡丹江林区稳定性评价

根据2016—2018年黑龙江国有林区4个林区林业产业生态系统稳定性比值，牡丹江林区的平均稳定性比值为18.9952，居于第1位。基于2016—2018年的数据，牡丹江林区内各林业局的稳定性比值及均值如图4-9所示。

从图4-9中可以看出，2016—2018年牡丹江林区内各林业局的稳定性比值的变化趋势。牡丹江林区包括大海林、柴河、东京城、穆棱、绥阳、海林、林口和八面通共8个林业局。2016—2018年，牡丹江林区内各林业局的稳定性值分布较均衡，而且稳定性比值较高，其中绥阳林业局2016—2018年的稳定性比值均很高，居于牡丹江林区的第1位，同时也排在黑龙江国有林区40个林业局的第1位。

牡丹江林区内仅有海林林业局2016—2018年稳定性均值在1~5，属于稳定性一般，稳定性比值为4.2930。其余林业局稳定性比值均大于5，属于稳定性较强。牡丹江林区的柴河、大海林、林口、八面通和绥阳林业局2016—2018年稳定性比值均处于不断上升趋势。其中绥阳林业局2018年上升趋势较为明显，稳定性比值达到了108.9081，是2017年的3.06倍，同时也是整体稳定性较强的原因。林口林业局2018年稳定性比值也较高，达到了80.2857，较2016年增长了478.74%，增长趋势非常明显。大海林、八面通和柴河林业局2018年稳定性比值都较高，3个林业局的稳定性均值也比较相近，趋势也一致，在黑龙江国有林区40个林业局中排在第3位、第4位和第5位，稳定性较强。2016—2018年牡丹江林区内的东京城、海林和穆棱3个林业局稳定性比值先上升后下降，稳定性强度在逐渐减弱。其中东京城林业局2016—2018年稳定性比值较为均匀，并未出现较大幅度的增长或下降，其中

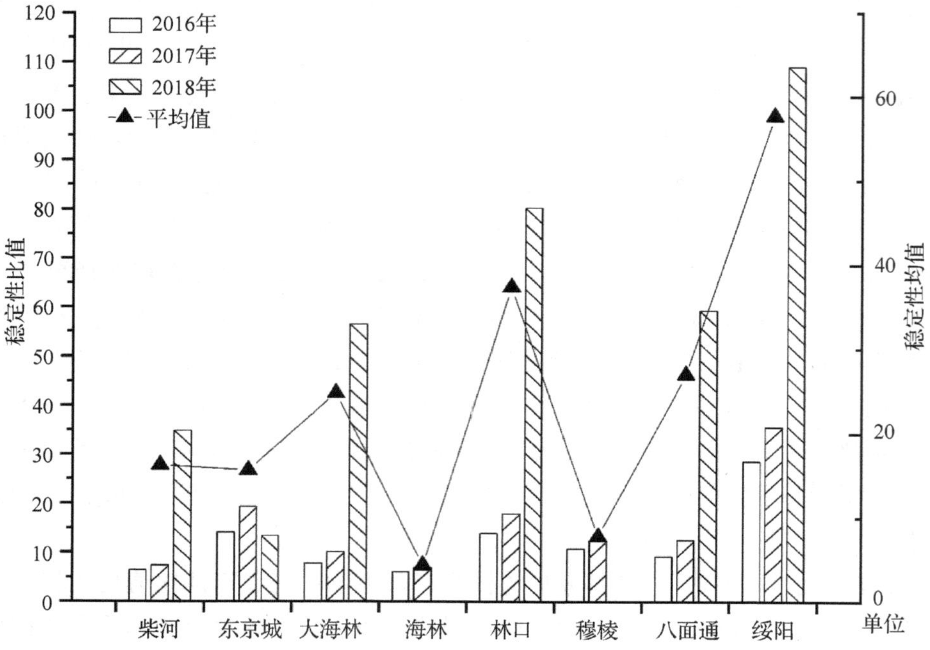

图 4-9　2012—2014 年牡丹江林区林业产业生态系统稳定性比值及均值

2017 年稳定性比值较高，为 19. 3454，较 2016 年增长了 37. 45%，2018 年稳定性比值为 13. 3574，较 2017 年下降了 30. 95%，增长和下降的幅度均不是很大。穆棱林业局 2018 年稳定性比值为 0. 0048，2017 年稳定性比值为 12. 3931，是 2018 年的 2580 倍，下降幅度非常大，导致其在牡丹江林区内稳定性比值排在倒数第二位。海林林业局 2018 年稳定性比值也比较低，仅为 0. 0047，并且 2016 年和 2017 年稳定性比值均不是很高，导致海林林业局在牡丹江林区内排在最后一位，稳定性均值为 4. 2930，稳定性一般。

总体来看，牡丹江林区内各林业局的林业产业生态系统稳定性比值均很高，尤其是绥阳林业局，3 年的稳定性均值达到了 57. 6802，在黑龙江国有林区 40 个林业局中排名第 1，说明其稳定性很强。而其余林业局除海林林业局以外，稳定性比值均达到了 5 以上，即稳定性均很强。因此，牡丹江林区林业产业生态系统稳定性排名第 1。

4. 2. 3. 4　松花江林区稳定性评价

根据 2016—2018 年黑龙江国有林区 4 个林区林业产业生态系统稳定性比值，松花江林区的平均稳定性比值为 3. 1639，位于第 3 位。基于 2016—2018 年的数据，松花江林区内各林业局的稳定性比值及均值如图 4-10 所示。

从图 4-10 中可以看出，2016—2018 年松花江林区内各林业局的稳定性比值的变化趋势。松花江林区包括山河屯、苇河、亚布力、方正、兴隆、绥棱、通北和沾河共 8 个林业局。2016—2018 年，松花江林区林业产业生态系统稳定性分布并不是很

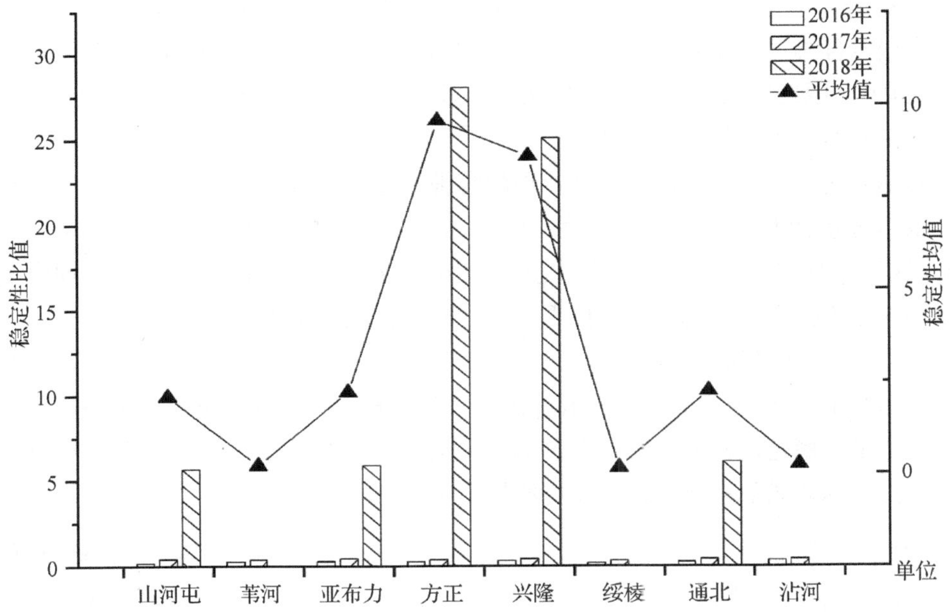

图 4-10　2016—2018 年松花江林区林业产业生态系统稳定性比值及均值

均匀，8 个林业局稳定性均值在 0.2～10，其中方正林业局稳定性比值最高达 9.5667，绥棱林业局最低达 0.1573，差距较为明显，将近 61 倍。其余几个林业局稳定性均值并不是很高，使得松花江林区稳定性排名第 3。

松花江林区内的山河屯、亚布力、方正、兴隆和通北 5 个林业局稳定性比值处于不断上升的趋势，说明稳定性在不断增强，苇河、绥棱和沾河林业局稳定性比值处于先上升后下降的趋势。方正和兴隆林业局稳定性北值趋势一致，同时 2016—2018 年稳定性均值也趋于一致，方正林业局为 9.5667，兴隆林业局为 8.6012，均属于稳定性较强。其中方正林业局，2018 年稳定性比值较高，达到了 28.0899，是 2016 年的 114 倍，相差非常明显。兴隆林业局 2018 年稳定性比值也较高，达到了 25.1186，是 2016 年的 88 倍，也存在非常大的差距。由于 2018 年两个林业局稳定性比值较高，使得这两个林业局在松花江林区内排在第 1 和第 2 位。山河屯、亚布力和通北林业局稳定性比值均处于上升趋势，说明稳定性在不断增强，并且 3 个林业局的稳定性均值也比较一致，都在 2.1 左右。其中通北林业局 2016—2018 年稳定性均值为 2.2444，稳定性一般，2018 年通北林业局稳定性比值为 6.1077，是 2016 年的 26 倍，相差比较多。亚布力林业局 2016—2018 年稳定性均值为 2.2028，稳定性一般，2018 年亚布力林业局稳定性比值为 5.8990，是 2016 年的 21 倍，相差比较多。山河屯林业局 2016—2018 年稳定性均值为 2.0827，稳定性一般，2018 年山河屯林业局稳定性比值为 5.6597，是 2016 年的 31 倍，相差比较多。这 3 个林业局的稳定性均属于稳定性一般。苇河、绥棱和沾河林业局 2016—2018 年稳定性均值比较低，并且呈先上升后下降的趋势，其中，绥棱林业局 2016—2018 年稳定性均值最低为0.1573，主要是2018年绥棱林业局稳定性比值仅为0.001016，稳定性非常弱，在松花江林区内排在最后一位；苇河林业局2016—2018年稳定性均值也较低，为0.2103，主要是苇河林业局2018年稳定性比值仅为0.0045，稳定性也非常弱，在松花江林区内排在倒数第2位。

总体来看，松花江林区内各林业局的林业产业生态系统稳定性比值并不是很均匀，虽然方正林业局稳定性平均值达到了9.5667，在黑龙江国有林区40个林业局中排名第7，比较靠前，但而绥棱林业局稳定性比值很低，仅为0.1573，同时其余林业局的稳定性平均值也不高，使得松花江林区林业产业生态系统稳定性较弱。

4.2.3.5 合江林区稳定性评价

根据2016—2018年黑龙江国有林区4个林区林业产业生态系统稳定性比值，合江林区的平均稳定性比值为0.1853，处于最后一位。基于2016—2018年的数据，合江林区内各林业局的稳定性比值及均值如图4-11所示。

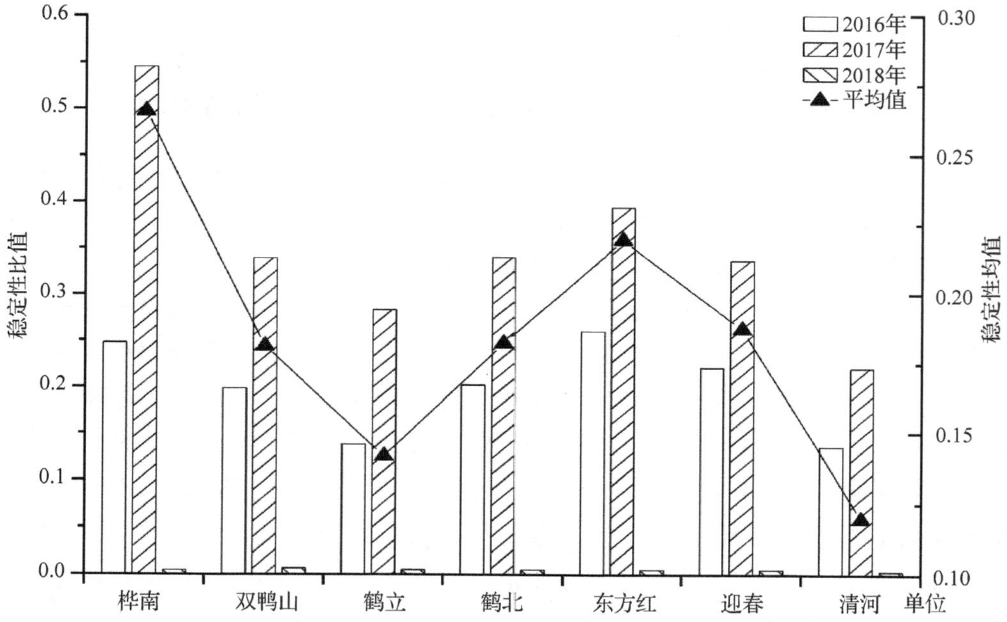

图4-11 2016—2018年合江林区林业产业生态系统稳定性比值及均值

从图4-11中可以看出，2016—2018年合江林区内各林业局的稳定性比值的变化趋势。合江林区包括桦南、双鸭山、鹤立、鹤北、东方红、迎春和清河共7个林业局。2016—2018年，合江林区内各林业局的稳定性值均较低，均在0.27以下，而且7个林业局2016—2018年稳定性比值均呈不断下降的趋势，而且下降趋势较为明显，使得合江林区整体稳定性弱。

合江林区内7个林业局2016—2018年稳定性比值均呈下降趋势，2018年稳定性比值均比较低。其中鹤立和清河两个林业局2016—2018年均值在0.15以下，属于稳定性弱。清河林业局2018年稳定性比值仅为0.003589，2017年稳定性比值最高但也仅为0.22，是2018年的61倍，说明2018年稳定性比值下降幅度很大。鹤立林业局2018年稳定性比值为0.005261，2017年稳定性比值最高也仅为0.2825，是2018年的54倍，下降幅度也很大。合江林区桦南、双鸭山、鹤北、东方红和迎春林业局2016—2018年稳定性均值在0.15～1，属于稳定性较弱，其中双鸭山、鹤北和迎春林业局稳定性均值非常接近，均在0.18左右，桦南和东方红林业局稳定性均值在0.21左右。这5个林业局稳定性较弱。

总体来看，合江林区内各林业局的林业产业生态系统稳定性比值均较低，尤其是清河林业局，稳定性均值为0.1196，在黑龙江国有林区40个林业局中排在倒数第4位。同时其余林业局稳定性均值也比较低，因此合江林区林业产业生态系统稳定性弱，排在最后一位。

4.3 评价结果的综合分析

林业产业生态系统适应性和稳定性之间是一种辩证统一的关系，并不是说系统的适应能力越强，其稳定性就越强，或者系统越稳定，适应能力越强，二者应处于一种相对和谐的状态，即逐渐向稳定性强和适应性强的方向转变。根据黑龙江国有林区林业产业生态系统适应性和稳定性评价结果，可把适应性和稳定性的综合强弱等级分成四个象限，其中第一象限稳定性强、适应性强，第二象限稳定性弱、适应性强，第三象限稳定性弱、适应性弱，第四象限稳定性强、适应性弱。根据黑龙江4个林区适应性和稳定性的评价结果，其中伊春林区和松花江林区处于第二象限，牡丹江林区和合江林区处于第四象限，4个林区均没有出现适应性和稳定性都较强或较弱的情况，其所辖40个林业局的综合结果见表4-8。

表4-8 黑龙江国有林区各林业局适应性和稳定性综合结果

象限	适应性-稳定性关系	林业局
第一象限	适应性强-稳定性强	东京城、穆棱、绥阳、山河屯、亚布力、方正、柴河、大海林、林口、
第二象限	适应性强-稳定性弱	绥棱、苇河、桦南、铁力、朗乡、美溪、乌马河、友好、红星、新青
第三象限	适应性弱-稳定性弱	桃山、鹤立、乌伊岭、双鸭山、迎春、鹤北、东方红、清河、沾河、南岔、金山屯、翠峦、上甘岭、带岭
第四象限	适应性弱-稳定性强	海林、兴隆、通北、八面通、双丰、五营、汤旺河

从表4-8可以看出，黑龙江国有林区有22.5%的林业局处于适应性强-稳定性强的状态，而有35%的林业局处于适应性弱-稳定性弱的状态。总的来看，黑龙江国有林区适应性-稳定性均较弱，其主要表现在以下几个方面。

4.3.1 森林资源培育和管护力度不够

森林资源的培育和管护是黑龙江国有林区的首要任务，国有林区随着森林资源的开发和利用而逐渐发展壮大，因此，森林资源的培育和管护将对黑龙江国有林区未来发展产生极其重大的影响。林业产业生态系统适应性和稳定性评价中均有体现森林资源培育和管护的指标，主要包括造林面积、封山育林面积以及抚育改造面积。从黑龙江国有林区林业产业生态系统适应性和稳定性原始数据来看，造林面积、封山育林面积和森林抚育面积均较小，尤其是封山育林面积，有的林业局为零，这将对林业产业生态系统的适应性和稳定性产生很大的影响，尤其是稳定性。从表 4-8 来看，鹤立林业局处于第三象限，说明其具有较弱的适应性和稳定性，从其原始数据来看，鹤立林业局的造林面积、封山育林面积和森林抚育面积值均为零，说明其并没有通过森林资源的培育来减轻，使得鹤立林业局适应性和稳定性较弱，尤其是稳定性。苇河林业局处于第二象限，具有较弱的稳定性，苇河林业局的造林面积、封山育林面积和森林抚育面积也均为零，剩余的响应指标值也并不是很高，导致响应项对干扰项的影响极小，因此整个系统的稳定性很弱。

综合黑龙江国有林区林业产业生态系统的适应性和稳定性评价结果，其中造林面积、封山育林面积以及森林抚育面积指标对适应性和稳定性能力具有一定的影响，尤其是林业产业生态系统的稳定性。这些指标能够体现目前黑龙江国有林区森林资源培育和管护的力度，从稳定性评价结果来看，57.5%的林业局稳定性较弱，说明目前黑龙江国有林区森林资源的培育和管理力度不够。

4.3.2 产业结构不协调

产业结构是评价黑龙江国有林区林业产业生态系统适应性和稳定性的关键指标，黑龙江国有林区三大产业的比重作为评价林业产业生态系统适应性中产业结构的具体指标，三大产业比重和产业多样性作为评价林业产业生态系统稳定性中干扰指标，因此，黑龙江国有林区的产业结构状况将对林业产业生态系统的适应性和稳定性产生重大的影响。从表 4-8 中可以看出，处于第三象限的林业局具有较弱的适应性和稳定性，其中桃山和鹤立两个林业局的适应性和稳定性最弱。桃山林业局和鹤立林业局第三产业占比较低，其中桃山林业局，第三产业仅占 13.30%，鹤立林业局第三产业占比为 20.84%。适应性和稳定性较弱的林业局三大产业之间的比重均不协调。

评价黑龙江国有林区林业产业生态系统适应性和稳定性的主要目的是衡量目前国有林区产业发展与生态环境之间的关系，从原始数据来看，适应性和稳定性较弱的林业局具有产业结构不协调、产业多样性指数不高的特点，说明目前黑龙江国有林区产业的发展并没有适应林区环境的变化，或者说并没有依照环境的变化而做出相应的改变，导致林业产业生态系统具有较弱的适应性和稳定性。从表 4-8 处于第三象限的林业局的三大产业比重来看，第一、三产业的发展并不乐观，而这两个产业的发展却能够为黑龙江国有林区提供优良的生态环境，或者第二产业比重极低，导致三次产业结构不协调。黑龙江国有林区作为停伐试点，林区内政策环境发生改变，而三大产业结构的不协调将导致林业产业生态系统的适应能力减弱，同时在这样的政策环境下林业产业生态系统的稳定性也相对减弱。

综合黑龙江国有林区林业产业生态系统的适应性和稳定性评价结果，其中第一产业比重、第二产业比重、第三产业比重和产业多样性指标对适应性和稳定性具有一定的影响。三大产业之间的比例不协调将导致林业产业生态系统具有较弱的适应性和稳定性，产业和生态环境之间的关系不协调。

4.3.3 林业投资额较少

林业投资额是评价林业产业生态系统适应性和稳定性的重要指标，其中主要体现为林业支撑与保障投资额和生态建设与保护投资额。林业支撑与保障、生态建设与保护投资额作为林业产业生态系统适应性评价的环境指标，生态建设与保护投资额的比例作为林业产业生态系统稳定性评价的响应指标，指标值的减少均会导致林业产业生态系统适应性和稳定性的减弱，尤其对适应性的影响较大。从林业产业生态系统的适应性评价结果来看，目前黑龙江国有林区林业产业生态系统的适应能力较弱，有35%的林业局评价结果处于第三等级。从林业产业生态系统适应性评价指标的原始数据来看，适应能力较弱的林业局普遍具有生态建设与保护投资额较低、在岗职工平均工资较低等情况。从表4-8可以看出，乌伊岭林业局处于第三象限，具有较弱的适应性和稳定性，尤其是适应性，乌伊岭林业局处于最后一位。从原始数据来看，乌伊岭林业局林业产业发展投资额为零，林业支撑与保障投资额和生态建设与保护投资额较低，导致当林业产业生态系统外界政策环境发生变化时，乌伊岭林业局对这种变化的自我调节能力较弱，不能对环境的变化做出及时的调整，导致其具有较弱的适应性。迎春林业局同样处于第三象限，具有较弱的适应性和稳定性，其稳定性比值为0.1873。从原始数据来看，迎春林业局作为响应指标的生态建设与保护投资额的比重较低，导致抗干扰能力较弱。生态建设与保护投资额主要是对黑龙江国有林区中关于造林、更新、森林抚育、野生动植物保护及自然保护区、湿地恢复及保护、森林生态效益补偿以及其他生态工程的补助资金，这些资金将用于林区的生态建设，优化林区的生态环境，生态环境的改善将有助于提升林业产业生态系统的适应性及稳定性。

综合黑龙江国有林区林业产业生态系统的适应性和稳定性评价结果，其中林业支撑与保障投资额、生态建设与保护投资额和生态建设与保护投资额指标对适应性和稳定性能力具有一定的影响，尤其是林业产业生态系统的适应性。这些指标能够体现出目前黑龙江国有林区的投资额较少，资金的支撑对于增强林业产业生态系统的适应性和稳定性具有一定的帮助。

4.4 小　结

本章主要评价了黑龙江国有林区林业产业生态系统适应性和稳定性。首先，以黑龙江国有林区内 40 个林业局为评价对象，构建林业产业生态系统适应性及稳定性评价指标体系，应用综合指数法对黑龙江国有林区林业产业生态系统适应性进行评价，应用干扰-响应模型对黑龙江国有林区林业产业生态系统稳定性进行评价；其次，对黑龙江国有林区林业产业生态系统适应性和稳定性的评价结果进行综合分析。本章基于黑龙江国有林区林业产业生态系统适应性和稳定性评价，为分析林业产业生态系统影响因素奠定基础，向现代林业产业生态系统演化提供数据支持。

5 黑龙江国有林区林业产业生态系统影响因素分析

通过对目前黑龙江国有林区林业产业生态系统适应性和稳定性评价结果来看，37.5%的林业局适应性能力较弱，32.5%的林业局稳定性较弱，35%的林业局适应性和稳定性均较弱，处于第三象限。因此，根据林业产业生态系统适应性和稳定性评价指标体系以及林业产业生态系统所具有的特点，从结构性因素、技术性因素、外部性因素和主体性因素对黑龙江国有林区林业产业生态系统影响因素进行分析。

5.1 林业产业生态系统影响因素

林业产业生态系统是林业产业及其周围的生态环境相互作用形成的复杂系统，势必受到系统内部和外部很多因素的影响，同时，根据黑龙江国有林区林业产业生态系统适应性和稳定性评价结果显示，目前林业产业生态系统适应性和稳定性较弱。因此，为了促进林业产业生态系统向现代林业产业生态系统逐渐演进，提升系统的适应性和稳定性，参考林业产业生态系统适应性和稳定性评价指标，从结构性、技术性、外部性和主体性四个方面分析和确定黑龙江国有林区林业产业生态系统的关键影响因素。

5.1.1 结构性因素

结构性影响因素主要是从整个林业产业生态系统的产业维度展开，包括产业多样性、产业主导性和产业关联性 3 个要素。这一维度反映了林业产业生态系统作为一个产业体系所具有的特点，尤其是在黑龙江国有林区这一特殊区域，具有区域特殊性。黑龙江国有林区林业产业包括第一产业、第二产业和第三产业以及各产业中的亚产业，层次分明，相互依赖，均依托森林资源的开发和利用而不断发展壮大。因此，产业的种类、各产业的相对优势以及产业之间的关系将会对林业产业生态系统造成一定的影响，同时产业多样性、主导性也是评价林业产业生态系统适应性和稳定性的主要指标。

统结构性影响因素包括产业多样性、产业主导性和产业关联性，第三章分别对这三个因素进行了测算。产业多样性主要是指在一个区域空间内，多种关联性较强的产业共同存在，同时形成能够实现区域经济系统安全、稳定、可持续发展的产业结构状态，在特定空间内产业种类越多，多样性指数越大，说明系统稳定性越好。产业主导性主要说明黑龙江国有林区的林业产业结构，即三大产业占林业总产值的比重，可以用产业主导系数表示，产业主导系数越大，说明该产业占主导地位，三大产业的主导性系数越均衡，系统的稳定性越好。产业关联性是指产业与产业之间通过产品供需形成的互相关联、互为存在前提条件的内在联系，这种关联体现在产品的供需及产品的技术供给方面，可以通过产业关联系数表示。黑龙江国有林区产业关联性能够反映黑龙江国有林区三大产业的发展与林区产业发展状况的关联程度，产业间的关联系数越大，说明产业间的联系越紧密，系统的稳定性越好。因此，选取产业多样性、产业主导性和产业关联性说明黑龙江国有林区林业产业生态系统的结构性影响因素。

5.1.2 技术性因素

技术性影响因素主要是从整个林业产业生态系统的技术维度展开，包括信息平台建设、技术人员占职工人数的比例和技术创新能力 3 个要素。这一维度反映了黑龙江国有林区林业产业生态系统的技术性特征，技术性使得林业产业生态系统中的企业更具有竞争能力和生存能力，并且这种能力将有利于提升林业产业生态系统的适应能力和稳定能力。因此，林业产业生态系统内企业的信息平台建设、技术人员比例以及企业的技术创新能力将会对林业产业生态系统造成一定的影响。

技术性影响因素包括信息平台建设、技术人员占职工人数的比例和技术创新能力，这几个因素的大小将影响企业的技术水平，进而影响整个系统的稳定。信息平台建设主要是林业产业生态系统的信息基础设施的一个组成部分，通过网络使得信息在各企业间联通，充分利用现有的信息资源组建信息交流和交换中心，能够为企业决策提供科学依据。黑龙江国有林区林业产业生态系统是一个复杂大系统，具有三大产业体系，即系统内部具有一定的复杂性和不确定性，需要大量的信息作为企业决策的依据。信息平台可以在企业内部建设，同时也可以在企业间形成大型的信息交流平台，信息平台建设的越好，收集的可用信息越多，企业的相对竞争能力就越强，进而系统的稳定性就越好。技术人员占职工人数的比例说明企业内具有专业技术人员的个数，黑龙江国有林区林业产业生态系统内企业的发展应具备一定的专业技术人员，专业技术人员人数越多，企业的技术创新能力就越强，较强的技术创新能力将推动企业持续稳定发展，进而提升系统的稳定程度。企业的技术创新能力主要是企业在自身发展领域所具有的发明创造能力，是提升企业核心竞争力的必由之路。林业产业生态系统中企业的技术创新能力越强，企业的竞争能力和生存能力就越强，系统的适应性和稳定性就越好。因此，选取信息平台建设、技术人员占职工人数的比例和技术创新能力作为黑龙江国有林区林业产业生态系统的技术性影响因素。

5.1.3 外部性因素

外部性影响因素主要是从整个林业产业生态系统的外部环境维度展开，包括市场变动、政策影响、政府支持和国家经济投资 4 个要素。这一维度反映了黑龙江国有林区林业产业生态系统的外部环境特征，即存在于林业产业生态系统之外的市场、政策制度、政府及经济等外部力量对整个系统稳定运行的影响，其中政策的影响、政府的支持以及国家经济投资也是提升林业产业生态系统适应性和稳定性的关键指标，这些因素对整个系统的稳定发展具有促进或阻碍作用。黑龙江国有林区林业产业生态系统内部企业的发展势必受到外部环境变化的影响，市场的变化、相关政策制度的改变、政府的态度以及国家相应的经济投资，这些因素均会对林业产业生态系统产生促进或阻碍作用，影响整个系统的适应性和稳定性。因此，林业产业生态系统外部的市场变动、政策影响、政府支持和国家经济投资将会对林业产业生态系统造成一定的影响。

外部性影响因素包括市场变动、政策影响、政府支持和国家经济投资，这几个因素会对林业产业生态系统内的企业产生影响，进而影响整个系统的适应性和稳定性。市场变动主要包括林业产业生态系统中企业所需原材料及产品的价格、产品的供求以及企业间的竞争等方面的变化，产品的供求及企业间的竞争关系将影响原材料的价格，价格的变化同时也会对企业的成本产生影响，成本增加将导致企业缩减生产规模，使整个系统循环缺少物质量，降低系统的稳定性。政策制度主要是指在黑龙江国有林区内所实施的各项政策制度，政策制度本身的实行会对林业产业生态系统产生限制性的影响。黑龙江国有林区的天保工程、全面停止天然林商业性采伐以及国有林区改革指导意见等政策的实施，使得木材产量锐减，部分企业选择进口木材，这将导致依托木材为原料的企业采购成本增加，进而缩减企业生产规模甚至破产，间接降低整个林业产业生态系统的适应性和稳定性。政府的支持主要体现在政府对构建和维护林业产业生态系统的重视和支持程度，政府通过相关的方针政策、法规制度约束企业的行为，同时引导企业的正确发展方向，政府对林业产业生态系统的支持程度越高，整个系统的适应性和稳定性越强。国家经济投资主要是国家对黑龙江国有林区给予的经济支持，包括固定资产投资、林业产业发展投资、林业支撑与保障投资以及生态建设与保护投资，这些作为林业产业生态系统的适应性和稳定性评价指标，在一定程度上对于提升林业产业生态系统的适应性、稳定性和持续发展十分必要(杜旻，2003)。经济支持能够提高林业产业生态系统的基础设施建设水平，解决系统内企业的经济问题，提高整个系统的运行能力。因此，选取市场变动、政策影响、政府支持和国家经济投资说明黑龙江国有林区林业产业生态系统的外部性影响因素。

5.1.4 主体性因素

主体性影响因素主要是从整个林业产业生态系统内的企业维度展开，包括关键种企业、企业间沟通与信任能力、企业间的交易成本、企业污染处理意愿和区位资源优势5个要素。这一维度反映了黑龙江国有林区林业产业生态系统内企业的性质特征，这些因素是促进林业产业生态系统良性运转的重要因素，同时也是影响整个系统稳定运行的重要因素。黑龙江国有林区林业产业生态系统内部企业之间通过产业链紧密地联系在一起，处于不同产业链的企业稳定发展对于整个系统来说具有重要作用，而企业发展越稳定，整个林业产业生态系统的稳定性越强。因此，林业产业生态系统内部的关键种企业、企业间沟通与信任能力、企业间的交易成本、企业污染处理意愿和区位资源优势将会对林业产业生态系统造成一定的影响。

技术性影响因素包括关键种企业、企业间沟通与信任能力、企业间的交易成本、企业污染处理意愿和区位资源优势，这几个因素对系统的企业产生影响的同时间接影响系统的持续、稳定运行。关键种企业是对生态系统中关键种概念的扩展，关键种是在生态系统中其起重要作用的物种，这些物种的存在与否会对整个生物群落的功能和结构产生重大影响(Paine R T，1966)。林业产业生态系统的关键种企业就是在企业群落中处于核心地位的企业，能够带动和牵制其他企业或行业的发展，是生态产业链的“链核”，对系统的稳定性起着关键作用(王灵梅和张金屯，2003)。企业间沟通与信任能力是企业间建立合作关系的基础，也是企业可持续发展的保障，林业产业生态系统内企业间通过有效的信息沟通，使生态产业链上的各企业联系更加紧密，企业间彼此的信任能力越强，系统越稳定。企业间的交易成本是在林业产业生态系统各企业在合作过程中产生的一系列成本，包括搜寻成本、谈判成本和履约成本，这些成本将会受到系统内外部环境的影响(吕祯，2013)。林业产业生态系统中企业彼此之间处于产业共生循环，可以有效地降低系统内企业的交易成本，促进系统健康持续发展。企业污染处理意愿主要是林业产业生态系统内企业对其生产或其他环节产生的废弃物的处理意愿，处理意愿越强，整个系统的适应能力越强。区位资源优势主要是企业所在地的资源优势，主要指企业所依托的森林资源的优势，如森林覆盖率、森林蓄积量、造林面积等，林业产业生态系统内企业的区位资源优势越明显，企业发展的越好，越能够适应外界环境的变化以及较强的自身调节能力，将有利于提升系统的适应性和稳定性。因此，选取关键种企业、企业间沟通与信任能力、企业间的交易成本、企业污染处理意愿和区位资源优势说明黑龙江国有林区林业产业生态系统的主体性影响因素。

5.2 林业产业生态系统影响因素分析

林业产业生态系统影响因素包括结构性、技术性、外部性和主体性四个维度，每个维度均由不同的指标组成，共计 4 个维度 15 个具体指标，可以用四面体表示，如图 5-1 所示。林业产业生态系统的影响因素主要是分析林业产业生态系统的持续、有序、健康、稳定运行将受到哪些相关因素的影响，并且阐述哪些因素对其影响程度最大，分析的目的是提升林业产业生态系统的适应性和稳定性，实现整个系统的持续、稳定运行。但由于林业产业生态系统影响因素所包含的指标并不能全部进行量化，而且各指标之间还存在一定的相关性，因此，本章选用 DEMATEL 方法对黑龙江国有林区林业产业生态系统的影响因素进行分析。

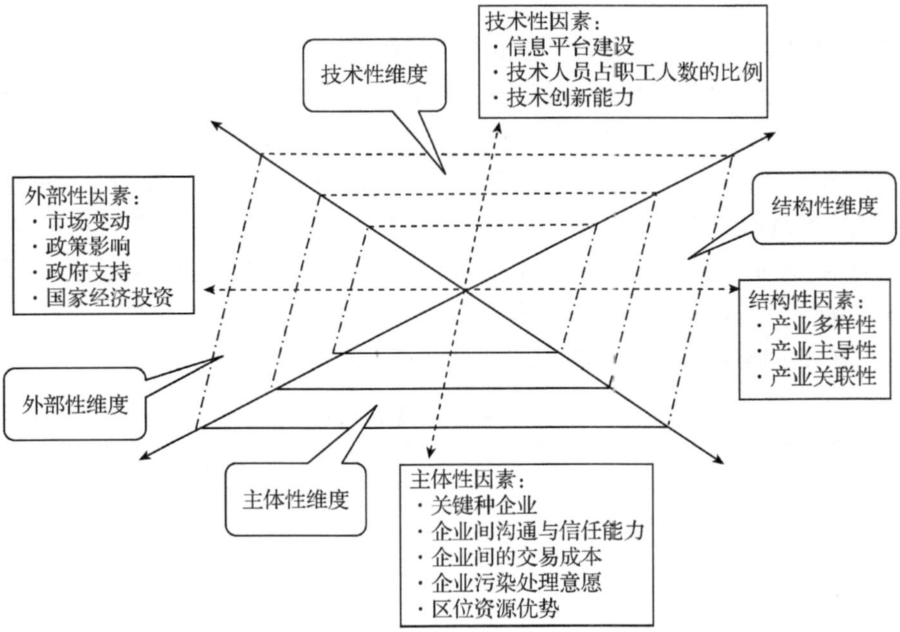

图 5-1 林业产业生态系统影响因素四维结构

5.2.1 林业产业生态系统影响因素分析方法

目前，大多数学者对影响因素的评价会采取回归分析、因子分析、主成分分析等定量分析方法，但由于上述方法更偏重于定量分析，而容易忽略无法量化的影响因素，而 DEMATEL 方法作为一种定量和定性相结合的方法被广泛应用。

DEMATEL(Decision Making Trial and Evaluation Laboratory)全称为“决策试验和评价实验法”，是 Battelle 纪念研究所的科学与人类事物项目组于 1972—1976 年提出来的(Fontela E and Gabus A，1974)，为了解决现实世界中比较复杂和困难的问题而提出的一种方法论，尤其是对不容易确定要素之间关系的系统更为有效。DEMATEL

方法运用图论与矩阵工具作为系统要素分析的工具，分析系统中各要素之间的逻辑关系和直接影响因素，计算系统中每个因素对其他因素的影响程度及被影响度，并进一步计算系统中每个因素的中心度与原因度，通过中心度和原因度的计算结果判断各要素之间的关系以及强弱程度，并筛选系统中的关键要素，简化系统结构分析的过程。

由于 DEMATEL 方法可以通过专家的经验和知识解决复杂的问题，这是多数学者选择这一方法分析影响因素的原因之一。林业产业生态系统是一个复杂的大系统，系统的影响因素较多，而且大多数因素无法量化，同时各因素之间具有一定的相关性，这些因素相互影响、相互作用，共同影响着现代林业产业生态系统。因此，本章选取 DEMATEL 方法分析黑龙江国有林区林业产业生态系统的影响因素。

5.2.2 林业产业生态系统影响因素分析步骤

应用 DEMATEL 方法对林业产业生态系统影响因素进行评价的总体思路是基于林业产业生态系统的影响因素，通过专家打分确定各影响因素之间的影响矩阵，将影响矩阵归一化处理之后，计算各影响因素之间的综合影响矩阵，同时计算各影响因素的影响度、被影响度、中心度以及原因度，最终，通过中心度和原因度绘制林业产业生态系统影响因素的因果关系图。林业产业生态系统影响因素分析步骤如下：

(1)确定林业产业生态系统影响因素指标体系。为了保证林业产业生态系统的持续稳定运行，提升系统的适应性和稳定性，本研究从结构性因素、技术性因素、外部性因素和主体性因素四个维度构建林业产业生态系统的影响因素，见表 5-1。

表 5-1 林业产业生态系统影响因素指标体系

影响因素	具体指标
结构性因素 A	产业多样性 A_1
	产业主导性 A_2
	产业关联性 A_3
技术性因素 B	信息平台建设 B_1
	技术人员占职工人数的比例 B_2
	技术创新能力 B_3
外部性因素 C	市场变动 C_1
	政策影响 C_2
	政府支持 C_3
	国家经济投资 C_4

（续）

影响因素	具体指标
主体性因素 D	关键种企业 D_1
	企业间沟通与信任能力 D_2
	企业间的交易成本 D_3
	企业污染处理意愿 D_4
	区位资源优势 D_5

(2)建立直接影响矩阵，并对其进行标准化处理。直接影响矩阵是通过比较各影响因素之间的关系而得到的，即将影响程度的强弱分为若干等级，用数字 0~4 表示，其中 0 表示没有任何影响，1 表示影响较弱，2 表示影响弱，3 表示影响较强，4 表示影响强，通过专家打分对各影响因素之间的直接关系予以量化。如果某因素对其他因素有直接影响，表示为 X_{ij}，则 n 个影响因素就可以得到一个 $n \times n$ 的直接影响矩阵，直接影响矩阵记为：

$$\boldsymbol{X} = \begin{bmatrix} 0 & X_{12} & \cdots & X_{1n} \\ X_{21} & 0 & \cdots & X_{2n} \\ \cdots & \cdots & \cdots & \cdots \\ X_{n1} & X_{n2} & \cdots & 0 \end{bmatrix} \tag{5-1}$$

式中，$1 \leqslant i,\ j \leqslant n$。

根据林业产业生态系统影响因素的指标体系，由东北林业大学的相关专家组成的专家评分小组，根据自身的经验和知识对林业产业生态系统稳定性的 15 个影响因素间的影响做出判断，共计发放问卷 20 份，收回问卷 16 份，有效率为 80%。根据收回的问卷，选取出现次数最多的数字作为各影响因素之间的直接影响系数，即得到直接影响矩阵见表 5-2。

表 5-2 林业产业生态系统直接影响矩阵

	A_1	A_2	A_3	B_1	B_2	B_3	C_1	C_2	C_3	C_4	D_1	D_2	D_3	D_4	D_5
A_1	0	3	3	0	1	2	4	2	2	3	3	3	1	1	1
A_2	0	0	1	1	1	2	3	2	3	3	4	2	1	1	2
A_3	1	2	0	3	1	1	2	1	1	1	2	4	3	2	0
B_1	0	0	2	0	2	4	2	0	1	1	3	3	3	1	0
B_2	0	0	0	1	0	4	1	2	0	2	4	1	2	3	2
B_3	2	1	1	2	4	0	3	2	3	3	3	1	3	3	1
C1	3	2	2	1	2	2	0	2	2	2	1	1	3	1	0
C_2	3	3	1	0	0	1	3	0	3	4	2	1	1	1	3
C_3	2	1	1	1	0	1	3	3	0	4	2	1	2	3	3
C_4	3	3	2	3	3	3	2	2	1	0	3	1	2	3	3

（续）

	A_1	A_2	A_3	B_1	B_2	B_3	C_1	C_2	C_3	C_4	D_1	D_2	D_3	D_4	D_5
D_1	1	4	1	0	1	1	1	3	3	2	0	2	2	1	3
D_2	0	0	2	3	0	1	3	2	1	1	3	0	4	2	0
D_3	0	0	2	2	2	2	3	2	1	2	3	3	0	3	2
D_4	0	0	1	1	3	3	1	1	3	1	1	1	1	0	4
D_5	4	4	2	1	2	2	1	2	3	4	4	1	2	2	0

根据得到的林业产业生态系统影响因素的直接影响矩阵进行归一化处理，得到标准的直接影响矩阵 $\boldsymbol{M}$。

$$\boldsymbol{M} = \frac{X}{\max\limits_{1 \leqslant i \leqslant n} \sum\limits_{j=1}^{n} x_{ij}} \tag{5-2}$$

通过计算得出 $\max\limits_{1 \leqslant i \leqslant n} \sum\limits_{j=1}^{n} x_{ij} = 38$，对直接影响因素进行标准化处理之后得到矩阵，见表 5-3。

表 5-3　林业产业生态系统标准影响矩阵

	A_1	A_2	A_3	B_1	B_2	B_3	C_1	C_2	C_3	C_4	D_1	D_2	D_3	D_4	D_5
A_1	0	0.0789	0.0789	0	0.0263	0.0526	0.1053	0.0526	0.0526	0.0789	0.0789	0.0789	0.0263	0.0263	0.0263
A_2	0	0	0.0263	0.0263	0.0263	0.0526	0.0789	0.0526	0.0789	0.0789	0.1053	0.0526	0.0263	0.0263	0.0526
A_3	0.0263	0.0526	0	0.0789	0.0263	0.0263	0.0526	0.0263	0.0263	0.0263	0.0526	0.1053	0.0789	0.0526	0
B_1	0	0	0.0526	0	0.0526	0.1053	0.0526	0	0.0263	0.0263	0.0789	0.0789	0.0789	0.0263	0
B_2	0	0	0	0.0263	0	0.1053	0.0263	0.0526	0	0.0526	0.1053	0.0263	0.0526	0.0789	0.0526
B_3	0.0526	0.0263	0.0263	0.0526	0.1053	0	0.0789	0.0526	0.0789	0.0789	0.0789	0.0263	0.0789	0.0789	0.0263
C_1	0.0789	0.0526	0.0526	0.0263	0.0526	0.0526	0	0.0526	0.0526	0.0526	0.0263	0.0263	0.0789	0.0263	0
C_2	0.0789	0.0789	0.0263	0	0	0.0263	0.0789	0	0.0789	0.1053	0.0526	0.0263	0.0263	0.0263	0.0789
C_3	0.0526	0.0263	0.0263	0.0263	0	0.0263	0.0789	0.0789	0	0.1053	0.0526	0.0263	0.0526	0.0789	0.0789
C_4	0.0789	0.0789	0.0526	0.0789	0.0789	0.0789	0.0526	0.0526	0.0263	0	0.0789	0.0263	0.0526	0.0789	0.0789
D_1	0.0263	0.1053	0.0263	0	0.0263	0.0263	0.0263	0.0789	0.0789	0.0526	0	0.0526	0.0526	0.0263	0.0789
D_2	0	0	0.0526	0.0789	0	0.0263	0.0789	0.0526	0.0263	0.0263	0.0789	0	0.1053	0.0526	0
D_3	0	0	0.0526	0.0526	0.0526	0.0526	0.0789	0.0526	0.0263	0.0526	0.0789	0.0789	0	0.0789	0.0526
D_4	0	0	0.0263	0.0263	0.0789	0.0789	0.0263	0.0263	0.0789	0.0263	0.0263	0.0263	0.0263	0	0.1053
D_5	0.1053	0.1053	0.0526	0.0263	0.0526	0.0526	0.0263	0.0526	0.0789	0.1053	0.1053	0.0263	0.0526	0.0526	0

(3)计算林业产业生态系统影响因素间的综合影响矩阵 $\boldsymbol{T}$:

$$\boldsymbol{T}=\boldsymbol{M}(\boldsymbol{E}-\boldsymbol{Y})^{-1} \tag{5-3}$$

式中，$\boldsymbol{E}$ 为单位矩阵。

根据计算得出林业产业生态系统影响因素的综合影响矩阵，见表 5-4。

表 5-4 林业产业生态系统影响因素的综合影响矩阵

	A_1	A_2	A_3	B_1	B_2	B_3	C_1	C_2	C_3	C_4	D_1	D_2	D_3	D_4	D_5
A_1	0. 0936	0. 1876	0. 1694	0. 0895	0. 1247	0. 1721	0. 2405	0. 1735	0. 1751	0. 2215	0. 2364	0. 1829	0. 1615	0. 1464	0. 0936
A_2	0. 0901	0. 105	0. 1109	0. 1036	0. 1178	0. 163	0. 2006	0. 1642	0. 1901	0. 2118	0. 2468	0. 1452	0. 1489	0. 1377	0. 0901
A_3	0. 0883	0. 127	0. 0763	0. 1468	0. 105	0. 1273	0. 163	0. 1195	0. 1209	0. 1358	0. 1799	0. 189	0. 1851	0. 1461	0. 0883
B_1	0. 0629	0. 0743	0. 1192	0. 0697	0. 1304	0. 1933	0. 1542	0. 0923	0. 115	0. 13	0. 1963	0. 1573	0. 1815	0. 1215	0. 0629
B_2	0. 074	0. 0883	0. 0722	0. 0912	0. 0872	0. 1991	0. 1309	0. 1457	0. 1034	0. 1658	0. 2263	0. 1059	0. 1537	0. 1719	0. 074
B_3	0. 148	0. 1415	0. 1266	0. 1416	0. 2119	0. 1429	0. 2244	0. 1829	0. 2069	0. 2345	0. 2521	0. 1417	0. 2178	0. 21	0. 148
C_1	0. 1483	0. 1387	0. 1295	0. 0979	0. 1346	0. 1561	0. 1217	0. 1514	0. 1514	0. 174	0. 164	0. 1192	0. 1842	0. 1293	0. 1483
C_2	0. 1697	0. 1881	0. 1179	0. 0804	0. 096	0. 1426	0. 209	0. 1178	0. 195	0. 244	0. 2057	0. 1258	0. 1479	0. 1396	0. 1697
C_3	0. 1459	0. 1379	0. 1192	0. 1069	0. 1015	0. 1476	0. 2082	0. 1906	0. 1227	0. 2428	0. 2055	0. 1273	0. 1748	0. 1903	0. 1459
C_4	0. 1783	0. 2017	0. 1592	0. 1716	0. 1964	0. 2259	0. 2118	0. 1895	0. 1728	0. 1725	0. 2686	0. 1534	0. 2036	0. 2151	0. 1783
D_1	0. 1108	0. 2006	0. 109	0. 0761	0. 1113	0. 1346	0. 1532	0. 1852	0. 1886	0. 1889	0. 1495	0. 1439	0. 1648	0. 1344	0. 1108
D_2	0. 0642	0. 0766	0. 1209	0. 1397	0. 0772	0. 119	0. 1769	0. 1368	0. 1155	0. 1288	0. 19	0. 0844	0. 2003	0. 1391	0. 0642
D_3	0. 0841	0. 0986	0. 1354	0. 1308	0. 1455	0. 1672	0. 198	0. 1593	0. 1387	0. 1806	0. 2217	0. 172	0. 1261	0. 1866	0. 0841
D_4	0. 0747	0. 0829	0. 094	0. 0903	0. 1547	0. 172	0. 1278	0. 1184	0. 1683	0. 1419	0. 1529	0. 1024	0. 1275	0. 0976	0. 0747
D_5	0. 2074	0. 2352	0. 1623	0. 1251	0. 1697	0. 1999	0. 1949	0. 1971	0. 2243	0. 2775	0. 296	0. 1557	0. 2032	0. 1947	0. 2074

(4)计算林业产业生态系统影响因素的影响度、被影响度、中心度和原因度。影响度是矩阵 $\boldsymbol{T}$ 中每行元素之和，用 R 表示，即该行所对应的影响因素对其他所有因素的综合影响程度；被影响度是矩阵 $\boldsymbol{T}$ 中每列元素之和，用 D 表示，即该列所对应的影响因素受其他所有因素的综合影响大小；中心度是每个影响因素的影响度和被影响因素之和，用 $R+D$ 表示，即某个因素在指标体系中的位置及其发挥作用的大小；原因度是每个影响因素的影响度和被影响因素之差，用 $R-D$ 表示，即某个因素对其他因素的影响程度，当原因度大于 0，说明该因素对其他因素的影响大，称为原因因素，当原因度小于 0，说明该因素受到其他因素的影响大，称为结果因素（李扬和秦远建，2013），计算结果及各要素的排序见表 5-5。

表 5-5 林业产业生态系统影响因素之间的中心度和原因度

	影响度 R	被影响度 D	中心度 $R+D$	$R+D$ 排序	原因度 $R-D$	$R-D$ 排序
A1	2. 512	1. 7403	4. 2523	11	0. 7717	2
A2	2. 2932	2. 084	4. 3772	9	0. 2092	5
A3	1. 9969	1. 822	3. 8189	14	0. 1749	6
B1	1. 8799	1. 6612	3. 5411	15	0. 2187	4
B2	1. 9615	1. 9639	3. 9254	13	−0. 0024	10
B3	2. 7381	2. 4626	5. 2007	3	0. 2755	3
C1	2. 0966	2. 7151	4. 8117	6	−0. 6185	14
C2	2. 3643	2. 3242	4. 6885	8	0. 0401	8
C3	2. 4098	2. 3887	4. 7985	7	0. 0211	9
C4	2. 9277	2. 8504	5. 7781	1	0. 0773	7
D1	2. 2318	3. 1917	5. 4235	2	−0. 9599	15
D2	1. 8526	2. 1061	3. 9587	12	−0. 2535	11
D3	2. 2983	2. 5809	4. 8792	5	−0. 2826	12
D4	1. 8925	2. 3603	4. 2528	10	−0. 4678	13
D5	2. 9848	2. 1886	5. 1734	4	0. 7962	1

(5)绘制因果关系图。根据林业产业生态系统影响因素之间的中心度和原因度，绘制不同影响因素之间的因果关系图，如图 5-2 所示。

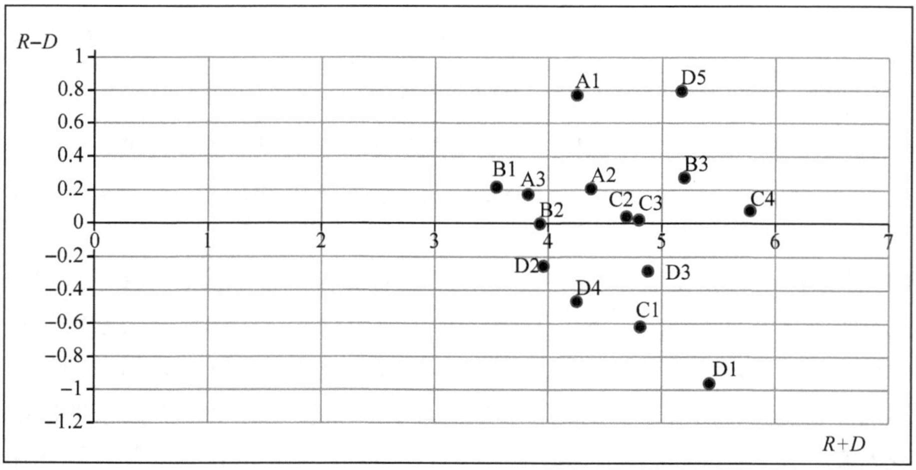

图 5-2 林业产业生态系统影响因素间因果关系

5.3 林业产业生态系统影响因素分析结果

应用 DEMATEL 方法对林业产业生态系统影响因素分析的结果显示，全部影响因素均位于(3，−1)，(6，−1)，(3，0.8)，(6，0.8)所构成的长方形中，即 3≤中心度 $R+D\leq 6$，$-1\leq$原因度 $R-D\leq 0.8$。其中结构性因素均位于第一象限，即中心度和原因度均为正值，而外部性和主体性因素位于第四象限的居多。

5.3.1 中心度分析

中心度表示林业产业生态系统影响因素指标体系中某个因素在整个体系中的具体位置及其发挥作用的大小，用各影响因素的影响度和被影响度之和来表示。从表 5-5 可以看出，林业产业生态系统影响因素的中心度较大的有国家经济投资 C4、关键种企业 D1、技术创新能力 B3 和区位资源优势 D5 等 4 个因素，说明这 4 个影响因素在林业产业生态系统稳定性中处于核心地位，对系统的持续、稳定运行影响最大。其中区位资源优势 D5、技术创新能力 B3 和国家经济投资 C4 这 3 个因素不仅中心度较高，而且原因度也较高，因此，这 3 个因素是影响林业产业生态系统的关键因素。中心度较低的是信息平台建设 B1、产业关联性 A3、技术人员占职工人数的比例 B2、企业间沟通与信任能力 D2 和产业多样性 A1，说明这 5 个影响因素对林业产业生态系统的影响作用最小，其中企业间沟通与信任能力 D2 不仅中心度较低，原因度也较低。

5.3.1.1 结构性因素分析

结构性因素主要反映了林业产业生态系统作为一个产业体系所具有的特点，包含产业多样性、产业主导性和产业关联性三个因素，其中心度的大小均比较靠后，分别排在第 11 位、第 9 位和第 14 位，说明结构性因素对林业产业生态系统的影响程度较弱。

结构性影响因素主要基于黑龙江国有林区的第一产业、第二产业和第三产业的产值计算得来的。从表 5-5 的计算结果来看，国有林区三大产业产值之间的相互关系或者所处地位的高低对林业产业生态系统的影响较小，其中产业主导性对林业产业生态系统的适应性和稳定性影响较大，但对整个系统来说影响并不是很大。部分学者认为产业多样性与主导性的有机协调是产业生态化和系统持续稳定的前提(张攀和耿涌，2008)，即产业多样性对稳定性具有促进作用。而从林业产业生态系统影响因素计算结果来看，黑龙江国有林区林业产业多样性、主导性及关联性对林业产业生态系统的影响较小。

5.3.1.2 技术性因素分析

技术性因素主要反映了黑龙江国有林区林业产业生态系统的技术性特征，包含信息平台建设、技术人员占职工人数的比例和技术创新能力 3 个因素，其中心度大小除基础创新能力之外，其余因素中心度比较小。综合来看，技术性因素对林业产业生态系统的影响程度较弱。

技术性影响因素的技术创新能力具有较高的中心度，说明其对系统持续、稳定运行的影响比较大，是优化林业产业生态系统的关键因素。因此，从表 5-5 的计算结果来看，目前黑龙江国有林区应更加重视提升企业的技术创新能力，通过技术创新推动林业企业逐渐向着多元化的方向发展，尤其面对高效、节能的市场环境，林业企业以加快特色产品对市场的响应速度进而提升整个林业产业生态系统的适应性和稳定性。

5.3.1.3 外部性因素分析

外部性因素主要反映了黑龙江国有林区林业产业生态系统的外部环境特征，包含市场变动、政策影响、政府支持和国家经济投资 4 个因素，其中心度的大小比较靠前，分别排在第 6 位、第 8 位、第 7 位和第 1 位，说明外部性因素对林业产业生态系统的影响程度较强。

外部性影响因素主要反映系统外界环境的变化给系统持续、稳定运行带来的影响，从表 5-5 可以看出外部性影响因素对提升黑龙江国有林区林业产业生态系统的适应性和稳定性起到了关键作用。外部性影响因素中的国家经济投资因素中心度值最高，说明该影响因素在整个指标体系中处于核心位置，对系统的影响最大，同时国家经济投资对提升系统的适应性和稳定性具有一定的影响。黑龙江国有林区由于持续的木材输出使其处于“经济危机、资源危困”的两危境地，2000 年的天保工程、2014 年的全面停止天然林商业性采伐以及 2015 年的国有林区及国有林场改革政策的实施对现代林业产业生态系统带来了正向影响，虽缓解了两危局面，但效果的持续能力有限。因此，通过国家给予的经济投资能够缓解国有林区的经济危机，提高国有林区人民生活质量，带动国有林区产业发展，加强国有林区基础设施建设，使黑龙江国有林区林业产业生态系统在国家的经济投资下持续、稳定运行。

5.3.1.4 主体性因素分析

主体性因素主要反映了黑龙江国有林区林业产业生态系统内企业的性质特征，包含关键种企业、企业间沟通和信任能力、企业间的交易成本、企业污染处理意愿和区位资源优势 5 个因素，其中关键种企业、企业间的交易成本和区位资源优势中心度较高，说明这 3 个因素对林业产业生态系统的影响较大，而企业间沟通和信任能力、企业污染处理意愿的中心度偏低，说明这两个因素对系统的影响较小。

主体性影响因素均从系统内的企业角度出发，其中关键种企业中心度较高，说明关键种企业对林业产业生态系统的影响程度最大。关键种企业是在企业群落中处于中心地位的企业，能够带动和牵制其他企业或行业的发展。在黑龙江国有林区林业产业生态系统中，关键种企业的形成与发展会对提升整个系统的稳定性发挥重要的作用。因此，在黑龙江国有林区林业产业生态系统中应加快优势产业的形成，同时促进关键种企业的发展。另一个对黑龙江国有林区林业产业生态系统影响较大的因素是区位资源优势，黑龙江国有林区是依托森林资源形成的特殊区域，区域资源的好坏将直接影响林区的持续发展，同时资源优势将有助于提升林业产业生态系统的适应性和稳定性。因此，促进林业产业生态系统持续、稳定运行，提升林业产业生态系统的适应性和稳定性应重视关键种企业、企业间的交易成本和区位资源优势等关键因素。

5.3.2 原因度分析

原因度表示林业产业生态系统影响因素指标体系中某个因素对其他因素的影响程度，用各影响因素的影响度与被影响度之差表示，当原因度大于0，说明该因素对其他因素的影响大，称为原因因素，当原因度小于0，说明该因素受到其他因素的影响大，称为结果因素。原因因素不仅自身对系统有影响，对其他因素也具有一定的影响。根据表5-5，产业多样性、产业主导性、产业关联性、信息平台建设、技术创新能力、政策影响、政府支持、国家经济投资和区位资源优势因素是原因因素，其中结构性因素全部是原因因素，外部性因素占的比例也较大，其余为结果因素，其中主体性因素占较大比例。

5.3.2.1 结构性因素分析

结构性因素包含的产业多样性、产业主导性和产业关联性原因度均大于0，说明结构性因素均是原因因素，即结构性因素对其他因素的影响较大。

结构性因素中的产业多样性的原因度为0.7717，说明对他因素的影响最大，产业主导性次之，最后的是产业关联性，仅为产业多样性的22.7%。但从整体上看，结构性因素的原因度排序均比较靠前。黑龙江国有林区林业产业生态系统的核心是依托国有林区的森林资源形成的三大产业体系，产业的发展状况会影响国有林区的相关政策制度、国家的经济投资以及资源现状等，因此，结构性因素的原因度较高。由此可以看出，黑龙江国有林区的产业发展现状虽对林业产业生态系统的影响较弱，但对其他影响因素的影响较大，尤其是产业主导性，即产业结构的影响度和被影响度分值都很高，这表明产业主导性对其他因素的影响大，但同时也容易受到其他因素的影响。黑龙江国有林区自2014年作为停伐试点之后，产业结构的逐渐调整，产业转型势在必行，主导产业的选择将成为推动国有林区发展的关键，同时也是构建现代林业产业生态系统主要考虑的因素。

5.3.2.2 技术性因素分析

技术性因素包含信息平台建设、技术人员占职工人数的比例和技术创新能力，其中信息平台建设和技术创新能力原因度大于0，属于原因因素，技术人员占职工人数的比例的原因度小于0，属于结果因素。

技术性因素中的信息平台建设和技术创新能力属于原因因素，其中技术创新能力的原因度为0.2755，信息平台建设为0.2187，相差并不是很大，说明这两个因素对其他因素的影响并不是很大。技术人员占职工人数的比例属于结果因素，原因度为-0.0024，原因度虽然小于0，但很接近于0，说明其受其他因素的影响较小。黑龙江国有林区内企业的信息平台建设以及技术创新能力的提高将影响企业的发展状况，企业通过信息平台建设能够更好地提高企业间的沟通与信任能力、降低企业间的交易成本、了解市场动态。通过提升技术创新能力促进企业快速发展的同时有助于主导产业以及关键种企业的形成，以此促进林业产业生态系统的持续、稳定运行。

5.3.2.3 外部性因素分析

外部性因素包含市场变动、政策影响、政府支持和国家经济投资 4 个因素，其中市场变动的原因度小于 0，属于结果因素，政策影响、政府支持和国家经济投资 3 个因素的原因度大于 0，属于原因因素。

外部性因素所包含的 4 个影响因素的影响度和被影响度均很高，说明这 4 个因素对其他因素有很大影响外，也很受其他因素的影响。这 4 个因素中仅市场变动因素的原因度为-0.6185，与水平轴的距离较大，说明该因素受其他因素的影响较大。黑龙江国有林区由于资源的特殊性，针对林区资源政策的改变将直接影响依托林区资源形成的产业，主导产业的变动将会影响企业的发展，进而通过企业影响产品市场。黑龙江国有林区停伐政策的实施使得依托林木资源而形成的木材加工企业面临原材料短缺的困境，为了维持企业发展势必增加原材料的采购成本，提高产品的销售价格，进而对整个市场造成一定的影响。外部性因素中的政策影响、政府支持和国家经济投资属于原因因素，但分值并不是很高，说明这 3 个因素虽然会对其他因素产生一定的影响，但影响并不是很大。影响虽不大，但这 3 个因素均具有较高的中心度，是促进黑龙江国有林区林业产业生态系统持续、稳定运行不容忽视的影响因素。

5.3.2.4 主体性因素分析

主体性因素包含关键种企业、企业间沟通和信任能力、企业间的交易成本、企业污染处理意愿和区位资源优势 5 个因素，其中仅区位资源优势的原因度大于 0，属于原因因素，其余 4 个因素的原因度均小于 0，属于结果因素。

主体性因素中的区位资源优势的原因度为 0.7962，同时具有较高的影响度和被影响度，说明区位资源优势对其他因素的影响及受其他因素的影响程度都很强。黑龙江国有林区具有丰富的森林及林下资源，整个林区的产业均是依托森林资源、林木或林下产品作为原料发展壮大的，资源的有效开发与利用将对国有林区的发展产生重要影响。林业产业生态系统也正是基于国有林区丰富的自然资源形成了复杂系统，其中林区资源发挥着基础物质作用。区位资源的优劣将直接影响林区产业发展、关键种企业的形成、企业间的交易成本及国有林区未来的发展方向，因此，区位资源优势不仅对这些因素具有重要影响，同时对于促进黑龙江国有林区林业产业生态系统持续、稳定运行也是不容忽视的关键因素。主体性因素中其他影响因素的原因度均小于 0，属于结果因素，即受系统中其他因素的影响较大。其中关键种企业的原因度为-0.9599，与水平轴的距离最大，说明其受其他因素的影响很大。同时关键种企业还具有较高的影响度和被影响度，对其他因素的影响也很大。关键种企业是整个系统所形成的核心企业，是整个产业链的关键，因此，国有林区关键种企业的形成对提升林业产业生态系统的适应性和稳定性具有重要作用。

5.4 小 结

本章主要对黑龙江国有林区林业产业生态系统的影响因素进行分析。首先，根据林业产业生态系统适应性和稳定性评价指标阐述林业产业生态系统的影响因素；其次，阐述林业产业生态系统的四维影响因素，包含结构性因素、技术性因素、外部性因素和主体性因素；最后，应用 DEMATEL 方法对林业产业生态系统的影响因素进行评价，结果表明国家经济投资、关键种企业选择、技术创新能力、区位资源优势和企业间的交易成本是促进黑龙江国有林区林业产业生态系统持续、稳定运行，提升适应性和稳定性的关键因素。

6 ▸▸▸ 黑龙江国有林区现代林业产业生态系统构建原则、目标及构成要素

本章主要根据现代林业产业生态系统内涵的界定及基本内容、特性的阐述，结合目前黑龙江国有林区林业产业生态系统适应性和稳定性的评价结果及其影响因素，阐述黑龙江国有林区现代林业产业生态系统的构建原则、目标及构成要素。

6.1 黑龙江国有林区现代林业产业生态系统构建原则

黑龙江国有林区现代林业产业生态系统的构建主要是比拟自然生态系统的结构和功能，遵循其发展规律，结合林业产业生态系统的影响因素，充分运用国有林区资源和环境，降低林业产业对环境的影响，提升林业产业生态系统的适应性和稳定性，连接林业产业横向和纵向结构形成一个综合复杂的经济-社会-生态系统。因此，构建黑龙江国有林区现代林业产业生态系统必须遵循以下原则。

6.1.1 维持系统稳定及平衡原则

维持系统稳定及平衡原则是构建黑龙江国有林区现代林业产业生态系统的基本原则，即所构建的现代林业产业生态系统具有稳定及平衡的特性。现代林业产业生态系统更加注重产业经济发展与生态环境之间的关系，注重现代林业产业生态系统中产业的类型选择，注重现代林业产业生态系统对环境的影响。现代林业产业生态系统是一个能够发挥经济-社会-生态效益的复合大系统，既包含不同产业类型的经济主体，同时系统与外界环境进行着能量交换、物质循环及信息交流，始终处于一个动态变化的过程。系统内各产业类型之间应该保持共生关系，一方的发展应该有利于另一方或者对另一方不造成危害，互利共生的关系能够更好地维持系统的稳定和平衡。同时，由于现代林业产业生态系统具有稳定性特点，即具有维持自身平衡状态的能力，将促使整个系统处于一个稳定平衡的状态，当这种状态被破坏或某个企业生产状况发生变化时，与其相关联的产业链上的其他企业能够及时作出调整，保持整个系统的稳定和平衡。因此，构建黑龙江国有林区现代林业产业生态系统应遵循维持系统稳定及平衡的原则。

6.1.2 清洁生产原则

清洁生产原则是指在构建现代林业产业生态系统时，各产业类型应具有生态特性，即应具备清洁生产的思想，尽量减轻环境危害的原则。清洁生产主要是指将综合预防的环境保护策略持续应用于生产过程和产品中，以期减少对人类和环境的风险，其本质是对生产过程采取整体预防的环境策略，减少或者消除它们可能对人类及环境的危害，同时充分满足人类需要，达到社会经济效益最大化的一种生产模式。它是优化环境、实施可持续发展战略的最佳选择。现代林业产业生态系统是基于产业生态系统的理论而界定的概念，产业生态系统构建的目的是减轻产业活动对环境的影响，因此，现代林业产业生态系统中各构成也应秉承清洁生产原则，优化林区生态环境。黑龙江国有林区现代林业产业生态系统内部应基于清洁生产的思想，产品设计以生态产品为主，产品的设计、原材料选取、加工过程、产品包装、更新换代及产品回收等环节均应坚持清洁生产的原则，实现产品的整个生命周期均实行清洁生产，减少对环境的影响。因此，构建黑龙江国有林区现代林业产业生态系统应遵循清洁生产的原则。

6.1.3 循环利用原则

循环利用原则是指在构建现代林业产业生态系统时，内部各产业之间基于循环利用进行发展的原则，即各产业之间能够按照自然生态系统中各物种间的相互制约关系进行发展。黑龙江国有林区现代林业产业生态系统中包含若干个生产者企业、消费者企业、分解者企业以及三者之间互相作用而形成的多条产业链，企业与企业之间、企业与产业链之间、产业链与产业链之间紧密地联系在一起，并且相互依存，相互制约。按照产业生态系统的内涵及运行规律，其实质就是促进产业发展的同时，最大限度地挖掘资源潜力，节省资源并且减少环境污染(史宝娟，2006)，即经济效益最大，环境影响最低。产业生态系统利用自然生态系统中不同生物间的相互制约关系、物种之间的竞争、捕食、合作、寄生等关系形成的一个循环系统，对系统中物质、能量及营养的循环利用是其核心内容。以某一环节的废弃物作为另一个环节的原材料，实现现代林业产业生态系统内部循环以减轻对环境的污染。同时，现代林业产业生态系统与外部环境也应处于循环模式，随时根据外界环境的改变而改变。因此，构建黑龙江国有林区现代林业产业生态系统应遵循循环利用原则。

6.1.4 经济-社会-生态三大效益兼顾原则

经济-社会-生态三大效益兼顾原则是指在构建黑龙江国有林区现代林业产业生态系统时，应重视其经济效益、社会效益和生态效益的协调统一。黑龙江国有林区具有不可替代的经济效益、社会效益和生态效益，目前已经形成了林业产业生态系统，即已经具备生态系统的条件和特征，同时，产业经济的发展给国有林区林业产业生态系统带来了经济效益。因此，构建的现代林业产业生态系统应在目前所形成的林业产业生态系统的基础上，以最少的资源消耗和浪费、最小生态环境影响、最高效的生产和服务方式取得最优的经济效益、社会效益和生态效益，建立与生态系统和谐、长期稳定、平衡、持续发展的林业产业生态系统。因此，构建黑龙江国有林区现代林业产业生态系统应遵循经济-社会-生态三大效益兼顾原则，在构建的过程中，从规划、设计、建设到完善，都要兼顾国有林区的经济、社会及生态三大效应，最终尽可能实现人类社会、经济和生态环境三者相互促进、协调发展的目的(史宝娟，2006)。

6.1.5 生态可承载原则

生态可承载原则是指在构建黑龙江国有林区现代林业产业生态系统时，应充分考虑森林资源的生态承载能力，各产业类型的发展应在生态承载能力的范围内。生态可承载能力是在某一特定的环境下，某种个体数量存在的最高极限，可以从两方面来理解：一是生态系统的自我维持与自我调节能力，以及资源与环境子系统的共容能力；二是生态系统内的各子系统的发展能力，即生态承载力的压力。现代林业产业生态系统具有开放性，即系统随时随地与周围环境进行着物质和能量的交换，内部的各企业从环境中获取能量、物质、信息的同时环境在各企业的活动中得到改善，环境影响系统，系统也影响环境。但如果打破这个循环规律，只顾索取，一味地开发利用，使得环境质量下降，超出生态的可承载能力，会导致资源枯竭，甚至整个系统的瘫痪。因此，构建黑龙江国有林区现代林业产业生态系统应遵循生态可承载原则。

6.1.6 可持续发展原则

可持续发展是科学发展的基本要求之一，指在满足当代人需求的同时不损害后代人需求的权利，其支柱是经济、社会、文化和环境，只有这 4 个方面的协调发展才能实现可持续发展。黑龙江国有林区现代林业产业生态系统是根据目前黑龙江国有林区大环境和未来发展趋势提出的新概念，现代林业产业生态系统的发展必定要走可持续发展之路。现代林业产业生态系统的可持续发展，能够带动黑龙江国有林区林业产业的可持续发展，进而促进黑龙江国有林区的可持续发展。因此，构建黑龙江国有林区现代林业产业生态系统应遵循可持续发展原则。

6.2 黑龙江国有林区现代林业产业生态系统构建目标

黑龙江国有林区丰富的森林资源给国家经济建设提供了大量木材，长期的过量采伐导致林区可采资源濒临枯竭，社会经济发展面临严峻考验，致使其处于“两危”困境，陷入国家要生态、企业要发展、居民要生存等多重矛盾中。基于目前黑龙江国有林区林业产业生态系统适应性和稳定性评价结果，其适应性和稳定性均较弱。因此，构建黑龙江国有林区现代林业产业生态系统的总目标是协调和缓解黑龙江国有林区林业产业经济发展与生态环境之间的矛盾，寻求一种产业和生态共生的林业产业发展模式，提升林业产业生态系统的适应性和稳定性，实现国有林区经济、社会和生态效益的协调统一。其具体目标如下：

6.2.1　建立新型产业转型模式

2014 年 4 月起，黑龙江国有林区全面停止天然林商业性采伐，在天保工程之后不断调整优化产业结构，产业转型将成为日后黑龙江国有林区经济转型的关键。长期以来，黑龙江国有林区主要依靠比较单一的木材经济支撑林区的经济社会发展，并未形成其他新型的支柱产业(贺超，2015)，因此，支柱产业的培育、新型产业的开发将成为产业转型的主要选择，林业产业生态系统的构建将成为促进产业转型的主要模式之一。通过构建黑龙江国有林区现代林业产业生态系统，能够为黑龙江国有林区提供一种新型的产业转型模式。目前，黑龙江国有林区在全面停伐政策下，林区产业转型是国有林区亟须解决的关键问题。但从产业转型的模式来看，大多比较雷同，即产业转型后的产业类型相似，有可能进一步造成产业发展的停滞。通过构建现代林业产业生态系统，为黑龙江国有林区提供一种新型的产业转型模式，以加快黑龙江国有林区支柱产业、新兴产业的形成，在保证黑龙江国有林区经济和生态协调发展的基础上推进黑龙江国有林区林业产业的转型升级。

6.2.2　实现国有林区经济社会协调发展

2014 年，黑龙江国有林区全面停止天然林商业性采伐，使得国有林区多年形成的以木材经济带动林区经济发展的模式势必进行转变，亟须寻求新的经济发展模式替代原有的木材经济发展模式，以弥补停伐给黑龙江匡有林区带来的经济损失。基于黑龙江国有林区林业产业生态系统的适应性和稳定性的评价结果，发现目前黑龙江国有林区所形成的林业产业生态系统的适应性和稳定性均较弱，需要采取一定的措施增强林业产业生态系统的适应性和稳定性。因此，通过构建黑龙江国有林区现代林业产业生态系统，探索新的经济发展模式，即按照自然生态系统的构成发展生产者、消费者和分解者企业，转变目前以木材为主的生产经济方式，寻求新型替代产业，使得国有林区由以木材生产为主的传统产业类型向以生态产业为主的新型替代产业类型发展，在原有林业产业生态系统的基础上，更加注重产业经济发展和生态环境保护之间的协调关系，提升系统的适应性和稳定性，进而带动黑龙江国有林区的经济发展。

6.2.3 优化国有林区生态环境

黑龙江国有林区森林覆盖率达到了85.1%，高于全省39.1个百分点，具有不可替代的生态价值。但由于黑龙江国有林区一直采伐木材为国家经济建设做贡献，导致可采资源减少，环境遭到破坏，出现了产业经济发展和生态环境之间的矛盾。因此，黑龙江国有林区势必由以木材生产为主向生态建设为主转变，通过构建现代林业产业生态系统实现二者的协调统一。一方面，现代林业产业生态系统的核心思想就是经济价值最大化、环境损失最小化，基于产业经济发展与生态环境共生带动林区经济发展，减轻或降低对环境的污染；另一方面，现代林业产业生态系统的构建能充分体现黑龙江国有林区的生态价值，能充分发挥黑龙江国有林区生态功能区的作用。因此，通过构建黑龙江国有林区现代林业产业生态系统，加快黑龙江国有林区经济发展，同时优化黑龙江国有林区生态环境，达到产业与生态共生状态。

6.3 黑龙江国有林区现代林业产业生态系统构成要素

黑龙江国有林区现代林业产业生态系统的构成要素是按照自然生态系统中的生产者、消费者和分解者演化而来，同时结合黑龙江国有林区林业产业的特点，从生产者企业、消费者企业和分解者企业三个方面展开。黑龙江国有林区是依托丰富的森林资源逐渐发展壮大，形成以林木资源为主的多种产业类型。在现代林业产业生态系统概念及构成的界定下，黑龙江国有林区现代林业产业生态系统的生产者企业、消费者企业和分解者企业均是依托森林资源形成的企业或同一产业链形成的其他相关企业类型。生产者企业主要包括森林培育、采伐、非林木产品的种植与采集、林下养殖等企业或经济组织；消费者企业包括木材加工企业、家具制造企业、绿色食品加工和北药企业、林纸生产企业以及森林旅游等企业；分解者企业包括林木资源回收企业、垃圾处理等企业。消费者企业以生产者企业作为原料开展生产活动，分解者企业以生产者企业和消费者企业的剩余物为原料而生存，三者之间的关系和自然生态系统中的生产者、消费者和分解者类似，存在种间和种内的关系。黑龙江国有林区现代林业产业生态系统通过物质循环、能量流动及信息传递将整个系统中的各企业类型联系在一起，按照自然规律运行，将生产者企业、消费者企业和生产者企业构成生态产业链，使得营养和能量在不同产业链之间传递。

6.3.1 现代林业产业生态系统生产者企业

黑龙江国有林区现代林业产业生态系统生产者企业主要包括森林培育、采伐、非林木产品的种植与采集、林下养殖等企业类型，主要涵盖黑龙江国有林区的第一产业类型。生态学中的生产者是指能利用CO_2、水和营养物质，通过光合作用固定太阳能，合成有机物质的绿色生物，为消费者和分解者提供物质和能量。黑龙江国有林区现代林业产业生态系统生产者企业主要是指利用黑龙江国有林区的自然环境及营养物质合成的绿色生物企业。生产者企业是现代林业产业生态系统的基础产业类型，同时也为系统内其他构成要素提供物质基础及原材料，是整个生态产业链的源头。

一直以来，森林资源的培育和管护是黑龙江国有林区的首要任务，也是其他产业发展的基础，黑龙江国有林区生态功能区的确定、生态红线的划分以及停伐政策的实施将开启黑龙江国有林区森林资源保护的全新阶段。目前，更应该注重对森林资源的培育和保护，加大森林资源的培育力度，设定森林经营管护方案，促使森林资源数量和质量的提高。现代林业产业生态系统生产者企业属于第一产业范畴，2001—2018 年第一产业产值一直处于持续增长状态，其中营造林以及经济林产品的种植与采集是第一产业的重要产业类型。第一产业对黑龙江国有林区经济发展的贡献最大。因此，现代林业产业生态系统中生产者企业在整个系统中属于提供物质基础的基础产业类型，若系统中没有生产者企业的存在，其他产业将因缺少物质原料而面临逐渐萎缩的困境，尤其是生产者企业中的森林资源培育和管护、非林木产品的种植与采集、林下种植养殖等产业类型，这些产业类型将成为黑龙江国有林区林业产业未来发展的重点产业，同时也是现代林业产业生态系统生产者企业的重要产业类型。

6.3.2 现代林业产业生态系统消费者企业

黑龙江国有林区现代林业产业生态系统消费者企业主要包括木材加工企业、家具制造企业、绿色食品加工和北药企业、林纸生产企业以及森林旅游等企业类型，主要涵盖黑龙江国有林区的第二产业和第三产业。生态学中的消费者包括初级消费者和次级消费者，初级消费者主要以生产者为食；次级消费者以初级消费者为食，是初级消费者的上一级，使得能量从生产者传递到消费者，并在整个系统中传递。黑龙江现代林业产业生态系统消费者企业按照生态学中对消费者的分类也可分为初级消费者企业和次级消费者企业，其中初级消费者企业主要包括板材、人造板加工，绿色食品和北药加工、森林生态旅游等国有森工企业或私营企业类型；次级消费者企业主要包括木制品、家具制造、林纸生产、生物质能源以及林业基础服务等企业类型。消费者企业是现代林业产业生态系统的核心产业类型，以生产者企业提供的产品作为原材料，进行加工制造，是整个生态产业链的核心。

黑龙江国有林区以林木资源为原材料形成了木材加工企业、家具制造企业、林纸生产企业，以林下资源为原材料形成了绿色食品加工企业和北药企业，以黑龙江国有林区所形成的独特自然景观形成了森林旅游业，构成了黑龙江国有林区特有的消费者企业群体，黑龙江国有林区现代林业产业生态系统消费者企业属于第二和第三产业范畴，尤其是第二产业占有一定优势。目前，由于黑龙江国有林区停止天然林商业性采伐，以林木资源为原材料的企业缺少资源而濒临倒闭，2014 年第二产业产值大幅度下降，下降了将近18%，产业产值的下降使得第二产业与黑龙江国有林区林业产业发展之间的关联程度降低，在三大产业中与林区林业产业发展的关联度排在第2位，导致第二产业在黑龙江国有林区产业发展中的优势逐渐降低。消费者企业可以通过彼此合作缓解黑龙江国有林区全面停伐政策对第二产业的影响，通过构建现代林业产业生态系统促进第二产业中相关产业转型，带动第二产业发展。因此，以林下资源为原料的企业及森林旅游业将成为黑龙江国有林区林业产业发展的重点，同时也是现代林业产业生态系统消费者企业的核心内容。

6.3.3 现代林业产业生态系统分解者企业

黑龙江国有林区现代林业产业生态系统分解者企业主要包括林木资源回收企业、垃圾处理等企业。生态学中的分解者是可以将动植物遗体和动物的排遗物等所含的有机物质转换为简单的无机物的生物，能够促进系统中物质循环和能量流动，是生态系统中不可缺少的组成部分。黑龙江国有林区现代林业产业生态系统消费者企业是指利用现代林业产业生态系统内生产者企业、消费者企业所产生的残余物或废弃林木资源进行回收以及垃圾处理等私营企业或个人。分解者企业是整个系统中必不可少的构成要素，属于协助产业类型，是整个生态产业链的末端。

黑龙江国有林区一直以来为国家经济建设做出了无可替代的贡献，使得可采林木资源锐减，黑龙江国有林区势必由重视经济效益向重视生态效益转变。自党的十八大生态文明建设的提出及黑龙江国有林区全面停伐政策的展开，黑龙江国有林区现代林业产业的发展势必开启清洁生产及循环经济生产模式，在整个现代林业产业链中做到对环境的低污染或零污染。黑龙江国有林区现代林业产业生态系统的分解者企业与生态学中的分解者功能一致，具有净化大气的作用，能够把生产者企业和消费者企业所产生的排放物或废弃物转化成能够继续进入下一生产环节使用的原材料，以减少废弃物对环境的损害，这些分解者企业或个人的存在使整个黑龙江国有林区的生态产业链能达到清洁生产的同时减少废弃物的排放并减轻对环境的影响。因此，在构建黑龙江国有林区现代林业产业生态系统时，不仅要注重各生产环节的清洁生产，同时也要注重对各生产环节产生的废弃物的处理，达到各环节清洁生产，是现代林业产业生态系统不可分割的一部分，是现代林业产业生态系统能够循环的桥梁，是现代林业产业生态系统中的协助产业类型。

黑龙江国有林区现代林业产业生态系统生产者企业、消费者企业和分解者企业组成了现代林业产业生态系统的主要内容，每个企业均有自己所包含的产业类型，同时三者之间按照自然生态系统的运行规律形成符合黑龙江国有林区特点的现代林业产业生态系统，现代林业产业生态系统构成要素之间的内容如图6-1所示。

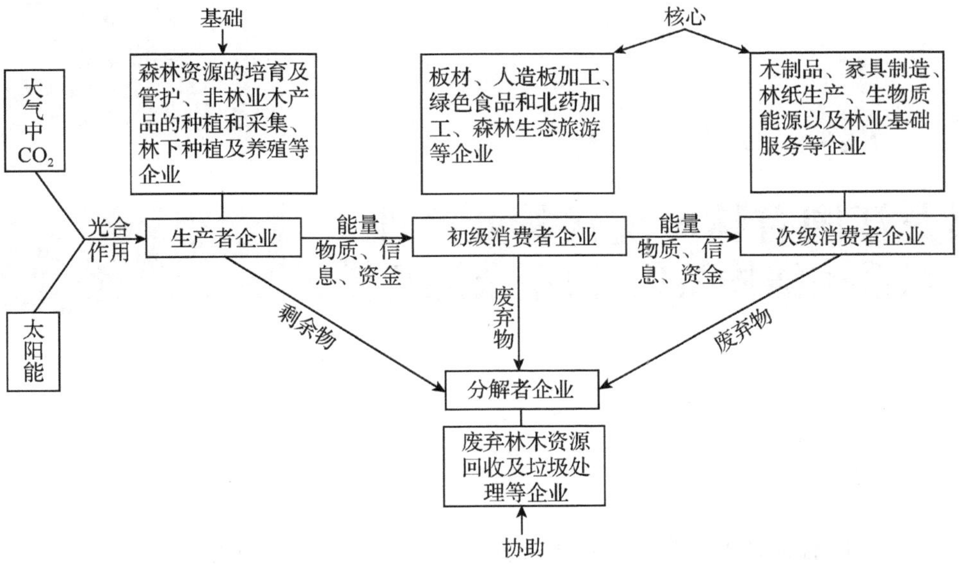

图 6-1　黑龙江国有林区现代林业产业生态系统构成

6.4 小　结

本章主要阐述黑龙江国有林区现代林业产业生态系统的构建目标及构成要素。一方面，阐述构建黑龙江国有林区现代林业产业生态系统的原则和目标。通过构建现代林业产业生态系统建立新型产业转型模式，实现国有林区经济社会协调发展的同时优化国有林区生态环境。另一方面，论述黑龙江国有林区现代林业产业生态系统的构成要素，包括生产者企业、消费者企业和分解者企业。

7 ▸▸▸ 黑龙江国有林区现代林业产业生态系统结构映射、模型及运行模式

黑龙江国有林区现代林业产业生态系统的构成要素是根据自然生态系统内生产者、消费者和生产者演化而来的，代表现代林业产业生态系统的功能结构，但黑龙江国有林区本身是一个经济-社会-生态复合系统，因此，构建现代林业生态系统结构模型应充分考虑黑龙江国有林区的资源、经济、社会、生态等特点，应将生产者企业、消费者企业和分解者企业完全融入黑龙江国有林区已经形成的经济-社会-生态复合系统中，以此充分体现黑龙江国有林区现代林业产业生态系统的结构。本章主要应用系统动力学方法构建黑龙江国有林区现代林业产业生态系统的结构模型，进而阐述其运行模式。

7.1 现代林业产业生态系统结构映射

映射主要表现为两个或多个要素之间的对应关系，现代林业产业生态系统结构映射主要是将现代林业产业生态系统的构成要素，即生产者企业、消费者企业和分解者企业映射到黑龙江国有林区已经形成的经济-社会-生态复合系统内，进而形成现代林业产业生态系统的结构模型，并充分体现现代林业产业生态系统的功能和结构特征，将黑龙江国有林区现代林业产业生态系统映射为林业资源、产业经济、社会发展及生态环境四个系统。其中生产者企业主要映射为林业资源子系统和产业经济子系统，消费者企业主要映射为产业经济子系统，分解者企业主要映射为生态环境子系统，3 种构成要素均具有一定的社会功能，因此都可以映射为社会发展子系统。因此，根据黑龙江国有林区林业产业现状、林业产业生态系统适应性和稳定性的评价结果，目前黑龙江国有林区产业发展与生态环境保护之间尚未达到协调状态，期望通过现代林业产业生态系统的构建，按照互利共生的运行模式，充分发挥各构成要素的功能，优化黑龙江国有林区林业生态系统结构，实现林业产业发展与生态环境保护的协调统一。

7.1.1 生产者企业映射

生产者企业主要是指利用黑龙江国有林区的自然环境和森林资源形成的企业，包括森林资源的培育及管护、非林木产品的种植和采集、林下种植及养殖等企业类型，生产者企业主要映射为现代林业产业生态系统的林业资源子系统和产业经济子系统。

黑龙江国有林区现代林业产业生态系统生产者企业包含的林区内森林资源的培育和管护，将映射为现代林业产业生态系统的林业资源子系统。黑龙江国有林区内森林资源的培育和管护的发展势必对林区内森林资源的数量和质量产生极其重大的影响，这种作用在现代林业产业生态系统内主要体现为生产者企业的数量及质量。因此，生产者企业的良好发展将对林业资源子系统产生重要影响。黑龙江国有林区现代林业产业生态系统生产者企业包含的非木林产品的种植和采集、林下种植及养殖等企业，将映射为现代林业产业生态系统的产业经济子系统。黑龙江国有林区通过发展非木林产品的种植和采集以及林下种植及养殖业，在不破坏林区森林资源的基础上促进黑龙江国有林区林下经济产业的发展。黑龙江国有林区实施全面停伐政策后，应大力发展林下种植养殖业，以此促进林区产业经济的发展。

7.1.2 消费者企业映射

消费者企业主要包括木材加工企业、家具制造企业、绿色食品加工和北药企业、林纸生产企业以及森林旅游等企业类型，消费者企业主要映射为产业经济子系统。

黑龙江国有林区现代林业产业生态系统消费者企业是核心企业类型，主要是一些依托黑龙江国有林区内的林木、非林木资源初级产品而形成的加工和服务产业类型。这部分产业类型是黑龙江国有林区产业发展的核心产业类型，属于第二产业和第三产业范畴。黑龙江国有林区实施全面停伐政策后，第二产业的产值出现大幅度下降，2014 年下降了将近 18%。因此，消费者企业中绿色食品加工、北药企业、林纸生产企业的发展将推动黑龙江国有林区第二产业的持续发展，缓解全面停伐政策对第二产业产生的影响，进而带动黑龙江国有林区林业产业经济的发展。黑龙江国有林区现代林业产业生态系统还包括直接依托森林景观资源而形成的森林旅游业，森林旅游业属于第三产业范畴。2001—2018 年第三产业产值一直呈上升趋势，2017—2018 年成为三大产业中的优势产业，但与第一产业的差距并不大，优势地位并不明显。因此，消费者企业的发展将有利于继续推动第三产业的发展，进而促进林区林业产业的发展。黑龙江国有林区现代林业产业生态系统消费者企业的发展能够带动黑龙江国有林区产业经济的发展，进而对产业经济子系统产生一定的影响。

7.1.3 分解者企业映射

分解者企业是指利用现代林业产业生态系统内生产者企业、消费者企业所产生的剩余物或废弃林产品进行回收以及垃圾处理等企业类型，分解者企业主要映射为生态环境子系统。

黑龙江国有林区现代林业产业生态系统分解者企业是协助产业类型，在整个系统中占据十分重要的地位，系统内若不存在分解者企业，将无法完成系统的循环及运行，现代林业产业生态系统的物质循环功能将终止，可能导致整个系统的崩溃。现代林业产业生态系统分解者企业主要是废弃林木资源的回收以及垃圾处理等企业，这些企业类型均有利于改善黑龙江国有林区的生态环境，黑龙江国有林区现代林业产业生态系统若没有废弃林产品回收及垃圾处理企业将给生态环境带来严重的危机，导致生产者企业的数量和质量有所下降，进而消费者企业的发展也会受到阻碍。因此，分解者企业通过处理生产者企业和消费者企业所产生的废弃物以减轻废弃物对环境的破坏，充当产业经济发展与生态环境保护之间的桥梁，缓解二者之间的矛盾关系，促进二者协调统一发展。

黑龙江国有林区现代林业产业生态系统的生产者企业、消费者企业和分解者企业均具有一定的社会功能，能够提供就业岗位，因此，现代林业产业系统的构成要素都可以映射为社会发展子系统。现代林业产业生态系统通过生产者企业、消费者企业和分解者企业的功能映射，与目前黑龙江国有林区已经形成的经济-社会-生态复合系统相结合，形成具有生产者、消费者和分解者功能的林业资源、产业经济、社会发展和生态环境四个子系统，4 个系统自身的发展以及系统之间的物质和能量交换最终构成黑龙江国有林区现代林业产业生态系统的结构模型。

7.2 现代林业产业生态系统结构模型

黑龙江国有林区现代林业产业生态系统结构模型的构建主要应用系统动力学方法。系统动力学是美国麻省理工学院 Jay W. Forrester 教授于 1956 年创立的一门分析和模拟动态复杂系统的学科，是沟通自然科学和社会科学等领域的横向学科(张晶，2012)，其模型可作为实际系统，特别是社会、经济、生态复杂大系统的“实验室”(钟永光等，2016)，这恰巧与黑龙江国有林区这一特殊区域相吻合，因此，选取系统动力学方法建立黑龙江国有林区现代林业产业生态系统结构模型。应用系统动力学方法建立系统模型是对现实系统进行缩小及抽象，首先应确定系统的边界，即确定哪些因素应该包含在模型范围内、哪些因素不应该包含其中，按照系统动力学模型的主要观点把所研究的模型系统设定成一个闭合系统，以此确定界限内各因素的关系。以此充分反映现代林业产业生态系统具有的生产者、消费者和分解者功能，实现黑龙江国有林区产业、资源、环境的互利共生。

黑龙江国有林区现代林业产业生态系统结构主要是把生产者企业、消费者企业和分解者企业分别映射到黑龙江国有林区林业产业生态系统内。其中生产者企业主要映射为林业资源子系统，生产者企业主要为整个系统提供物质及原材料；消费者企业主要映射为产业经济子系统，消费者企业是整个系统发展的核心内容；分解者企业主要映射为生态环境子系统，分解者企业主要是减少整个系统对环境的污染，起到净化生态环境的作用，同时三者共同映射为社会发展子系统。通过现代林业产业生态系统构成要素的映射把现代林业产业生态系统结构划分为林业资源、产业经济、社会发展和生态环境四个子系统，他们之间既存在相互促进又存在相互矛盾的关系，各子系统之间的关系如图 7-1 所示。其中“+”表示正反馈，即因变量和自变量同方向变化，“-”表示负反馈，即因变量和自变量反方向变化。

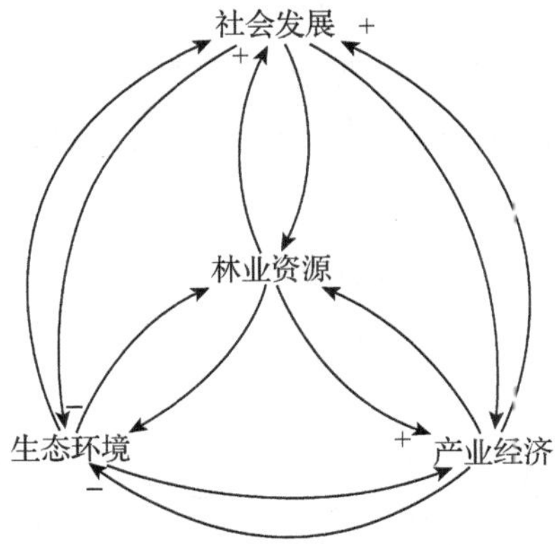

图 7-1　现代林业产业生态系统各子系统之间相互关系

从图 7-1 可以看出，黑龙江国有林区现代林业产业生态系统结构各子系统之间的相互关系。其中林业资源子系统对产业经济、生态环境和社会发展系统具有正反馈关系，也就是说林业资源对促进黑龙江国有林区产业经济发展、社会进步和优化生态环境均具有正向影响，林业资源子系统发展越好，产业经济、社会发展和生态环境子系统也会发展越好。产业经济对社会发展具有正反馈关系，产业经济发展将促进社会发展及进步。一般来说，产业经济和社会发展对生态环境子系统应具有负反馈关系，也就是说产业经济和社会的发展将会给生态环境带来一定的负影响，产业经济与社会发展产生的“垃圾”将影响黑龙江国有林区的生态环境。但构建现代林业产业生态系统应促使产业经济和社会发展对生态环境的正向影响。产业经济发展的同时应注重对生态环境的保护，对资源实行保护性利用，并及时进行资源的培育，缓解二者的负反馈关系。因此，构建黑龙江国有林区现代林业产业生态系统结构模型，通过合理的现代林业产业生态系统结构，能够实现国有林区林业产业发展与生态环境保护之间的共生、协调发展。

7.2.1　林业资源子系统

林业资源子系统主要体现生产者企业的功能，是现代林业产业生态系统的物质基础，为其运行提供物质保障。林业资源子系统通过森林资源的变化及其对外界提供的物质及能量影响林业产业生态系统的功能及结构，同时也影响着现代林业产业生态系统的发展方向。林业资源子系统结构主要是模拟林业资源自身的变化情况及其对整个系统的影响，主要包括造林面积、有林地造林面积、无林地造林面积、林分总面积、木材产量、森林蓄积量、总生长量等因素，这些因素的相互作用和影响形成彼此之间的因果反馈图，如图 7-2 所示。其中，形成了森林蓄积量-木材产量-森林蓄积量的负反馈，森林蓄积量-总生长量-森林蓄积量的正反馈闭合回路。负反馈回路说明随着森林蓄积量的增多，其可供采伐的林木资源增多，但由于采伐限额等相关政策的影响，木材产量有所减少，目前，黑龙江国有林区全面停伐政策的实施，使得木材产量进一步削减；正反馈回路说明随着森林蓄积量的增多，加之林木自然生长量，进而会促使森林蓄积量的进一步增加。林业资源子系统中各因素的变化会对生产者企业产生一定的影响，木材产量、造林面积、总生长量等因素均会对生产者企业的规模和数量产生影响。

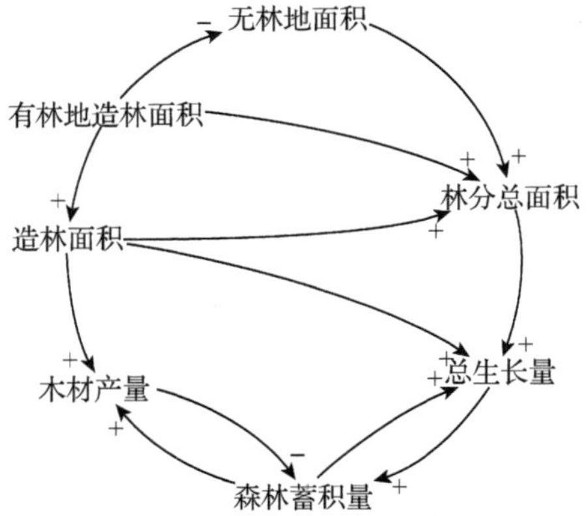

图 7-2　林业资源子系统结构模型

林业资源子系统由现代林业产业生态系统的生产者企业映射而来，其中必然表现生产者企业的功能，生产者企业类型的增加将有利于增强林业资源子系统的正反馈关系。通过黑龙江国有林区森林资源的培育和管护，将有利于提高黑龙江国有林区内森林蓄积量，增强森林蓄积量-总生长量-森林蓄积量的正反馈关系，反之，森林蓄积量的增多将有利于生产者企业的发展及规模的扩大。黑龙江国有林区全面停止天然林商业性采伐，这一政策的实施将有利于黑龙江国有林区造林面积的增加，将有利于促进林木生产，提高森林蓄积量。林业资源子系统是现代林业产业生态系统的物质基础，充分体现生产者企业的基础产业地位，林业资源子系统的正向发展将会促进产业经济、社会发展和生态环境三个子系统的正向影响。黑龙江国有林区构建现代林业产业生态系统的目的是实现林业产业发展与生态环境保护的协调发展，林业资源子系统的良性循环和运行，将对产业经济和生态环境保护均具有激励作用。黑龙江国有林区资源优势明显，在产业经济子系统合理利用的情况下，自然会发挥黑龙江国有林区林业资源不可替代的生态效益，优化生态环境，进而促进产业经济与生态环境的共生发展。

7.2.2 产业经济子系统

产业经济子系统主要体现消费者企业的功能，是现代林业产业生态系统的动力源泉，是整个系统运行的核心力量。黑龙江国有林区已经形成了集第一产业、第二产业和第三产业的林业产业体系，其发展在一定程度上依托林业资源。产业经济子系统结构主要是模拟黑龙江国有林区三大产业对林区经济发展及 GDP 的影响，主要包括林业总投资、林业总产值、第一产业产值、第二产业产值、第三产业产值、GDP、人均 GDP 和经济发展等因素，这些因素之间的相互作用和影响形成彼此之间的因果关系反馈图，如图 7-3 所示。其中形成了林业总产值-GDP-林业总投资-林业总产值的正反馈、林业总投资-林业总产值-经济发展-GDP-林业总投资的正反馈闭合回路图。第一条正反馈闭合回路说明三大产业产值使得林业总产值增加的同时，也为 GDP 做出了贡献，进而增加对林业的总投资，并进一步刺激林业总产值的增加；第二条正反馈闭合回路说明随着林业总投资的增加，黑龙江国有林区林业总产值有所提高，进而带动整个林区的经济发展及 GDP 的增长，同时反过来获得更多的投资额。产业经济子系统同时也受到生产者企业和消费者企业的影响，生产者企业和消费者企业的经营内容、企业规模及数量均会对产业经济子系统中三大产业产值、林业总投资带来一定的影响，进而影响正反馈回路的循环。

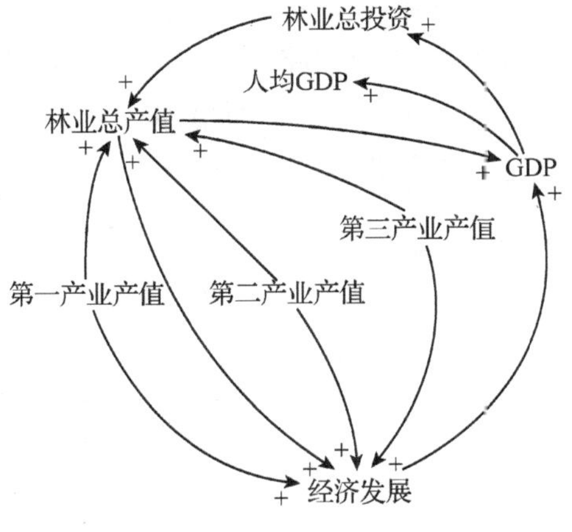

图 7-3 产业经济子系统结构模型

产业经济子系统由现代林业产业生态系统的消费者企业映射而来，其中必然表现消费者企业的功能。消费者企业通过木材加工企业、家具制造企业、绿色食品加工和北药企业、林纸生产企业以及森林旅游等企业类型促进第二产业和第三产业产值的增加，进而促进林业总产值-GDP-林业总投资-林业总产值的正反馈回路的正向发展。黑龙江林区全面停止天然林商业性采伐政策的实施，首先会对产业经济子系统产生很大的影响，尤其是对第二产业的发展。通过林业产业产值数据显示，2014 年第二产业产值出现下降，这将会给产业经济子系统带来影响，第二产业产值对经济发展具有正反馈关系，进而对整个林区产生影响。因此，黑龙江国有林区现代林业产业生态系统中消费者企业的选择和构成将影响产业经济子系统的结构。应大力发展消费者企业中的绿色食品加工业、北药业、森林旅游业、林业基础服务业、非木质林产品加工业等，以此促进产业经济发展。但在促进产业经济发展的同时也应减轻对生态环境的破坏。产业经济子系统作为现代林业产业生态系统的动力源泉及核心力量，因此，在其良性发展的过程中应减轻对环境的破坏，实现二者的协调发展。

7.2.3 社会发展子系统

社会发展子系统主要体现现代林业产业生态系统所有构成要素的功能，是现代林业产业生态系统的活动对象，同时也是整个系统运行的活动中心。黑龙江国有林区是依托森林资源利用而形成的特殊区域，其中人类活动是该区域不可或缺的影响因素。资源的开发利用对产业经济的贡献、对生态环境的影响均离不开人类活动。社会发展子系统结构主要是模拟黑龙江国有林区人类活动对整个系统的影响，主要包括林业总产值、资源供给、林业资源需求、消费水平、人口总量、GDP、人均GDP和生活质量等因素，这些因素的相互作用和影响形成彼此之间的因果关系反馈图，如图7-4所示。其中形成了消费水平-林业资源需求-资源供给-林业总产值-GDP-消费水平的正反馈、GDP-人均GDP-生活质量-消费水平-林业资源需求-资源供给-林业总产值-GDP的正反馈闭合回路图。闭合回路说明GDP的增长提高人们的生活质量，生活质量带动消费的增长，进而增加对林业资源的需求，促进林业总产值的增加，林业总产值的增加会带动GDP的增长。

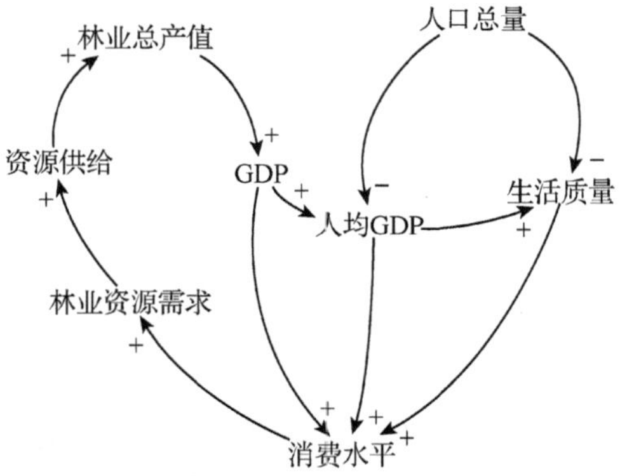

图 7-4 社会发展子系统结构模型

社会发展子系统由现代林业产业生态系统全部构成要素映射而来，体现人类活动以及人类活动对产业经济、生态环境、林业资源的影响。首先，人类活动会对产业经济产生一定的影响。现代林业产业生态系统内全部的构成要素均会有人类活动参与其中，通过人类劳动将材料转化成产品，体现劳动价值的同时对产业经济的发展做出巨大贡献。目前，黑龙江国有林区全面停伐政策的实施，使得消费者企业中绿色食品加工、北药企业、森林旅游等企业将得到快速的发展，以此带动受停伐政策影响的其他产业的发展，提高林区林业总产值，进而提升地区 GDP，带动地区消费，增加资源需求，同时增加供给，进而反过来又会促进林区总产值的增加，增强社会发展子系统内正向反馈回路。其次，人类活动对生态环境产生一定的影响。人类活动对生态环境的影响一方面体现在人类活动对高质量生态环境的要求，需要一个高质量的生活环境，另一方面体现在人类活动会产生一定的生活垃圾，这些垃圾又会对环境造成一定的破坏。最后，人类活动会对资源产生一定的影响。人们生活质量的提高，会提升其消费水平，消费水平的提高将带动地区经济的发展，经济发展的同时需要资源充足的供给，若不处理好二者之间的关系，经济发展与资源供给之间将产生矛盾。社会发展子系统作为现代林业产业生态系统的活动中心，应起到协调各子系统关系的作用，促使各子系统之间协调、有序、互利共生、可持续发展。

7.2.4　生态环境子系统

生态环境子系统主要体现分解者企业的功能，是黑龙江国有林区现代林业产业生态系统的重要因素，是整个系统未来发展的方向标。生态环境的变化，势必对产业经济、社会发展及林业资源产生重要的影响。党的十八大生态文明建设的提出以及黑龙江国有林区全面停伐政策的实施，越发凸显生态环境的重要性，生态环境子系统为其他子系统的运行提供环境基础，同时也为整个系统提供重要的环境保障。生态环境子系统结构主要是模拟人类、森林资源及相关产业经济活动对生态环境的影响情况，主要包括人口总量、人均森林面积、造林面积、森林覆盖率、生活垃圾、“三废”排放量、生态环境状况、生态环境压力等因素，这些因素的相互作用和影响形成彼此之间的因果关系反馈图，如图 7-5 所示。其中形成了人均森林面积-森林覆

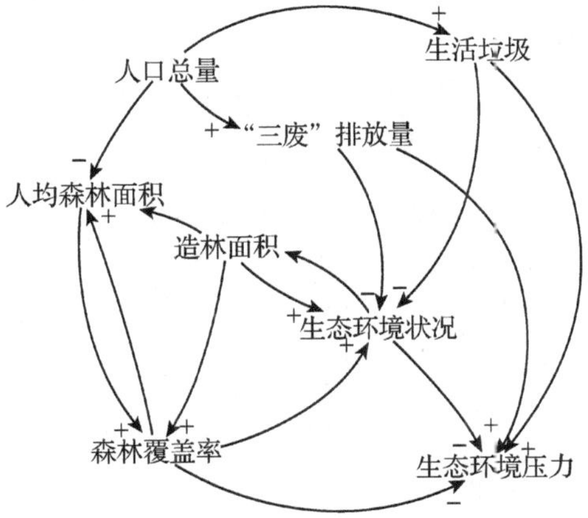

图 7-5　生态环境子系统结构模型

盖率–人均森林面积的正反馈、造林面积–森林覆盖率–生态环境状况–造林面积正反馈闭合回路图。闭合回路说明随着人口数量的增多，会对森林资源和生态环境造成一定程度的影响，进而会通过造林改善生态环境，同时随着造林的增加使得森林覆盖率有所提升。

生态环境子系统由现代林业产业生态系统的分解者企业映射而来，其中必然表现分解者企业的功能。现代林业产业生态系统中分解者企业是协助产业类型，但在整个系统中具有非常重要的意义。现代林业产业生态系统若没有分解者企业的存在，将影响整个系统的循环、物质和能量流动，甚至会导致系统的瓦解。生态环境子系统为其他子系统的运行提供环境保障，同时其他系统的运行也给生态环境带来一定的影响。社会发展子系统中人口数量的增多，将产生大量生活垃圾，加大生态环境压力，导致生态环境状况下降。若重视产业经济的发展，加工企业排放生产废弃物，没有分解者企业对其废弃物进行处理，也会加大生态环境压力，恶化生态环境状况。林业资源子系统中造林面积的增加，即生产者企业内的森林资源的培育和保护的大力发展，将有利于提升系统的造林面积，造林面积的增加将有利于提高系统内森林覆盖率，通过森林资源本身所发挥的生态效益，就可以使得系统内生态环境得以优化，提升生态环境质量。黑龙江国有林区现代林业产业生态系统中生态环境子系统运行不佳，将会给其他子系统的运行带来影响。因此，生态环境子系统作为现代林业产业生态系统的环境保障，应与其他子系统协调发展，相互利用、相互促进。

黑龙江国有林区现代林业产业生态系统 4 个子系统之间通过各系统要素相互联系、相互制约，共同促进黑龙江国有林区现代林业产业生态系统发展，其总体结构如图 7-6 所示。黑龙江国有林区现代林业产业生态系统林业资源子系统为其提供物质基础，社会发展子系统是其活动对象，产业经济子系统为其发展提供动力源泉，生态环境子系统为整个系统提供环境保障，4 个子系统之间彼此促进、互相制约。

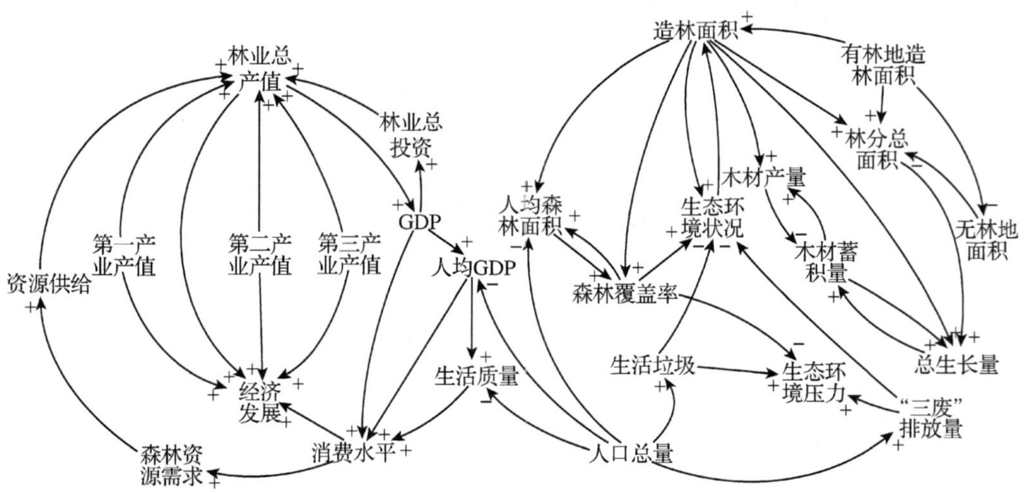

图 7-6　现代林业产业生态系统总结构图

构建黑龙江国有林区现代林业产业生态系统的目的是协调产业经济发展与生态环境保护之间的关系，促进二者协调、互利共生发展。因此，黑龙江国有林区现代林业产业生态系统结构模型中的4个子系统彼此都是正向反馈关系，相互促进、共同发展，以实现构建现代林业产业生态系统的目的。

7.3 黑龙江国有林区现代林业产业生态系统运行模式

黑龙江国有林区现代林业产业生态系统参照自然生态系统的运行规律由生产者企业、消费者企业和分解者企业构成，形成人与社会、自然通过物质、能量、营养、信息及技术等要素互相流动与转换的复杂系统。其中生产者企业、消费者企业和分解者企业之间通过种内和种间关系的不同将形成不同的系统运行模式。在自然生态系统中，生产者、消费者和分解者以食物链的形式进行物质和能量的传递，而各构成之间的数量及结构关系将对系统产生一定的影响。假设消费者仅以生产者为食，当消费者个数为零时，生产者数量会呈指数增长，当消费者出现之后，生产者的数量会有所下降，而生产者全被消费者消耗了之后，消费者的数量也会相应地减少。这就是自然生态系统中的一种循环行为，即生产者数量激增后必然伴随着消费者峰值的到来，然后生产者几乎被消灭，此后就是消费者数量迅速减少或者消失，当消费者数量很少时，生产者数量又增加并按照这一模式继续循环。

黑龙江国有林区现代林业产业生态系统构成要素之间的数量和结构也会对系统的运行产生一定的影响，为了实现产业发展与生态环境的协调统一，现代林业产业生态系统可以按照循环型、互利共生型和生态产业园模式运行。在实际运行过程中，可根据黑龙江国有林区所辖林业局的实际情况选择适宜的运行模式。

7.3.1 循环型模式

循环型模式是指现代林业产业生态系统充分利用林区内自然可再生资源，减少资源投入，强化系统内生产者企业、消费者企业和分解者企业之间的协调，实现物质能量的优化配置和梯级利用，提高资源利用效率，实现废弃物的循环再利用，以最少的资源利用实现黑龙江国有林区经济、社会和生态效益的最大化(李健和周慧，2007)，这种模式与自然生态系统的运行模式最为相似。

黑龙江国有林区现代林业产业生态系统的循环型模式表现在生产者企业为消费者企业提供原料，消费者企业为分解者企业提供原料，分解者企业为生产者企业提供原料过程中进行物质、能量、营养和价值交换的一个良性循环模式。其中，生产者企业作为现代林业产业生态系统的基础产业类型，是整个循环型模式的起点，通过黑龙江国有林区内形成的森林资源以及依托森林资源形成的森林资源培育和管护企业、非木林产品的种植和采集企业、林下种植养殖企业为消费者企业提供生产经营的物质材料。消费者企业主要包含初级消费者企业和次级消费者企业，二者均以生产者提供的物质为原料。消费者企业是整个循环型模式的重要组成部分，是现代林业产业生态系统循环型模式的核心产业类型。消费者企业包括以自然森林资源、林木资源加工制造、林下资源的利用而形成的加工或林业基础服务的企业类型，消费者企业主要是为生产者提供资源，现代林业产业生态系统通过对消费者企业的选择提高资源的利用效率，达到资源的优化配置。分解者企业是整个循环型模式的衔接部分，现代林业产业生态系统若没有分解者企业的存在将不形成循环模式，是现代林业产业生态系统循环模式的连接、协助产业类型。分解者企业主要通过对系统内废弃林木资源的回收以及其他构成企业所产生的垃圾进行处理，实现废弃物的循环再利用，减少废弃物的排放量。同时，消费者企业内部也可以通过清洁生产技术，实现生产加工、林下种植养殖业全过程的无污染化，最终生产出具有环保功能的清洁林产品。现代林业产业生态系统的循环模式是实现资源-废弃物-再生资源的良性循环，在整个循环模式中，生产者企业、消费者企业和分解者企业按照自然生态系统的运行规律和模式，逐级利用和转化，进而实现经济与环境的协调发展，林区经济、社会和生态效益的最大化。

7.3.2 互利共生型模式

互利共生型模式是指现代林业产业生态系统内各构成要素之间所形成的一种互利共生关系，这种关系不仅单纯追求现代林业产业生态系统内生产者企业、消费者企业和分解者企业的循环，而且更加重视各构成要素之间共生关系的运行模式。这种互利共生模式是从非共生模式到偏共生模式，最终达到互利共生模式。非共生模式主要体现黑龙江国有林区内林业产业与森林生态环境之间的一种捕食关系，林业产业和森林生态系统中一方对另一方造成破坏，但并不获利。偏共生模式是从非共生到互利共生之间转换的中间类型，林业产业和森林生态资源中一方有利而对另一方无害(张智光，2011)。林业产业与森林生态环境在逐渐演化升级，最终形成互利共生模式将实现双方均获利。但双方均获利的互利共生模式也会存在产业优先或是生态优先两种类型，利润在二者之间分配并不对称。现阶段来看，生态优先模式虽然更有利于系统的发展，但要使系统更加稳定，对称的互利共生模式最为理想。

黑龙江国有林区现代林业产业生态系统是一种对称的互利共生模式，即林业产业与森林生态环境之间达到均衡的获利状态。在现代林业产业生态系统中，消费者企业的发展将带动林区林业产业发展，在促进消费者企业发展的同时，应注重林业的生态建设，符合林业的生态建设要求。一方面，消费者企业在利用生产者企业的产品获得收益的同时，应加大对生产者企业进行培育、管护、营造森林，使得森林资源不断增长，实行自愿的保护性开发利用，同时各消费者企业也应通过构建内部的循环发展模式，实现资源利用和废弃物排放的最小化，以减少对森林生态环境的破坏；另一方面，消费者企业所产生的利润可按一定比例作为生态建设和保护资金，做到专款专用，促进双方的对称发展。反之，在生产者企业中林木资源的培育方面，可加大人工林的培育，发展林下种植养殖业，改善黑龙江国有林区生态环境的同时为消费者企业提供物质资源。现代林业产业生态系统互利共生模式能够实现林业产业发展与森林生态环境的互利共生，在整个互利共生模式中，各构成要素之间互相促进、互利共生、协调发展，尤其是生产者企业和消费者企业，进而实现黑龙江国有林区林业产业发展与森林生态环境保护之间的协调统一。

7.3.3 生态产业园模式

生态产业园模式主要是在生态产业发展的理念下，黑龙江国有林区现代林业产业生态系统按照生态产业园建设的要求和标准运行，最大限度地利用资源并减少对环境危害的一种运行模式。生态产业园是模仿自然生态系统的一种实践形式，是将经济发展与环境保护有机结合的新模式，旨在实现整个园区的经济、社会、环境的可持续发展。构建黑龙江国有林区现代林业产业生态系统就是为了缓解产业经济发展与生态环境保护之间的矛盾，这与生态产业园建设的目标一致。因此，黑龙江国有林区现代林业产业生态系统可在生态产业发展的理念下，按照生态产业园的形式运行。

黑龙江国有林区现代林业产业生态系统模仿自然生态系统的结构和功能，由生产者企业、消费者企业和分解者企业构成，3 个构成要素可以分别形成一个小型的生态产业园区。现代林业产业生态系统内的生产者企业可以形成改造型的生态产业园，即生产者企业在黑龙江国有林区现有资源的基础上进行进一步的开发利用。黑龙江国有林区现代林业产业生态系统的生产者企业主要从事森林资源培育和管护以及林下产品的开发和利用，在现有资源的基础上进一步加工改造，达到整体效益最大化，进而能够充分发挥森林资源的生态效益。现代林业产业生态系统内的消费者企业可以形成核心企业主导型的生态产业园，即消费者企业内存在一个或几个核心主导企业，形成关键种企业，其他企业均依托于核心企业发展。黑龙江国有林区现代林业产业生态系统消费者企业可以形成林木精深加工、绿色食品加工等多个关键种企业，以此带动其余消费者企业的发展，进而促进现代林业产业生态系统的快速发展。现代林业产业生态系统内的分解者企业可以形成全新型的生态产业园，即建立资源废弃物-能量之间的变换关系，使得分解者企业能够充分发挥美化环境的功能。黑龙江国有林区现代林业产业生态系统的构成要素可以形成小型的生态产业园，同时整个现代林业产业生态系统也可以是一个生态产业园，即三者之间相互促进、相互合作、互利共生，进而提升现代林业产业生态系统的能源利用效率，达到清洁生产、循环利用的目的，有效缓解黑龙江国有林区产业发展与生态环境之间的矛盾，促进二者的协调可持续发展。

7.4 小　结

本章主要阐述黑龙江国有林区现代林业产业生态系统结构模型及运行模式。首先，依托现代林业产业生态系统中生产者企业、消费者企业和分解者企业的功能，把生产者企业映射为林业资源子系统，消费者企业映射为产业经济子系统，分解者企业映射为生态环境子系统，三者共同映射为社会发展子系统。其次，根据现代林业产业生态系统内构成要素的映射，应用系统动力学方法构建黑龙江国有林区现代林业产业生态系统的结构模型，包括林业资源子系统、产业经济子系统、社会发展子系统和生态环境子系统。最后，构建现代林业产业生态系统的运行模式，包括循环型、互利共生型和生态产业园模式。

8 黑龙江国有林区现代林业产业生态系统实现路径及保障对策

按照自然生态系统的规律及其构成，从生产者企业、消费者企业和分解者企业构建了现代林业产业生态系统，并将其映射到林区所形成的经济-社会-生态环境复合生态系统中，形成了林业资源、产业经济、社会发展和生态环境四个子系统，4个子系统之间相互作用促使现代林业产业生态系统具有较强的适应性和稳定性。为了能够促使林业产业生态系统向现代林业产业生态系统演化、现代林业产业生态系统的持续稳定运行和发展，提出实现路径及相应的对策措施。

8.1 黑龙江国有林区现代林业产业生态系统实现路径

根据黑龙江国有林区林业产业生态系统适应性和稳定性评价结果来看，总体上，黑龙江国有林区35%的林业局处于适应性弱-稳定性弱的第三象限，其主要影响因素是国家经济投资、关键种企业、技术创新能力和区位资源优势，因此提出资源引导路径、资金支撑路径和产业拉动路径，推动黑龙江国有林区林业产业生态系统向现代林业产业生态系统转变。

8.1.1 资源引导路径

资源引导路径主要是指通过提高黑龙江国有林区造林面积、封山育林面积和抚育改造面积以改善林区的资源现状，实现林业产业生态系统稳定性的增强，该路径适用于稳定性较弱的林区，主要包括鹤立、清河、铁力、桃山、金山屯、美溪、翠峦、乌马河、上甘岭林业局和带岭实验局，尤其是促进适应性强-稳定性弱的林业局向适应性强-稳定性强的象限演进。

资源引导路径主要适用于稳定性较弱的林业局，其中稳定性评价指标体系包括造林面积、封山育林面积和森林抚育面积等，这几项指标值的增长将有助于提升响应指标值，进而提升林业产业生态系统的稳定性。处于第二象限的林业局这几项指标值较低，尤其是封山育林面积几乎都为零，因此导致稳定性较弱。这几项指标能够反映林区的资源现状，资源数量和质量的提高有利于提高指标值，进而提升林业产业生态系统的稳定性。同时，区位资源优势也是影响林业产业生态系统的关键因素，区位资源的现状会对林业产业生态系统产生十分重要的影响。但目前黑龙江国有林区资源现状并不乐观，导致稳定性评价指标的响应指标值很低。因此，资源引导路径就是通过改善处于第二象限的林区的资源现状，以优质的资源状况为演进方向，提升林业产业生态系统的稳定性，促进其向第一象限演进，实现构建现代林业产业生态系统的目标。

8.1.2 资金支撑路径

资金支撑路径主要是指通过提高林业产业发展投资额、林业支撑和保障投资额以及生态建设和保护投资额以保障林业产业生态系统的资金需求，实现林业产业生态系统适应性的增强，该路径适用于适应性较弱的林区，主要包括桃山、乌伊岭、海林、双鸭山、鹤立和迎春林业局，促进适应性弱-稳定性强的林业局向适应性强-稳定性强的象限演进。

资金支撑路径主要适用于适应性较弱的林业局，其中适应性评价指标体系包括林业产业发展投资额、林业支撑和保障投资额以及生态建设和保护投资额，这几项指标值的增加将有利于增强黑龙江国有林区林业产业生态系统的适应性。处于第四象限的林区这几项指标值均较低，尤其是林业产业发展投资额和林业支撑和保障投资额，有的林业局的指标值为零，导致林业产业生态系统适应性较弱。林业产业生态系统适应性指标中这几项指标能够体现资金对林业产业生态系统适应性提升的重要性，同时国家经济投资是影响林业产业生态系统最关键的因素，资金现状会对林业产业生态系统产生十分重要的影响。但从适应性评价指标的原始数据来看，黑龙江国有林区的资金支撑有限，多数林业局这几项指标值均为零，导致目前黑龙江国有林区林业产业生态系统适应性较弱。因此，资金支撑路径就是通过增加处于第四象限的林区的投资额，以资金作为林业产业生态系统演进的保障，提升林业产业生态系统的适应性，促进其向第一象限演进，实现构建现代林业产业生态系统的目标。

8.1.3 产业拉动路径

产业拉动路径主要是指通过产业结构的不断调整和优化、产业转型以带动林区产业经济的发展，实现林业产业生态系统适应性和稳定性的增强，该路径适用于适应性弱-稳定性弱的林区，主要包括桃山、鹤立、乌伊岭、双鸭山、迎春、鹤北、东方红、清河、沾河、南岔、金山屯、翠峦、上甘岭林业局和带岭实验局，促进适应性弱-稳定性弱的林业局向适应性强-稳定性强的象限演进。

产业拉动路径主要适用于适应性弱-稳定性弱的林业局，通过产业结构调整和优化、产业转型等带动林区产业经济发展，其中产业结构表现为产业主导性。产业主导性即黑龙江国有林区三大产业的比重对林业产业生态系统适应性和稳定性均有影响，同时产业主导性也是影响林业产业生态系统的因素，虽不是关键因素，但对其他因素的影响很大。处于第三象限的林业局中桃山和海林林业局的适应性较弱，其产业结构不协调，第三产业所占比重很小。清河林业局和铁力林业局的稳定性较弱，二者均是第二产业的比重较大。目前，黑龙江国有林区作为停伐试点，第二产业的发展势必受到影响，导致林业产业生态系统具有较弱的适应性和稳定性。因此，产业拉动路径主要通过调节黑龙江国有林区林业产业生态系统的产业结构，使产业结构逐渐趋于合理，进而促进林区产业经济发展，推动林区产业转型，以优势产业作为林业产业生态系统的演进动力，提升林业产业生态系统的适应性和稳定性，促进其向第一象限演进，实现构建现代林业产业生态系统的目标。

8.2 黑龙江国有林区现代林业产业生态系统的保障对策

为了促使黑龙江国有林区林业产业生态系统能够按照现代林业产业生态系统的实现路径不断演化，现代林业产业生态系统持续、稳定运行，从资源环境、经济和产业方面提出现代林业产业生态系统的实现对策，以保证向现代林业产业生态系统的正向演化。

8.2.1 资源的培育与环境保护

随着经济和社会的快速发展，人与生态环境之间的关系面临着新问题，人类的社会活动正在改变整个生态系统，生态环境问题也逐渐成为国际社会关注的热点问题，世界各国通过制定相应的法律法规、采取有效的环境保护措施改善生态环境，满足人们对高质量生态环境的要求。森林资源在保护生态环境中发挥着不可替代的作用，尤其是具有较高森林覆盖率的国有林区。森林资源具有调节气候、防风固沙、涵养水源、保护生物多样性等多种功能，是调节生态系统平衡的支柱，是自然界的绿色宝库。因此，通过调整森林资源的面积和蓄积量对有效保护生态环境具有重大意义。黑龙江国有林区具有丰富的森林资源，同时也是一个复杂的生态系统，发挥着重要的生态保护作用，但由于历史原因造成林区陷入经济和资源的双重困境。因此，通过构建黑龙江国有林区现代林业产业生态系统保护生态环境，提升林区森林质量，在获取经济效益的同时减少现代林业产业生态系统内企业对环境的污染排放量，减轻环境自恢复负担，进而提升林业产业生态系统的适应性和稳定性，促进资源引导路径的有效实施。

黑龙江国有林区现代林业产业生态系统要求系统内的一切生产活动不能超出生态的承载力，均在国家制定的生态红线内实施生产经营，系统内企业必须依据清洁生产和循环经济原理减轻污染排放量，缓解生态环境压力。林业产业生态系统向现代林业产业生态系统的演进也要按照现代林业产业生态系统的构建要求和目标进行，因此，从森林资源培育、污染治理和生态承载力方面推动林业产业生态系统的正向演化。

8.2.1.1 加大森林资源培育力度

黑龙江国有林区丰富的森林资源使其具有重要的生态地位，是国家木材资源战略储备基地，在保护生态环境、应对气候变化、保障国家木材供给方面发挥着重要作用，这些优势均离不开林区丰富的森林资源。林区所具有的资源优势是影响林业产业生态系统的关键因素，同时林区森林资源的数量和质量对增强林业产业生态系统适应性和稳定性具有重要作用，有利于促进其向现代林业产业生态系统演进。因此，黑龙江国有林区的森林资源现状能够有效促进林业产业生态系统按照资源引导路径向现代林业产业生态系统演进。

黑龙江国有林区天保工程的实施，缓解了林区的资源危机和经济危困，在保护黑龙江国有林区资源的同时改善生态环境，其中加大森林资源的培育力度是改善林区环境，实现林区可持续发展的途径之一。首先，建立完善的森林资源培育体系。森林资源培育是实施森林资源可持续经营的基础和前提，森林可持续经营的核心是增加森林资源数量、提高森林资源质量，通过调整林分结构、经营结构等推进森林资源的可持续经营。其次，进行低质低效林改造。坚持低质低效林改造，扩大采育林，提高森林资源培育质量。最后，通过分类经营，调整和优化森林资源结构。在黑龙江国有林区不同森林经营类型区内实施分类经营，进行天然林和人工林经营方式试点，缩短森林培育周期，达到调整和优化森林资源结构的目的。通过培育森林资源，改善黑龙江国有林区生态环境的同时也能有效提升林区林业产业生态系统的适应性和稳定性，使其向现代林业产业生态系统演进。黑龙江国有林区林业产业生态系统的稳定性评价是通过响应指标与干扰指标的比值来衡量的，其中响应指标包括造林面积、封山育林面积和森林抚育面积，这些指标均能够增加黑龙江国有林区森林资源的蓄积量，同样通过培育森林资源也会提高响应指标，增强林业产业生态系统的稳定性，同时区位资源优势也是影响林业产业生态系统稳定性的关键影响因素。同样，黑龙江国有林区林业产业生态系统的适应性也是从经济和环境两方面展开的，森林资源的培育、林区生态环境的改善，会提升林业产业生态系统的适应能力。黑龙江国有林区林业产业生态系统适应性和稳定性的增强是构建现代林业产业生态系统所要达到的最终目的。因此，通过加大森林资源的培育力度，有效改善林区森林资源质量，完善林区生态环境，提升林业产业生态系统适应能力，增强林区林业产业生态系统稳定性，促进其向现代林业产业生态系统演进，并促进现代林业产业生态系统持续、稳定运行。

8.2.1.2 鼓励企业实施污染治理

黑龙江国有林区是全国最大的国有重点林区和森林工业基地，森林覆盖率85.1%，高于全省31.9个百分点，一直以来发挥着重要的经济、社会和生态效益。

黑龙江国有林区已经依托木材形成了第一产业、第二产业和第三产业的林业产业体系，但林区由于长期的木材供给，使得林区可采资源减少，林分质量下降，直接影响林区生态环境效益的发挥，而且林区部分产业的发展所排放的污染物会对环境造成一定的影响，比如木材加工制造业、林产化工业等。因此，黑龙江国有林区势必进行"边发展、边治理"的产业发展策略，遵循清洁生产及循环经济产业发展理念，实现企业的低排放或零排放。通过系统内各产业间的关联组建生态产业链网，按照自然生态系统的物质循环和能量流动的方式，实现系统内的自循环，促进企业发展的同时，减少其对环境的污染排放，以充分发挥分解者企业的功能。林业产业生态系统向现代林业产业生态系统的演进应按照现代林业产业生态系统的运行模式，实施污染治理，以提升适应性和稳定性。

黑龙江国有林区林业产业生态系统可通过内部和外部的双循环实现保护生态环境、促进其正向演进的目的：一方面通过林业产业生态系统内部循环实现保护生态环境的目的，系统内企业自身实行清洁生产，具备一定的污染处理能力，但由于企业污染处理的费用较高，林区有些企业的发展水平不足以承担昂贵的治理费用，政府可以给予一定的鼓励政策或经济支持，满足企业自身进行污染处理的条件；另一方面通过林业产业生态系统的外部循环实现保护生态环境的目的，现在林业产业生态系统由生产者企业、消费者企业和分解者企业组成，其中分解者企业承担着整个系统的末端处理职责，一般由污染处理企业扮演分解者角色，这部分企业专门从事污染处理，主要对系统内部企业所产生的废弃物或污染物进行一定的加工处理，减少污染物的排放量或经过再加工处理重新进入系统循环当中，最终目的均是污染物的低排放或零排放。目前，黑龙江国有林区林业产业生态系统可以通过发展循环经济产业、绿色食品加工产业、清洁能源产业等，一方面促进林区产业转型，另一方面扮演现代林业产业生态系统中分解者企业的角色，发挥分解者企业的作用。但这些产业的发展初期不仅需要大量的资金支持，同时也需要较高水平的技术创新能力，以达到对环境的低排放或零排放，因此，政府可以采取一定的优惠政策鼓励林业产业生态系统中的企业实施污染处理，给企业制定相应的环保标准，不破坏林区生态承载力的基础上发展产业经济，达到构建现代林业产业生态系统的目的。同时，有效加强各产业之间的关联程度，提升林业产业生态系统的适应性和稳定性，促使其向现代林业产业生态系统不断演进。

8.2.1.3 遵循生态系统承载力的要求

2011 年，国务院出台的《加强环境保护重点工作的意见》明确提出，在重点生态功能区、陆地和海洋生态环境敏感区、脆弱区等区域划定生态红线，旨在构建和强化国家生态安全格局，遏制生态环境退化趋势，力促人口资源环境相均衡、经济社会和生态效益相统一。生态红线成为生态文明制度建设的关键内容，也成为国家生态安全和经济社会可持续发展的基础性保障。生态红线的划定是为了保护生态环境不被人类破坏，即不能超过生态环境的承载能力。生态环境承载力是在人类活动不破坏生态系统服务功能的前提下，生态系统所能承受的人类活动的强度(顾康康，2012)，认为生态承载力是在一定时间、一定空间范围内，生态系统在自我调节以及人类积极作用下健康、有序地发展，生态系统所能支持的资源消耗和环境纳污程度，以及社会经济发展强度和一定消费水平的人口数量。大多数学者对生态承载力进行评价研究，提高区域的生态承载力是可持续发展的必要条件。

生态环境承载力概念的提出有利于区域的可持续发展，有利于缓解区域经济发展与环境保护之间的矛盾。黑龙江国有林区构建现代林业产业生态系统，发展产业经济的同时注重生态环境的保护，但系统内产业的发展不能超出生态环境的可承载能力。因此，为了促使林业产业生态系统向现代林业产业生态系统演进，应遵循生态系统承载力的要求。一方面，产业发展应在生态系统可承载能力范围内进行。现代林业产业生态系统的构建首要目的是缓解产业发展与生态保护之间的矛盾，实现二者互利共生的运行模式。在积极探寻产业转型模式及其发展方向的同时应在生态系统可承载能力的范畴内，以此促进产业转型，调整产业结构，进而增强林业产业生态系统的适应性和稳定性，同时产业结构的不断优化调整也会对林业产业生态系统的其他影响因素带来一定的影响，进而促使其不断演进。另一方面，构建的现代林业产业生态系统也应遵循生态系统的承载能力。通过提升林业产业生态系统的适应性和稳定性，使其向现代林业产业生态系统演进，最终实现现代林业产业生态系统的稳定、可持续发展是构建现代林业产业生态系统的关键。因此，现代林业产业生态系统的构建应在生态系统自身承载力的范畴内，按照自然生态系统的结构和功能，生产者企业、消费者企业和分解者企业互利共生、相互促进，实现产业发展与生态环境的协调统一。因此，无论是林业产业生态系统的演进还是现代林业产业生态系统的稳定、可持续发展都应该遵循生态系统承载力的根本要求，以此制约产业的发展限度，在此基础上达到经济发展与保护环境的相互适应。

8.2.2 完善政府支持制度

黑龙江国有林区由于历史原因，持续向国家提供木材以促进国家经济建设，造成林区本身缺乏资金积累，面临一系列的经济危机。尽管天保工程之后情况有所好转，但为了促使林区更好更快的发展，必须具有一定的经济保障。黑龙江国有林区林业产业生态系统适应性和稳定性较弱，其中相应的投资额指标过低，投资额度小，使得整个系统的适应性和稳定性较弱，同时国家经济投资指标是影响林业产业生态系统最重要的因素，因此，林业产业生态系统向现代林业产业生态系统演化以及现代林业产业生态系统持续、稳定运行均需要政府给予经济支持，以此实现产业经济与生态环境的协调发展。

政府支持在循环产业、清洁能源产业等替代和辅助产业的发展中起着重要作用，这些产业在发展初期需要投入大量资金保证其运营，运营后在技术、人才、管理等方面依旧需要资金给予保障。尤其是循环经济产业，不论是林业产业生态系统内部循环还是外部循环，污染处理均需要资金和技术的支持。因此，林业产业生态系统的演进以及现代林业产业生态系统的构建需要政府给予一定的经济支持，以此提升林业产业生态系统的适应性和稳定性，促进实现资金支撑路径的有效实施，实现产业发展与环境保护的协调统一。从政府支持力度、专项基金设立和生态效益补偿方面推动林业产业生态系统的正向演化。

8.2.2.1 加大政府扶持力度

黑龙江国有林区通过构建现代林业产业生态系统促进林区林业产业转型。林业产业转型是涉及林区未来的发展战略，林区职工的生计以及社会和谐稳定发展的重要举措。通过构建现代林业产业生态系统缓解林区森林资源现状，调整林区林业产业结构，带动林区职工就业，增加经济收入。黑龙江国有林区林业产业生态系统适应性和稳定性较弱，政府经济的支持将有助于促进其向现代林业产业生态系统演进，同时政府的经济支持也有利于现代林业产业生态系统的构建。因此，加大政府经济扶持力度能够有效促进黑龙江国有林区林业产业生态系统按照资金支撑路径的正向演进，能够缓解林区面临的经济和资源危机，能够促进现代林业产业生态系统的稳定、有序、可持续运行。

黑龙江国有林区林业产业生态系统的稳定性受技术性因素、外部性因素、结构性因素和主体性因素的影响，其中外部性因素中的国家经济投资是影响黑龙江国有林区林业产业生态系统的最关键因素。国家经济投资包括固定资产投资、林业产业发展投资、林业支撑与保障投资以及生态建设与保护投资，在一定程度上的经济支持对于保证林业产业生态系统的稳定性十分必要(邓华，2006)，同时增加生态建设与保护投资额也有利于提升林业产业生态系统的适应能力和稳定性。为了实现林业产业生态系统的正向演进以及现代林业产业生态系统的持续、稳定运行，一方面应在财政方面予以支持，黑龙江国有林区构建现代林业产业生态系统，转变目前林区依托木材产业的发展模式，不仅重视产业的经济增长，同时更要优化林区的生态环境。政府应该大力支持绿色经济产业，通过减免税收等相关政策扶持低碳经济产业、绿色经济产业、循环经济产业以及清洁能源产业等相关替代产业的发展，促进现代林业产业生态系统的顺利运行；另一方面加大对基础设施资金的投入，黑龙江国有林区依托资源形成了经济-社会-环境为一体的复杂系统，增强林区社会保障、提升林区职工生活水平、提供更多就业机会是促进林业产业生态系统演进的基本需求。通过加大对基础设施的投资力度，完善林区创业环境的同时能够吸引社会闲散资金的流入，弥补中央财政的资金缺口。引入的社会闲散资金也可以投入到林业产业生态系统中的产业项目，以解决系统内产业的经济问题，增强整个系统的适应性和稳定性。因此，政府应加大经济的扶持力度，有效促进林业产业生态系统的不断演进，满足现代林业产业生态系统运行的经济需求，促进黑龙江国有林区现代林业产业生态系统的有序、持续、稳定运行，实现黑龙江国有林区的和谐稳定发展。

8.2.2.2 设立林业产业生态系统专项基金

黑龙江国有林区林业产业生态系统演进需要资金的支持，同时现代林业产业生态系统中生产者企业、消费者企业和分解者企业的形成和构建，不仅需要资源、政策、技术等相关因素的支持，同时也需要一定的资金支持。黑龙江国有林区构建现代林业产业生态系统的目标是促进林区林业产业转型，以绿色经济、循环经济、清洁生产为理念，优化林区生态环境，降低或达到对环境的零排放，同时兼顾林区的经济功能、社会功能和生态功能的协调统一，强化林木精深加工业、绿色食品业、林区商贸服务业、林下经济种植养殖业、森林文化旅游业、清洁能源业等消费者企业的发展，培育现代林业产业生态系统关键种企业，以此促进现代林业产业生态系统的健康、有序、持续、稳定运行。

黑龙江国有林区林业产业生态系统演进需要政府经济支持以增强系统的适应性和稳定性，进而促进其向现代林业产业生态系统方向发展。现代林业产业生态系统由生产者企业、消费者企业和分解者企业构成，不同企业组建生态产业链网，若要整个系统顺利实施需要资金支持。尤其是作为消费者企业的转型升级产业或新型替代产业等发展需要高新技术、人才的支持，如资金不到位或被挪作他用，都将会影响黑龙江国有林区现代林业产业生态系统的建设效果，但仅凭国家或政府的经济扶持远远不够。为了能够促进林业产业生态系统的正向演进、推进黑龙江国有林区现代林业产业生态系统的建设进程，可以设立林业产业生态系统专项基金。专项基金主要用于黑龙江国有林区林业产业生态系统的演化升级，现代林业产业生态系统内生产者企业、消费者企业和分解者企业的良性运行，同时完善林区内社会保障体系及基础设施的建设。专项基金一方面可以从现代林业产业生态系统中生产者企业、消费者企业和分解者企业自身生态循环获得的收益中按比例留存一部分，地方政府同样按照比例进行配比；另一方面可以从吸引外商投资或社会闲散资金中获得，并且做到专款专用，不得挪作他用。黑龙江国有林区林业产业生态系统专项基金的设立，直接解决了现代林业产业生态系统建设的资金问题，同时又可以弥补国家经济投资的不足。经济投资是影响黑龙江国有林区林业产业生态系统的关键因素，经济投资越多，林业产业生态系统越趋于稳定，越容易向现代林业产业生态系统演进。林业产业生态系统专项基金的设立一方面给予产业生态系统建设经济保障，促进现代林业产业生态系统的顺利实施，进而推动黑龙江国有林区林业产业转型进程；另一方面，专项基金作为发展新兴产业的动力源泉，促进林业产业生态系统中高科技产业的持续发展，以此增强林业产业生态系统的适应性和稳定性。因此，通过设立林业产业生态系统专项基金，满足林业产业生态系统演化、现代林业产业生态系统构建的资金需求，实现现代林业产业生态系统的稳定、可持续发展。

8.2.2.3 完善生态效益补偿机制

黑龙江国有林区是全国最大的国有重点林区，具有较高的森林覆盖率和森林蓄积量，森林资源本身具有生态效益，即森林生态系统及其影响范围内对人类有益的部分，包括森林生态系统中的环境效益和生命效益。国家从2001年开始启动森林生态效益补偿工作，中央财政专门设立了“森林生态效益补偿基金”，对重点公益林管护者发生的营造、抚育、保护和管理支出给予一定补助的专项资金。森林生态效益补偿通过一种经济手段刺激人们对生态系统服务功能进行维护和保护，达到保护生态和环境效益的目标。森林生态效益补偿是为了防止森林资源配置扭曲和效率低下的一种经济手段，通过政府手段使得生态环境效益外部性内部化，激励人们从事生态效益投资，使生态资本增值。

黑龙江国有林区构建现代林业产业生态系统应充分利用森林生态效益补偿基金，做到专款专用，对森林资源管护者给予一定的专项补助，激励其更好地保护森林资源。森林资源较好的培育和管护，一方面促进生产者企业和依托森林资源而形成的消费者企业更好的发展，二者之间建立良好的共生关系。通过森林生态效益补偿基金提高管护者的积极性，达到黑龙江国有林区构建现代林业产业生态系统保护森林资源的目的。目前，黑龙江国有林区可采资源锐减，林分质量下降，亟须对其进行抚育和管护，提高林分质量，而且抚育改造面积是林业产业生态系统稳定性评价中的响应指标之一，响应指标值越大，林业产业生态系统的稳定性越强。同时，黑龙江国有林区森林资源得到进一步的管护，使得区位资源优势更为明显，区位资源优势是影响黑龙江国有林区林业产业生态系统的关键指标，较好的区位资源优势将有效增强林业产业生态系统的稳定性，将有利于促进林业产业生态系统向现代林业产业生态系统演进。另一方面促进消费者企业的发展。黑龙江国有林区可采资源减少，通过发展林下种植养殖业替代传统的林木产业，促进消费者企业的发展。林下经济作物的加工制造业、林下种植业和林下养殖业等替代产业的发展同样依托优质的森林资源，其更能促进替代产业的发展，推进林业产业转型升级。目前，政府手段仍是我国森林生态效益补偿的主要措施，但不能单纯依靠政府补贴，要建立相对完善的补偿制度、健全的补偿途径，进而提高森林管护者的积极性(李文华等，2007)。黑龙江国有林区为了促进林业产业生态系统的演进、现代林业产业生态系统持续、稳定运行应完善生态效益补偿机制，完善补偿标准，扩大补偿的范围，按照市场规律扩宽森林生态效益补偿的融资渠道，建立有效的森林生态建设管护制度。因此，通过完善目前森林生态效益补偿机制，满足林区保护生态环境的需求，激励森林管护者造林、育林的积极性，进而促进林下种植养殖产业的发展，使得现代林业产业生态系统的产业链网更加稳定，以致其更加持续、稳定的运行。

8.2.3　产业政策的引导

产业政策能够通过提供一种指导和行为规范把握整个现代林业产业生态系统的发展方向，依托一定的平台和机制，为现代林业产业生态系统所涉及的主体制定一定的行为准则，或提供一种能够改变系统内各主体行为的依据，有效的政策安排可以在黑龙江国有林区现代林业产业生态系统构建中起到积极的引导、激励和保障作用。为了增强林业产业生态系统的适应性和稳定性，促进其向现代林业产业生态系统演进，从替代产业、衰退产业和辅助产业推动其正向演进。黑龙江国有林区现代林业产业生态系统构建的目的之一是促进黑龙江国有林区产业转型，同时构建现代林业产业生态系统也是林区产业转型的一种新模式。黑龙江国有林区现代林业产业生态系统是以各类产业为核心，各类产业又以扮演生产者、消费者和分解者企业的角色所构成，因此，通过产业政策的引导帮助衰退产业有序退出、替代产业和辅助产业的快速发展，以优化目前黑龙江国有林区林业产业生态系统的产业体系，提高各产业间的关联程度，增强整个林业产业生态系统的适应性和稳定性，促进产业拉动路径的有效实施。

8.2.3.1 衰退产业援助政策的引导

衰退产业是指一个地区或一个国家的产业结构不适应市场需求变化、不具备区位优势、缺乏竞争力的产业群，在产业结构中陷入停滞甚至萎缩的产业。衰退产业是客观存在的必然现象，是产业发展过程中的最后一个环节。产业衰退是生产要素的退出过程，导致产业的竞争力下降。黑龙江国有林区形成了依托木材的三大产业体系，当仅依靠木材而形成的加工制造业缺少生产要素时，必然会步入产业生命周期的衰退期，成为衰退产业。黑龙江国有林区为了国家经济建设而持续地供给木材，使得目前木材资源短缺，生态环境遭到破坏。为了缓解生态环境的危机，黑龙江国有林区实施天保工程，加快林区林业产业结构的调整，虽取得了一定的效果，但后劲不足。2014 年，黑龙江国有林区作为停伐试点，将全面停止天然林商业性采伐，这将彻底打破林区原有的依靠木材形成的产业，使得木材加工制造业及其相关产业成为林区的衰退产业。

黑龙江国有林区衰退产业的援助政策主要是通过政府财税、优惠政策、项目扶持等手段，减轻衰退产业的压力和负担，对其进行直接援助或通过政策引导其发展成接续产业，转移剩余生产能力，通过岗位再培训使下岗人员实现再就业，解决衰退产业的历史问题，保障其平稳退出以维护社会安定，也可通过消费者企业内的合作关系进行产业合并。衰退产业的退出势必引起林区经济的衰退、职工失业等诸多突出的矛盾和问题，将导致黑龙江国有林区经济社会发展逐渐落后。因此，需要国家财政给予衰退产业一定的扶持政策以引导其顺利退出现代林业产业体系，一方面通过为衰退产业提供一定的援助政策使其通过转型升级，逐渐发展成为现代林业产业生态系统中的新兴产业类型；另一方面通过衰退产业的兼并、合并，逐渐缩小经营规模，国家给予一定的补偿措施帮助其有序退出现代林业产业体系，以促进林业产业生态系统的正向演进，保障黑龙江国有林区现代林业产业生态系统的持续、稳定运行。

8.2.3.2 替代产业扶持政策的引导

替代产业是指与原资源产业没有直接关联的产业，包括除木材开发和加工及相关配套产业之外的所有产业，发展替代产业是黑龙江国有林区可持续发展的根本。

黑龙江国有林区主要依托森林资源而形成的三大林业产业体系，其他与资源没有直接关联的产业发展比较落后，但由于黑龙江国有林区可采资源的减少，林分质量的下降，发展替代产业是黑龙江国有林区构建现代林业产业体系的核心产业，同时也是现代林业产业生态系统消费者企业的重要组成部分。黑龙江国有林区主要的资源是林木资源，天保工程及全面停止天然林商业性采伐政策的实施使得林区依托林木资源形成的产业面临急剧萎缩的困境，因此，替代产业的发展势在必行。替代产业如何选择将是产业结构调整、现代林业产业生态系统构建的难点。因此，需要政府给予一定的扶持政策规划和引导替代产业的发展，完善目前国有林区林业产业结构。

政府通过财税、产业政策等手段通过替代产业扶持政策促进黑龙江国有林区非木资源替代产业的发展，使其彻底摆脱对原资源的依赖，加快黑龙江国有林区向综合性林区转变，提升林业产业生态系统的适应性和稳定性，促进其向现代林业产业生态系统演进。现代林业产业生态系统的构建能充分发挥非木资源替代产业的作用，是推动黑龙江国有林区产业发展的动力机制。黑龙江国有林区一直以来依靠木材发展林区产业，目前林区林木资源的状况使得非木资源产业势必成为林区产业发展的主导，尤其是绿色食品产业、林下经济产业、清洁能源产业、森林文化旅游产业、林区商贸服务产业等替代产业的发展将成为黑龙江国有林区林业产业的主导类型，同时也是现代林业产业生态系统消费者企业的主要类型。黑龙江国有林区中的柴河林业局林业产业生态系统具有较高的适应能力和稳定性，柴河林业局的森林文化旅游产业在黑龙江国有林区中的发展尤为突出，充分发挥了替代产业的作用，使得柴河林业局的林业产业生态系统的适应性和稳定性均较高。因此，替代产业的有序、稳定、健康发展将有助于提升林业产业生态系统的适应能力，增强系统的稳定性，促使其向现代林业产业生态系统的正向演进。但同时，需要政府从财税、资金等相关政策上给予替代产业一定的扶持，在产业发展方向上给予替代产业一定的指导和引导，加快推进黑龙江国有林区现代林业产业生态系统的顺利运行。

8.2.3.3 辅助产业扶持政策的引导

辅助产业是在产业结构中为主导产业和支柱产业的发展提供基本条件的产业，一般情况下，辅助产业要得到先行的发展，否则，它将可能成为整个地区经济发展的瓶颈，辅助产业一般是主导产业和支柱产业的投入。辅助产业分为前向关联产业、后向关联产业和侧向关联产业，前向关联产业主要是为主导产业部门提供基础性服务的产业，后向关联是利用主导产业的产品作原料或者加工利用“三废”所形成的产业部门，侧向关联产业与主导产业无直接关系，是满足当地居民消费为目的的产业。

黑龙江国有林区通过构建现代林业产业生态系统，调整林业产业结构，加快转变林业经济发展方式，构建绿色林业产业体系，在发展林区经济的同时达到对环境的低排放或零排放。按照产业生态系统的构建要求，现代林业产业系统中应包含生产者企业、消费者企业和分解者企业，其中分解者企业就是辅助产业类型。黑龙江国有林区通过大力发展绿色食品加工业、食用菌和特色山野菜业、蓝莓等野生浆果业、特色动植物养殖业等林下经济产业，大力发展木材精深加工业、北药和森林旅游业，重构黑龙江国有林区林业产业链。目前，黑龙江国有林区产业转型模式雷同，造成林区内涌现大量相似的产业转型项目，而现代林业产业生态系统是一个完整的集经济-社会-环境-资源为一体的复合生态系统，能够完成系统内的自循环以及系统外的大循环，通过能量流、物质流、信息流、技术流和知识流的交换和流通，比较单一的产业转型模式不能促使现代林业产业生态系统的顺利运行，因此，在目前形成的林业产业转型模式的基础上，辅助产业的发展尤为重要。黑龙江国有林区现代林业产业生态系统内的分解者企业将发挥其功能，在整个系统中发挥连接和协助的作用。目前，黑龙江国有林区林业产业生态系统中辅助产业发展并不完善，这将制约其向现代林业产业生态系统的演进。同时现代林业产业生态系统的辅助产业尚未形成一定的规模，很容易造成主导产业发展的停滞。因此，国家或政府可以从资金、财政、技术、基础设施建设上给予辅助产业一定的扶持，引导辅助产业的良性发展，增强林业产业生态系统的适应性和稳定性，促进其正向演进，实现现代林业产业生态系统构建的目标。

8.3 小 结

本章主要探讨黑龙江国有林区现代林业产业生态系统的实现路径及保障对策。一方面，为了保障林业产业生态系统向现代林业产业生态系统演进，通过资源引导路径、资金支撑路径和产业拉动路径促进其正向演进；另一方面，为了实现林业产业生态系统的演进以及现代林业产业生态系统的构建目的，从资源培育和环境保护、政府经济的支持和产业政策的引导方面提出黑龙江国有林区现代林业产业生态系统的保障对策。

9 结论

本研究充分借鉴自然生态系统的特性、结构和功能，科学界定黑龙江国有林区现代林业产业生态系统内涵，肯定了产业生态学、产业共生在现代林业产业生态系统构建中的显著优势。本研究根据产业生态学、产业共生、循环经济和可持续发展理论，合理界定黑龙江国有林区现代林业产业生态系统内涵、特性及构成，科学评价黑龙江国有林区林业产业现状，以黑龙江国有林区所辖 40 个林业局为对象评价林业产业生态系统的适应性和稳定性，对系统的影响因素进行分析，进而构建黑龙江国有林区现代林业产业生态系统及其结构模型、运行模式，阐述现代林业产业生态系统的实现路径及保障对策，保证林业产业生态系统向现代林业产业生态系统演进，实现现代林业产业生态系统的持续、稳定运行。本研究的主要结论如下。

第一，界定了黑龙江国有林区现代林业产业生态系统内涵。黑龙江国有林区是一个集经济-社会-资源-生态环境为一体的复合生态系统，具有自然生态系统的特性和功能。因此，通过比拟自然生态系统的结构和功能，结合黑龙江国有林区林业产业现状，合理界定黑龙江国有林区现代林业产业生态系统内涵，即现代林业产业生态系统是把林区内的相关产业作为自然生态系统中的要素，利用彼此的副产物为原料，而并不是吸收未被利用的材料和抛弃废物的产业生态系统。

第二，评价了黑龙江国有林区林业产业现状。黑龙江国有林区形成了集第一产业、第二产业和第三产业的林业产业体系，通过评价产业主导性、产业多样性、产业关联度，充分阐述目前黑龙江国有林区林业产业现状，发现第二产业的优势逐渐衰弱。

第三，评价了黑龙江国有林区林业产业生态系统的适应性和稳定性。适应性和稳定性能够衡量目前林业产业生态系统现状，通过构建适应性和稳定性评价指标体系，以黑龙江国有林区所辖 40 个林业局为评价对象，评价目前黑龙江国有林区林业产业生态系统的适应性和稳定性。结果显示，黑龙江国有林区林业产业生态系统适应能力较弱，仅 15%的林业局适应性处于第一等级，桃山、乌伊岭、海林、双鸭山、鹤立和迎春六个林业局适应能力处于第四等级。黑龙江国有林区林业产业生态系统的稳定性较弱，仅25%的林业局稳定性比值大于5，鹤立、清河、铁力、桃山、金山屯、美溪、翠峦、乌马河、上甘岭和带岭实验局十个林业局稳定性比值小于0.15。

第四，分析了黑龙江国有林区林业产业生态系统影响因素。林业产业生态系统受到结构性因素、外部性因素、技术性因素和主体性因素的影响，应用DEMATEL方法对其影响因素进行分析，结果显示，国家经济投资、关键种企业选择、技术创新能力、区位资源优势和企业间的交易成本对林业产业生态系统影响最大，是黑龙江国有林区林业产业生态系统的关键因素。

第五，构建了黑龙江国有林区现代林业产业生态系统。根据黑龙江国有林区林业产业生态系统适应性和稳定性评价及其影响因素分析，阐述国有林区现代林业产业生态系统的构建原则、目标、构成要素及运行模式，说明系统内生产者企业、消费者企业和分解者企业类型，并将其映射到黑龙江国有林区已形成的林业产业生态系统内，应用系统动力学方法从资源子系统、经济子系统、社会子系统和生态环境子系统构建结构模型，阐述系统的运行模式。

第六，提出了黑龙江国有林区现代林业产业生态系统实现路径及保障对策。为了实现林业产业生态系统向现代林业产业生态系统的正向演进、现代林业产业生态系统的健康、有序、持续、稳定运行，设计了资源引导路径、资金支撑路径和产业拉动路径促使林业产业生态系统的正向演进，并从资源培育和环境保护、政府经济支持和产业政策引导角度提出相应的保障对策。

通过构建现代林业产业生态系统促进黑龙江国有林区林业产业发展与生态环境保护之间的协调统一，同时促进国有林区林业产业转型。但林业产业转型是一项复杂的系统工程，是一个长期的、渐变的动态过程，受到很多因素的影响和制约。本研究尝试运用产业生态学理论，借鉴自然生态系统的运行规律，构建现代林业产业生态系统，以期解决黑龙江国有林区林业产业转型中存在的困境，实现产业发展与生态保护的协调发展。但由于研究水平、学术视野和时间精力有限，本研究仍旧存在诸多不足亟待深入研究，其中现代林业产业生态系统的构建还需要通过实践去验证，根据实践结果做出进一步的修改和完善，是今后的研究方向。

参考文献

白中科，贺振伟，李晋川，2010. 矿区土地复垦与生态产业链总体规划设计[J]. 山西农业科学（1）：53-57+99.

鲍丽洁，2011. 产业共生的特征和模式分析[J]. 当代经济（16）：148-149.

陈佳飞，2012. 邢台县农业旱灾适应性分析与评价[D]. 石家庄：河北师范大学.

陈建成，2009. 国有林区林业主导产业识别与产业结构调整研究——以黑龙江省为例[J]. 林业经济（11）：60-63.

陈阅增，1997. 生命科学通论[M]. 北京：高等教育出版社.

迟兴运，2009. 区域循环经济模式及稳定性研究[D]. 济南：山东大学.

仇方道，佟连军，姜萌，2011. 东北地区矿业城市产业生态系统适应性评价[J]. 地理研究（2）：51-63.

邓华，2006. 我国产业生态系统(IES)稳定性影响因素研究[D]. 大连：大连理工大学.

邓伟根，陈林，2006. 产业生态学的一种经济学解释[J]. 经济评论（6）：74-79.

董岚，2006. 生态产业系统构建的理论与实证研究[D]. 武汉：武汉理工大学.

董莉莉，薛朝改，2012. 基于改进的 Topsis 法的企业信息系统适应性评价[J]. 工业工程与管理（1）：50-55+61.

董沛武，张雪舟，2013. 林业产业与森林生态系统耦合度测度研究[J]. 中国软科学（11）：183-189.

杜旻，2003. 生态工业共生体稳定性研究[D]. 哈尔滨：东北农业大学.

杜钰玮，万志芳，2019. 黑龙江省国有林区林业产业转型路径选择的研究[J]. 林业经济问题（3）：247-255.

段宁，邓华，武春友，2006. 我国生态工业系统稳定性的结构型因素实证研究[J]. 环境科学研究（2）：71-75+95.

费本华，樊宝敏，2007. 中国现代林业建设及其产业发展浅析[J]. 世界林业研究（5）：29-34.

奉钦亮，张大红，2010. 我国林业产业区域竞争力实证研究[J]. 北京林业大学学报(社会科学版)（1）：97-102.

符超峰，安芷生，强小科，2006. 全球变化研究进展和面临的挑战及应对策略[J]. 干旱区研究（1）：3-9.

傅利平，2013. 循环经济下的林业产业生态化[J]. 北京农业（30）：91.

甘树福，2006. 工业园区生态产业链设计研究[D]. 广州：广东工业大学.

淦晶晶，2013. 废旧纺织品生态产业链的构建及其稳定性研究[D]. 大连：大连理工大学.

高全成，2006. 西部地区产业结构生态化调整与升级[J]. 西安财经学院学报（6）：21-25.

高省，2008. 循环经济产业链生态学稳定性及评价方法研究[D]. 济南：山东大学.

高伟，2006. 产业生态网络两种典型共生模式的稳定性研究[D]. 大连：大连理工大学.

耿玉德，万志芳，2006. 黑龙江省国有林区林业产业结构调整与优化研究[J]. 林业科学（6）：89-96.

耿玉德，张朝辉，2013. 东北国有林区林业产业生态系统的关键种企业识别研究[J]. 林业经济问题（6）：3-10.

顾康康，2012. 生态承载力的概念及其研究方法[J]. 生态环境学报（2）：389-396.

国洪飞，曹玉昆，2010. 试论天然林保护工程的实质[J]. 林业经济(10)：46-48+82.

贺超，2015. 国有林区改革的关键抓手是区域产业转型[N]. 中国绿色时报，2015-4-30.

侯文捷，2014. 黑龙江省林业产业集聚与综合竞争力关系的实证研究[D]. 长春：吉林农业大学.

胡申，2012. 中国林业产业区域竞争力评价分析[D]. 北京：北京林业大学.

胡晓鹏，2008. 产业共生：理论界定及其内在机理[J]. 中国工业经济(9)：118-128.

黄蓓，王瑜，2011. 林业产业集群竞争力研究[J]. 中国人口·资源与环境(S1)：568-571.

黄琳，2003. 稳定性与鲁棒性的理论基础 [M]. 北京：科学出版社.

贾培峰，2001. 重点国有林区实行森林管护经营承包责任制中存在问题及其对策的探讨[J]. 林业资源管理（4）：2-6.

姜东涛，2000. 森林生态效益估测与评价方法的研究[J]. 华东森林经理（4）：15-20.

焦玉海，2015. 张建龙在江苏调研林业产业发展时强调：加大产业支持力度促进产业转型升级[J]. 中国林业产业（9）：7.

靳光华，孙文生，2002. 中国农村经济增长研究[M]. 北京：中国农业科学技术出版社.

孔凡斌，2006. 基于 Porter 理论的中国林业产业国际竞争力评价[J]. 林业科学（9）：109-116.

冷蕊蕊，刘燕，胡云耀，2021. 兰坪县林业产业区域竞争力评价分析[J]. 绿色科技（16）：273-276.

李春发，李建建，李井锋，2011. 基于委托代理关系的生态产业链均衡研究[J]. 管理科学（3）：101-110.

李慧明，左晓利，王磊，2009. 产业生态化及其实施路径选择——我国生态文明建设的重要内容[J]. 南开学报(哲学社会科学版)（3）：40-48.

李健，周慧，2007. 循环型农业生态系统运行模式的研究[J]. 软科学（4）：119-122.

李锦楠，2020. 基于博弈论视角的工业园区生态产业链构建及稳定性研究[D]. 西安：西北大学.

李敏，2007. 生态工业园中生态产业链网分析及其稳定性评价研究[D]. 天津：天津大学.

李明圆，2014. 黑龙江省林业产业发展问题研究[D]. 哈尔滨：东北农业大学.

李琦，2007. 英国森林资源管理有关情况及借鉴[J]. 林业资源管理（1）：107-110.

李冉，2013. 中国林业产业体系评价与增长机制研究[D]. 北京：北京林业大学.

李顺龙，黄东艳，2004. 黑龙江省国有森工企业现状研究[J]. 中国林业企业（4）：5-7.

李文华，李世东，李芬，2007. 森林生态补偿机制若干重点问题研究[J]. 中国人口·资源与环境（2）：13-18.

李小鹏，2011. 生态工业园产业共生网络稳定性及生态效率评价研究[D]. 天津：天津大学.

李晓华，刘峰，2013. 产业生态系统与战略性新兴产业发展[J]. 中国工业经济（3）：22-34.

李扬，秦远建，2013. 基于DEMATEL方法的影响现代服务业发展的生态因素分析[J]. 商业经济与管理（1）：22-31.

李玉明，廖玲华，2010. 关于返乡农民工就业适应性的评价指标研究综述[J]. 学理论（23）：23-24.

厉无畏，王慧敏，2002. 国际产业发展的三大趋势分析[J]. 上海社会科学院学术季刊（2）：49-56.

林如青，2002. 福建林业产业结构灰色关联度分析及优势预测[J]. 林业资源管理（5）：41-43.

刘宝磊，2020. 林业产业结构调整对林业经济的影响及对策研究[J]. 造纸装备及材料（4）：46-47.

刘冰峰，胡林荣，2011. 文化创意产业生态环境复杂性、多样性与稳定性关系研究[J]. 探索（6）：100-104.

刘家顺，2006. 中国林业产业政策研究[D]. 哈尔滨：东北林业大学.

刘娟，2010. 网络社会生态系统的稳定性评价研究[D]. 北京：北京交通大学.

刘丽萍，2011. 黑龙江森工国有林区贫困评价研究 [D]. 哈尔滨：东北林业大学.

刘宁，2010. 我国不同类型地区现代林业的差别性政策研究[D]. 北京：中国林业科学研究院.

刘淑茹，韩世芳，2017. 西部地区产业生态化评价研究[J]. 生态经济（3）：90-94+99.

刘效竹，2020. 林业产业结构调整在生态建设中的重要地位[J]. 农家参谋（3）：116.

龙叶，2011. 利用外资对中国林业产业国际竞争力的影响研究[D]. 北京：北京林业大学.

娄美珍，俞国方，2009. 产业生态系统理论及其应用研究[J]. 当代财经（1）：118-124.

卢晓莉，2012. 基于共生理论的农业产业链稳定性研究[D]. 长沙：中南大学.

陆根尧，盛龙，唐辰华，2012. 中国产业生态化水平的静态与动态分析——基于省际数据的实证研究[J]. 中国工业经济（3）：149-161.

吕盈，2013. 东北、内蒙古地区林业产业结构优化调整问题研究[D]. 北京：北京林业大学.

吕祯，2013. 产业集群共生循环形成及影响因素研究[D]. 广州：华南理工大学.

罗柳红，2011. 生态工业园区水资源梯级利用的博弈分析[J]. 中国人口·资源与环境（8）：142-145.

马吉巍，2020. 农业循环经济生态产业链建设研究[J]. 山西农经（23）：47-48.

马凯，2014. 我国林业产业投资基金发展研究[D]. 北京：北京林业大学.

马世骏，王如松，1984. 社会-经济-自然复合生态系统[J]. 生态学报（1）：3-11.

马益广，2020. 浅析现代林业体系建设与森林资源可持续经营[J]. 农村实用技术（7）：

115-116.

马勇，刘军，2015. 长江中游城市群产业生态化效率研究[J]. 经济地理(6)：124-129.

毛志锋，郑洋，肖劲松，2004. 城市生态示范区产业生态系统发展对策研究[J]. 中国软科学(5)：29-33.

宁哲，2007. 我国森林生态与林业产业耦合研究[D]. 哈尔滨：东北林业大学

欧阳文臣，2021. 国有林场发展林业产业的思路与对策解析[J]. 现代园艺（16）：13-14.

潘浩，2018. 林业产业结构调整与优化的思考与探索[J]. 农民致富之友（5）：195.

齐振宏，王培成，2010. 博弈互动机理下的低碳农业生态产业链共生耦合机制研究[J]. 中国科技论坛（11）：138-143.

邱跃华，2013. 科学发展观视域下我国产业生态化发展研究[D]. 长沙：湖南大学.

任平，洪步庭，程武学，2013. 长江上游森林生态系统稳定性评价与空间分异特征[J]. 地理研究（6）：35-42.

施晓清，2010. 产业生态系统及其资源生态管理理论研究[J]. 中国人口 · 资源与环境（6）：84-90.

史宝娟，2006. 城市循环经济系统构建及评价方法研究[D]. 天津：天津大学.

宋超智，2009. 浙江省林业产业发展战略研究[D]. 北京：北京林业大学.

苏凡，2013. 长江干线航运发展与流域经济适应性评价研究[D]. 武汉：武汉理工大学.

孙博，王广成，2012. 矿区生态产业共生系统的稳定性[J]. 生态学报（10）：335-341.

孙根紧，陈健生，2014. 通过产业多样性来提升西部地区自我发展能力[J]. 经济纵横（3）：75-79.

孙建，2008. 我国林业产业发展现状、趋势和政策取向[J]. 林业经济（1）：46-51.

孙顺利，周科平，胡小龙，2007. 矿区产业生态系统(MIES)稳定性分析[J]. 生态经济（10）：81-84.

田昕加，2011. 基于循环经济的林业资源型城市产业生态化发展研究[D]. 哈尔滨：东北林业大学.

田云，张俊飚，李波，2012. 中国林业产业综合竞争力空间差异分析[J]. 干旱区资源与环境（12）：10-15.

童辉，2008. 我国产业生态化的问题及路径选择[D]. 天津：天津商业大学.

童莉，2006. 生态工业园区产业链设计及其系统稳定性研究[D]. 北京：北京化工大学.

万长松，张传辉，2009. 产业主体论 [J]. 科学经济社会（3）：97-100.

万志芳，付崇强，2018. 黑龙江省国有林区林业产业转型的影响因素研究[J]. 林业经济（5）：65-69.

汪中华，李岩，彭涌，2011. 产业生态系统管理理论架构研究[J]. 科技与管理（4）：9-13.

王德利，高莹，2005. 竞争进化与协同进化[J]. 生态学杂志（10）：70-74.

王刚，2016. 我国林业产业区域竞争力评价研究[D]. 哈尔滨：东北林业大学.

王瑾，钱瑜，钱新，2010. 工业园产业生态系统多样性评价研究[J]. 环境污染与防治（10）：91-94+99.

王晶，孔凡斌，2012. 区域产业生态化效率评价研究——以鄱阳湖生态经济区为例[J]. 经济地理（12）：101-107.

王军花，2007. 区域生态产业链规划研究[D]. 天津：河北工业大学.

王利芳，2005. 道路运输对国民经济发展的适应性评价方法与模型研究[D]. 长春：吉林大学.

王灵梅，张金屯，2003. 生态学理论在生态工业发展中的应月[J]. 环境保护（7）：57-60.

王满，2010. 基于布局优化的中国林业产业体系建设研究[D]. 长沙：中南林业科技大学.

王小君，2009. 生态产业链的构建与稳定性研究[D]. 天津：天津理工大学.

王晓光，2013. 林业资源型城市产业转型思考[J]. 南京林业大学学报(人文社会科学版)(2)：94-99.

王玉芳，2006. 国有林区经济生态社会系统协同发展机理研究[D]. 哈尔滨：东北林业大学.

王兆华，尹建华，武春友，2003. 生态工业园中的生态产业链结构模型研究[J]. 中国软科学（10）：153-157.

王珍珍，鲍星华，2012. 产业共生理论发展现状及应用研究[J]. 华东经济管理（10）：131-136.

王震，刘伟平，翁凝，2015. 南方集体林区林业产业发展水平综合评价与分析[J]. 林业经济问题（1）：68-74.

王子龙，谭清美，许箫迪，2005. 基于生态位的集群企业协同进化模型研究[J]. 科学管理研究（5）：36-39.

吴鹏举，郭光普，2009. 区域产业生态系统培育及其平台建设研究[J]. 工业技术经济（2）：66-69.

吴玉莲，2021. 经济新常态下林业产业发展探究[J]. 山西农经（14）：133-134.

吴志勇，张金华，苏桂云，2014. 做好现代林业营林工作的相关策略[J]. 科技资讯（5）：216.

席旭东，耿殿明，郝占刚，2009. 矿区生态产业链(网)及其产业规模研究[J]. 煤炭学报（11）：141-146.

向来生，张纯东，孙磊，2007. 产业生态系统稳定性分析及合作博弈法的应用[J]. 山东科技大学学报(自然科学版)（5）：72-74.

肖忠东，2002. 工业生态制造中物质剩余理论研究[D]. 西安：西安交通大学.

谢义林，2007. 利用开放性等级知识生态系统培养生态学生[J]. 赣南师范学院学报（3）：122-124.

徐昊，2011. 中国工业系统产业多样性与生产力关系及强韧性研究[D]. 杭州：浙江大学.

徐佳逸，2013. 城市轨道交通枢纽设施适应性分析及评价[D]. 兰州：兰州交通大学.

徐期瑚，2009. 现代林业评价指标体系研究初探[J]. 湖北林业科技（2）：47-51.

徐蕊，王岩，2015. 黑龙江森工林区现代林业生态体系建设研究[J]. 中国林业经济（1）：26-27+39.

许冠南，周源，吴晓波，2020. 构筑多层联动的新兴产业创新生态系统：理论框架与实证研究[J]. 科学学与科学技术管理（7）：98-115.

许乃星，蒲之艳，张静晶，2011. 公路交通与经济发展适应性评价研究[J]. 交通运输工程与信息学报（3）：83-90.

许文娟，2014. 城市公共交通与城市发展的适应性评价研究[D]. 北京：北京交通大学.

许文来，2007. 基于循环经济的工业园区生态产业链构建研究[D]. 成都：西南交通大学.

许玉粉，2011. 延边林业产业发展评价及模式研究 [D]. 哈尔滨：东北林业大学.

杨建新，王如松，1998. 产业生态学基本理论探讨[J]. 城市环境与城市生态 (2)：56-60.

杨楠，2019. 生态产业链国内外研究综述[J]. 中国集体经济 (7)：78-80.

杨书成，2014. 现代林业营林问题对策浅析[J]. 科技创新导报 (7)：235.

杨迅周，王玉霞，魏艳，2010. 产业集群生态产业链构建研究[J]. 地域研究与开发 (2)：9-11+17.

杨彦平，金瑜，2006. 社会适应性研究述评[J]. 心理科学 (5)：149-151.

叶义成，2006. 冶金工业出版社[M]：北京：冶金工业出版社.

尹坚，2013. 工业园产业生态化评价指标体系及其升级路径研究[D]. 镇江：江苏大学.

尹剑锋，2013. 黑龙江国有林区林业产业集群绩效研究 [D]. 哈尔滨：东北林业大学.

尹琦，肖正扬，2002. 生态产业链的概念与应用[J]. 环境科学 (6)：116-120.

于志善，2010. 黑龙江国有林区现代林业建设研究[D]. 哈尔滨：东北林业大学.

余谋昌，2013. 生态文明：建设中国特色社会主义的道路——对十八大大力推进生态文明建设的战略思考[J]. 桂海论丛(1)：20-28.

俞国方，娄美珍，2008. 回顾与前瞻：产业生态系统理论研究[J]. 四川大学学报(哲学社会科学版) (3)：93-101.

袁婕，樊鸿涛，张炳，2008. 基于能值理论的工业生态系统分析——以龙盛科技工业园为例[J]. 环境保护科学 (2)：77-80.

袁增伟，毕军，2010. 产业生态学[M]. 北京：科学出版社.

袁增伟，毕军，张炳，2004. 传统产业生态化模式研究及应用[J]. 中国人口·资源与环境 (2)：109-112.

曾广容，2005. 系统开放性原理[J]. 系统辩证学学报 (3)：43-46.

张朝辉，2014. 东北国有林区林业产业生态位演化研究[D]. 哈尔滨：东北林业大学.

张德常，2010. 产业多样性的理论与实证研究[D]. 上海：复旦大学.

张德常，2010. 产业多样性与经济稳定关系研究评述[J]. 当代经济管理 (3)：16-18.

张建国，1997. 论现代林业[J]. 世界林业研究 (4)：2-10.

张建国，吴静和，1993. 现代林业论[J]. 林业经济问题 (3)：64.

张晶，2012. 产业生态系统的定量解析与评价及仿真[D]. 北京：中国矿业大学.

张晶，王丽萍，2012. 基于产业多样性与主导性协调的产业生态化实证研究[J]. 科技进步与对策 (9)：76-79.

张军伟，2012. 山东省公路与社会经济发展的适应性研究[D]. 天津：天津大学.

张宁，路雪芳，2021. 基于灰色理论的山东省林业产业发展分析[J]. 绿色科技 (21)：145-151.

张攀，耿涌，2008. 产业生态系统多样性发展机制研究[J]. 中国软科学 (6)：47-53.

张睿，钱省三，2009. 区域产业生态系统及其生态特性研究[J]. 研究与发展管理 (1)：51-56.

张仕俊，2008. 区域高速公路社会经济适应性评价方法研究[D]. 北京：北京交通大学.

张晓陶，2010. 林业资源型城市产业转型研究——以伊春市为例[D]. 西安：西安理工大学.

张轩，2019. 基于低碳经济的林业产业发展策略研究[J]. 中国林业经济（5）：73-74+79.

张艳，2006. 生态工业园工业共生系统的构建与稳定性研究[D]. 武汉：华中科技大学.

张永利，2004. 现代林业发展理论及其实践研究[D]. 杨凌：西北农林科技大学.

张於倩，李洪山，王花，2012. 基于生态功能区的黑龙江国有林区现代化发展路径研究[J]. 林业经济问题（2）：27-30+40.

张瑜，2009. 资本市场与林业产业发展关系研究[D]. 北京：北京林业大学.

张占贞，2011. 东北国有林区林业产业集群生态系统演进与成长研究[D]. 哈尔滨：东北林业大学.

张占贞，王兆君，2011. 东北国有林区林业产业集聚水平实证研究[J]. 林业科学（5）：115-119.

张智光，2011. 绿色中国(第2卷)：绿色共生型供应链模式[M]：北京：中国环境科学出版社.

赵林飞，2003. 产业生态化的若干问题研究[D]. 杭州：浙江大学.

赵薇，王兆君，2008. 基于循环经济的黑龙江国有林区产业结构调整的再思考[J]. 商场现代化（26）：250-251.

郑达，2014. 区域综合交通系统经济适应性评价研究[D]. 北京：北京交通大学.

郑京淑，吴秦，2010. 产业结构多样化对区域经济发展的影响——研究综述与政策启示[J]. 广东外语外贸大学学报（3）：69-73.

郑亚男，封同新，杨杰，2021. 基于系统动力学的京津冀种植业生态产业链健康发展研究[J]. 产业创新研究（19）：67-69.

钟永光，贾晓菁，李旭，2016. 系统动力学[M]2版. 北京：科学出版社.

周光辉，周学武，但新球，2008. 现代林业建设的基础理论与应用[J]. 中南林业调查规划（1）：1-5.

周书俊，2006. 产业哲学与主体的选择性[J]. 江西财经大学学报（2）：76-78.

邹芳芳，陈秋华，2019. “林业-旅游”生态产业链构建研究[J]. 林业经济问题（6）：590-598.

Arze E C, Svensson B W, 1997. Development of international competitiveness in industries and individual firms in developing countries : the case of the Chilean forest-based industry and the Chilean [J]. International Journal of Production Economics (1): 185-202.

Ashton W S, 2009. The structure, function and evolution of a regional industrial ecosystem [J]. Journal of Industrial Ecology (2): 228-246.

Assefa G, Björklund A, Eriksson O, et al., 2005. ORWARE: an aid to environmental technology chain assessment [J]. Journal of Cleaner Production (3): 265-274.

Ayres R, 1994. Industrial metabolism: theory and policy [M]. Washington DC: United Nations University.

Bojnec T, Ferto I, 2014. Forestry industry trade by degree of wood processing in the enlarged European Union Countries [J]. Forest Policy and Economics (40): 31-39.

Brody S D, Highfield W, Arlikatti S, et al., 2004. Conflict on the coast: Using geographic information systems to map potential environmental disputes in Matagorda Bay, Texas [J]. Environmental management (1): 11-25.

Brooks N, 2003. Vulnerablility, risk and adaptation: A conceptual framework[R]. Norwich, UK: Tyndall Centre for Climate Change Research.

Carbonara N, Giannoccaro I, Pontrandolfo P, 2002. Supply chains within industrial districts: A theoretical framework [J]. International Journal of Production Economics (2): 159-176.

Dolan A H, Martin T, Barbara N, et al., 2005. Restructuring and health in Canadian coastal communitities [J]. EcoHealth (3): 195-208.

Daddi T, Iraldo F, Frey M, 2015. Regional policies and eco-industrial development: the voluntary environmental certification scheme of the eco-industrial parks in Tuscany (Italy) [J]. Journal of Cleaner Production (9): 711-721.

Dieter M, Englert H, 2007. Competitiveness in the global forest industry sector an empirical study with special emphasis on Germany [J]. European Journal of Forest Research (3): 401-412.

Dölarslan E S, 2009. A review of post-modern management techniques as currently applied to Turkish forestry[J]. Journal of environmental management (90): 25-35.

Fontela E, Gabus A, 1974. DEMATEL, Innovative methods, report No. 2 structural analysis of the world problematique[R]. Battelle Geneva Research Institute.

Geng Y, Côté R, 2007. Diversity in industrial ecosystems [J]. International Journal of Sustainable Development and World Ecology (4): 329-335.

Gibbs D, Deutz P, 2005. Implementing industrial ecology planning for eco-industrial parks in the USA [J]. Geoforum (4): 452-464.

Glatzel G, 1991. The impact of historic land use and modern forestry on nutrient relations of central European forest ecosystems[J]. Kluwer Academic Publishers (1): 1-8.

Hairston N G, Vandermeer J H, 1968. The relationship between species diversity and stability: An experimental approach with protozoa and bacteria [J]. Ecology (6): 1091-1101.

Helena ranngen, Thomas Zobel, 2014. Revisiting the 'how' of corporate social responsibility in extractive industries and forestry [J]. Journal of Cleaner Production (84): 299-312.

Allenby B R, 2010 . White Paper on Sustainable Development and Industrial Ecology; IEEE Environment, Health and Safety Committee[C]//Environmental Quality, Innovative Technologies and Sustainable Economic Development: A NAFTA Perspective. ASCE.

Jouni K, Margareta W, Ilkka S, 2001. Industrial ecosystem in the Finnish forest industry: using the material and energy flow model of a forest ecosystem in a forest industry system [J]. Ecological Economics (1): 145-161.

Jouni K, Rupert J, Baumgartner, 2009. The industrial ecosystem balanced scorecard [J]. International Journal of Innovation and Sustainable Development (1): 24.

Kakizawa H, An K W, 1997. Forest policy reform and the restructuring of the forest industry in Russia [J]. Journal of Forest Research (1): 25-30.

Kivinen S, Moen J, Berg A, et al., 2010. Effects of modern forest management on winter grazing resources for reindeer in Sweden[J]. Royal Swedish Academy of Sciences (4): 269-278.

Knauf M, 2015. A multi-tiered approach for assessing the forestry and wood products industries' impact on the carbon balance[J]. Carbon Balance and Management (1): 1-11.

Korhonen J, Huisingh D, Chiu A S F, 2004. Applications of industrial ecology—An overview of the special issue [J]. Journal of Cleaner Production (8): 803-807.

Korhonen J, 2001. Four ecosystem principles for an industrial ecosystem [J]. Journal of Cleaner Production (3): 253-259.

Lambert A J D, Boons F A, 2002. Eco-industrial parks: stimulating sustainable development in mixed industrial parks [J]. Technovation (8): 471-484.

Lehtonen O, Tykkyläinen M, 2013. Delphi path simulator for unveiling development opportunities in the forest industries by contrasting forest management practices — The case of North Karelia [J]. Technological Forecasting Social Change (84): 171-185.

Mannino I, Ninka E, Turvani M, 2015. The decline of eco-industrial development in Porto Marghera, Italy [J]. Journal of Cleaner Production (100): 286-296.

May R M, 1973. Qualitative stability in model ecosystems [J]. Ecology (3): 638-641.

McCarl B A, Sands R D, 2007. Competitiveness of terrestrial greenhouse gas offsets are they a bridge to the future [J]. Climatic Change (1): 109-126.

Mcmahon J P, 1999. International expectations for sustainable forestry[J]. Kluwer Academic Publishers (1): 329-338.

Munday M, Roberts A, 2001. The role of the forestry industry transactions in the rural economy [J]. Journal of Rural Studies (3): 333-346.

Paine R T, 1966. Food web complexity and species diversity[J]. Science Press (910): 65-75.

Porter M E, 1990. The competitive advantage of nations, New York, The Free Press [J]. Competitive Intelligence Review (1): 427.

Potts Carr A J, 1998. Choctaw Eco-Industrial Park: an ecological approach to industrial land-use planning and design [J]. Landscape and Urban Planning (2): 239-257.

Robin R, Sears C, Padoch M, et al., 2008. Amazon forestry transformed: Integrating knowledge for smallholder timber [J]. Human Ecology (1): 147-147.

Samaniego R M, Sun J Y, 2015. Productivity growth and structural transformation [J]. Review of Economic Dynamics (16): 1—20.

Sondhof H, 1996. Restructuring Russia′s industry—Taking stock of the first five years of transition [J]. Intereconomics (6): 283-290.

Stewart H T L, Race D H, Curtis A L, et al., 2011. Stewart a case study of socio-economic returns from farm forestry and agriculture in south-east Australia during 1993—2007 [J]. Forest Policy & Economics (5): 390-395.

Trendle B, 2006. Regional economic instability: the role of industrial diversification and spatial spillovers [J]. The Annals of Regional Science (4): 767-778.

Veleva V, Todorova S, Lowitt P, 2015. Understanding and addressing business needs and sustainability challenges lessons from Devens eco-industrial park [J]. Journal of Cleaner Production (1): 375-384.

Venn T, 2004. Visions and realities for a Wik forestry industry on Cape York peninsula [J]. Small-scale Forestry (3): 431-451.

Vossbrink J, Horn R, 2004. Modern forestry vehicles and their impact on soil physical properties [J]. European Journal of Forest Research (4): 259-267.

Wasserman S E, 2008. Sustainable economic development: The case of implementing industrial ecology[D]. Boston: Massachusetts Institute of Technology.

Wolf A, Eklund M, Söderström, M, 2007. Developing integration in a local industrial ecosystem - an explorative approach [J]. Business Strategy and the Environment (6): 442-455.

附 录

专家调查问卷

尊敬的各位专家：

您好！近年来，社会各界人士越来越重视产业经济发展与环境保护之间的关系问题，尤其在国有林区。本研究的目的在于识别黑龙江国有林区林业产业生态系统影响因素，并分析各影响因素之间的相互关系及重要程度。为了您能更好地做出判断，首先简要介绍本研究的主要研究观点。通过对黑龙江国有林区林业产业生态系统的适应性和稳定性进行评价，结果发现目前其适应性和稳定性均较弱，说明黑龙江国有林区产业的经济发展与生态环境保护之间的关系并未达到协调统一。因此，为了提升林业产业生态系统的适应性和稳定性，结合黑龙江国有林区林业产业现状，同时参考林业产业生态系统适应性和稳定性评价指标，从结构性、技术性、外部性和主体性四个方面确定了黑龙江国有林区林业产业生态系统的影响因素。最后，感谢您对本次调查的热心协助和支持！

填表说明：

请您根据个人学科背景和研究经验进行判断，在仔细阅读表 1 的基础上认真填写表 2，即对黑龙江国有林区林业产业生态系统影响因素之间的关联程度做出判断。

表 1　专家意愿表

影响等级	对应的影响分值
没有任何影响	0
影响较弱	1
影响弱	2
影响强	3
影响很强	4

以下表格中行列交叉点代表的是该行的因素对该列因素的影响等级。例如，如果您认为产业多样性因素对市场变动的因素影响程度是“影响强”，那么就在产业多样性对应行的市场变动列交叉的位置填“3”。若两个影响因素相同，那么相应位置填“0”，表格中已标出。

表 2 黑龙江国有林区林业产业生态系统影响因素之间的直接影响关系判断

（影响等级：0=没有任何影响，1=影响较弱，2=影响弱，3=影响强，4=影响很强）

		结构性因素			技术性因素			外部性因素				主体性因素				
		产业多样性	产业主导性	产业关联性	信息平台建设	技术人员占职工人数的比例	技术创新能力	市场变动	政策影响	政府支持	国家经济投资	关键种企业	企业间沟通与信任能力	企业间的交易成本	企业污染处理意愿	区位资源优势
结构性因素	产业多样性	0														
	产业主导性		0													
	产业关联性			0												
技术性因素	信息平台建设				0											
	技术人员占职工人数的比例					0										
	技术创新能力						0									
外部性因素	市场变动							0								
	政策影响								0							
	政府支持									0						
	国家经济投资										0					
主体性因素	关键种企业											0				
	企业间沟通与信任能力												0			
	企业间的交易成本													0		
	企业污染处理意愿														0	
	区位资源优势															0